《弟子规》圆说

房 艳 著

东北大学出版社

·沈 阳·

ⓒ 房　艳　2018

图书在版编目（CIP）数据

《弟子规》圆说 / 房艳著. — 沈阳：东北大学出
版社，2018.3
ISBN 978-7-5517-1837-0

Ⅰ . ①弟… Ⅱ . ①房… Ⅲ . ①古汉语－启蒙读物 ②《
弟子规》－研究 Ⅳ . ①H194.1

中国版本图书馆 CIP 数据核字（2018）第 048708 号

出 版 者：东北大学出版社
　　　　　 地址：沈阳市和平区文化路三号巷 11 号
　　　　　 邮编：110819
　　　　　 电话：024－83683655（总编室）　83687331（营销部）
　　　　　 传真：024－83687332（总编室）　83680180（营销部）
　　　　　 网址：http://www.neupress.com
　　　　　 E-mail：neuph@neupress.com
印 刷 者：辽宁星海彩色印刷有限公司
发 行 者：东北大学出版社
幅面尺寸：165mm×230mm
印 　 张：17.5
字 　 数：283 千字
出版时间：2018 年 3 月第 1 版
印刷时间：2018 年 3 月第 1 次印刷
策划编辑：牛连功
责任编辑：潘佳宁　　　　　　　　　　　　责任校对：梁希贞
封面设计：潘正一　　　　　　　　　　　　责任出版：唐敏志

ISBN　978-7-5517-1837-0　　　　　　　　定　价：35.00 元

写在前面的话

2010 年 7 月，正值暑期，在网上搜索百家讲坛时，复旦大学钱文忠教授的《解读〈弟子规〉》一下子像磁铁一样把我吸住了，于是从第一集至二十二集一股劲看完。当时我任职学校的德育主任，正苦于学校的德育教育没有抓手，而《弟子规》如醍醐灌顶，甘露洒心，那份如获至宝的欣喜至今回想起来仍热血沸腾。

2010 年 9 月开学后，在校长的支持下，我校开始学习践行《弟子规》。每一位老师都在研读钱文忠教授的《解读〈弟子规〉》，每一个孩子都有不同学生版本的钱文忠教授的《解读〈弟子规〉》。2011 年 11 月，《走进国学〈弟子规〉，从根培养好习惯的研究》成为市"十二五"独立研究课题，2015 年圆满结题，2016 年我校被抚顺市命名为"国学科研基地"。

在践行中，我们遇到许多阻力，也为此流过泪。但看到孩子们的言行举止越来越规范，孝顺父母、友爱他人、自理自立、诚实守信、积极进取的事例层出不穷，得到家长赞誉、社会好评时，感到所有的付出都是有价值有意义的。

教学有法，教无定法，贵在得法。面对孩子的德育工作"像一锅沸腾的开水中浇上一瓢瓢凉水"的现状，面对伴随着社会家庭的问题越来越难于管理的孩子，忧心忡忡。如果不能从根本上解决孩子的思想问题，所有的努力也只能停留在表面。

所谓的"根本"就是要懂得和遵循"物有本末，事有终始，知所先后，则近道矣"。万事万物都要符合其自身成长规律，本末倒置，揠苗助长，舍本逐末，最终留下的都是无尽的教训。

《弟子规》是清朝秀才李毓秀根据孔子的《论语·学而》而编著的。其核心就在于它遵循孩子心理自然成长的规律，符合现代早期教育思想，抓住了人生的根——态度和习惯。注重从小培养一个人良好的态度和习惯。不仅仅知道要学习，更要知道为什么要学习，怎么去学习。从孝入手培养孩子态度和行为的总根——爱，再层层递进，循循善诱培养行为之根、态度之根。

　　孝是万德之本，教者孝之文也。教育首先要培养孩子的孝心。《弟子规》从孝顺父母，尊长爱幼到自理自立；从诚实守信，宽容博爱到谦谦君子，最后落实到学习习惯的培养；从家到学校到社会，从自然人到社会人，循循善诱，层层递进，尊重孩子心理、年龄成长规律，教导孩子做事，做人。

　　在和孩子们一起学习践行中，一种为人师的使命感和责任感使我越来越迫切地感到：市场上虽然有许多版本的《弟子规》，但目前还没有看到能够融会贯通，与时俱进，古为今用地把《弟子规》改编成引导孩子和家长共同学习的一本书，我决定要编写一本更加有实效、更加接地气的《弟子规》，让文明、正直的种子植入孩子们心灵的沃土！于是参照钱文忠教授百家讲坛的《解读〈弟子规〉》（许多故事和观点都来源于此书），我国台湾国学大师蔡礼旭的《细讲〈弟子规〉》及网上学习资料，结合孩子的年龄特征，结合社会大环境，结合时代的现实性，结合三年来的学习实践和教学，于2012年着手整理撰写。

　　本次编写依据钱文忠教授的七个部分的解读，每一个部分设计四个板块。根据每一讲的四句教学内容，先是"经典解读"，针对孩子的年龄特点从古至今，联系日常生活进行深入浅出的讲解。然后是"故事新说"，融合教学内容引经据典用故事感染孩子。接着是"亲子共话"，力求转变家长教育观念，指导家长正确引导孩子，弥补家庭教育的空白，当好第一任老师。最后是"拓展积累"，紧紧围绕教学内容拓展学习，陶冶性情，涵养内涵。教材的编写尽量用浅显、通俗、易懂的语言，用孩子的话、孩子的事说事，易于孩子理解和接受。

整整五个寒来暑往，在很多人的帮助下，《〈弟子规〉圆说》终于以书的形式出版了。如今我已辞去德育主任的职务，回归教育教学第一线。只为不忘初心，做个好老师。我一直坚持遵循教育规律，着眼于教育的长远发展，由浅入深，由表及里，融会贯通，古为今用，与时俱进，用《弟子规》引导孩子做人、做事。

每每进行《弟子规》教育教学时，总有一种感恩的情怀溢满全身。感恩中央电视台的《百家讲坛》，感恩钱文忠教授，感恩蔡礼旭老师，感恩领导、同事、家长，感恩网络上一些不知名的作者们，更感恩我的孩子们。是大家让我从无知到略有知，在学习和践行中日臻完善，对人生存在的价值有了更进一步的认识。

"非知之艰，行之惟艰"，知行合一是教育的真正目的。

想法虽好，但水平有限，必有不足，恳请同仁批评指正。

本书撰写过程中，引用和借鉴了钱文忠《解读〈弟子规〉》和蔡礼旭《细讲〈弟子规〉》中的权威论述，在此表示诚挚的感谢。

著　者

2018 年 1 月

目 录

上 篇

中　篇

下　篇

dì zǐ guī　　zǒng xù
《弟子规》　总叙

dì zǐ guī　shèng rén xùn　shǒu xiào tì　cì jǐn xìn
弟子规　圣人训　首孝悌　次谨信

fàn ài zhòng　ér qīn rén　yǒu yú lì　zé xué wén
泛爱众　而亲仁　有余力　则学文

　　孔子的《论语·学而》中的"弟子入则孝，出则悌，谨而信，泛爱众，而亲仁，行有余力，则以学文"。

上　篇

rù zé xiào
《入则孝》

fù mǔ hū　yìng wù huǎn　fù mǔ mìng　xíng wù lǎn
父母呼　应勿缓　父母命　行勿懒

fù mǔ jiào　xū jìng tīng　fù mǔ zé　xū shùn chéng
父母教　须敬听　父母责　须顺承

dōng zé wēn　xià zé qìng　chén zé xǐng　hūn zé dìng
冬则温　夏则清　晨则省　昏则定

chū bì gào　fǎn bì miàn　jū yǒu cháng　yè wú biàn
出必告　反必面　居有常　业无变

shì suī xiǎo　wù shàn wéi　gǒu shàn wéi　zǐ dào kuī
事虽小　勿擅为　苟擅为　子道亏

wù suī xiǎo　wù sī cáng　gǒu sī cáng　qīn xīn shāng
物虽小　勿私藏　苟私藏　亲心伤

qīn suǒ hào　lì wéi jù　qīn suǒ wù　jǐn wéi qù
亲所好　力为具　亲所恶　谨为去

shēn yǒu shāng　yí qīn yōu　dé yǒu shāng　yí qīn xiū
身有伤　贻亲忧　德有伤　贻亲羞

qīn ài wǒ　xiào hé nán　qīn zēng wǒ　xiào fāng xián
亲爱我　孝何难　亲憎我　孝方贤

qīn yǒu guò　jiàn shǐ gēng　yí wú sè　róu wú shēng
亲有过　谏使更　怡吾色　柔吾声

jiàn bú rù　yuè fù jiàn　háo qì suí　tà wú yuàn
谏不入　悦复谏　号泣随　挞无怨

qīn yǒu jí　yào xiān cháng　zhòu yè shì　bù lí chuáng
亲有疾　药先尝　昼夜侍　不离床

sāng sān nián　cháng bēi yè　jū chù biàn　jiǔ ròu jué
丧三年　常悲咽　居处变　酒肉绝

sāng jìn lǐ　jì jìn chéng　shì sǐ zhě　rú shì shēng
丧尽礼　祭尽诚　事死者　如事生

3

"孝"字上边是老，下边是子，也就是说老人在上，小孩在下。我国传统教育认为："教者孝之文也"，也就是说教育孩子要先从孝道开始。无论是作为孩子的第一任老师——父母，还是孩子的老师，首先要让孩子具备孝的品行，然后在去教孩子各类知识与技能。所以孔子这位先行先知的大师训导我们：教育要"首孝悌"。"知所先后，则近道矣"。万事万物都有个先后顺序，这才符合人类生存的道理，这是人与人和谐之道。而现在反了，小的们在上，老的们在下，孩子成为爷爷，爷爷成了孙子。顺序错了吧，秩序乱了吧，矛盾产生了吧，不敬孝老人的事情屡屡发生，造成一定的社会不和谐。

《入则孝》共56句，从第一声父母的呼唤开始行孝，到父母生病老去尽孝，在日常生活中培养我们的孝心。《孝经》曰：身体发肤受之父母，不敢毁伤，孝之始也。立身行道，扬名于后世，以显父母，孝之终也。

第一讲

fù mǔ hū　　yìng wù huǎn　　fù mǔ mìng　　xíng wù lǎn
父母呼　应勿缓　父母命　行勿懒

经典解读

　　父母喊我们的时候，要马上答应；父母吩咐我们做事，要马上去做。

　　宝贝们，我们已经长大了，知道是谁把我们养大的吗？是父母。没有父母，我们能看到这么美丽的世界吗？能和教室里的小朋友一起学习、玩耍吗？父母给了我们一切。现在我们已经上学了、长大了，得为父母做点事了。怎么做？就从父母喊我们马上答应，父母让我们做事马上去做开始吧。

　　当父母呼唤我们时，不能挺了好长时间后才拉长声音说："干——什——么——？"更不能让父母连喊好几遍，直到父母生气了才不情愿地答应："干吗？"这些表现都是不孝顺的，会让父母心里不舒服的。当父母需要我们时，要赶紧行动，不能拖拉。早上起床，不要等父母喊了好几遍，才懒洋洋地从被窝里钻出来。写作业也不要等父母左一遍右一遍地催，自己的事情要主动去完成。

　　母亲孕育我们十个月，才把我们生下来，多么不容易！这十个月我们靠吸收母亲体内的营养生长。有的母亲因为怀孕期间反应强烈，吃一口吐一口，一直折腾到把我们生下来。但母亲毫无怨言，让我们健健康康地来到这个美丽的世界是母亲最大的心愿。我们怎能听到父母的呼喊而不答应呢？怎能在父母需要我们做的时候不去做呢？

　　在家有父母，在校有老师，老师也是我们的父母。因此，我们听到老师的呼唤，也要马上答应或起立，不能因为自己不会或不想回答问题而不答应。老师告诉我们收拾好文具，准备好书本，站好排，值好日，要马上去做，不能漫不经心，自己想怎么做就怎么做。

　　父母长辈吩咐的事马上去做，这就是孝顺的好宝贝。

故事新说

噬指以唤

曾子是春秋时期鲁国人,孔子的得意弟子,特别孝顺。一次,曾子进山打柴,忽然感觉自己的心一抽一抽的,隐隐作痛。马上想到是不是母亲有什么事了?于是赶紧背着柴火急匆匆地赶回家。原来是家里来了一位曾子的朋友,母亲不知如何招待,一着急,就咬了自己的手指。而远在大山砍柴的曾子却感到心口疼,马上就想到了是不是母亲有什么事需要他。

母亲的每一声呼唤都饱含着深情,母子的心灵是相通的。这是一种亲情的特别感应。

亲子共话

至乐莫如读书,至要莫如教子。三岁看大,七岁看老,十二岁看一辈子。孩子在七八岁的时候开始了学校的学习生活,学习是他们的主要任务。这种学习不单指知识,还有各种好习惯的养成。没有良好的习惯,孩子的学习成绩就不会稳固发展,而是越来越差。有些孩子非常聪明,但就是不好好学习;有些孩子不算聪明,但学习一直很好。这些都是习惯的问题,也是教育自然发展的规律。影响孩子一生的好习惯有几十种。孝顺的习惯是首要的。孩子只有拥有了孝顺的习惯,才能听父母正确的教导,听老师的话,才能好好听讲,好好学习,实现父母的夙愿。

如何培养孩子孝顺的好习惯呢?从本讲开始,父母就要按照老师的引导从一点一滴做起。父母要从呼唤孩子入手,培养孩子的一份孝道。孩子的学习要靠强化,坚持强化训练,慢慢地就养成了孩子孝顺的习惯。

拓展积累

曾子:春秋末年鲁国人。孔子学说的主要继承人和传播者,在儒家文化中具有承上启下的重要地位。他的以孝为本、孝道为先的观点影响中国两千多年,相传著有《大学》,后世儒家尊称他为"宗圣"。

第二讲

fù mǔ jiào　xū jìng tīng　fù mǔ zé　xū shùn chéng
父母教　须敬听　父母责　须顺承

经典解读

　　当我们出现问题时，父母教育我们，我们就要认认真真地听。当父母责怪我们时，我们也要理解父母的心意，恭敬地听父母的责备。

　　大圣人孔子说：过能改之，谓不过。就是说我们有了错误，能改正就不是错误了。犯了错误不可怕，要认真听父母的教导，即使父母责骂，也要认真听，这样就是个好孩子。

　　父母在管教我们的时候，我们不能嫌父母唠叨；不能因为父母批评，而撅起小嘴，瞪起双眼，或者又哭又闹。父母工作一天了，下班后既要做饭洗衣，还要辅导我们功课，多辛苦呀！我们面对自己没做好的事，例如，上课不好好听讲了，与小朋友吵嘴了，字写得歪歪扭扭了……父母教训时，应该想到自己是多么不应该，怎么又让父母操心了呢？即使父母火冒三丈，骂了一通，甚至还狠狠地揍了几下，我们也不要与父母顶撞（当然，对于不问青红皂白动不动就动手打人的父母还应另当别论）父母在怒气冲天的时候，他们的体内会产生许多有毒物质，伤害着父母的身体，我们怎能忍心让父母的身体受伤害呢？所以别总犯错误。如果不小心犯了错误，就要恭敬地接受父母的教育，等父母气消了再和他们好好谈谈。

　　学校就是我们的家，老师就是我们的父母。课上，课下，老师也像父母一样为我们付出着。我们也要听老师的话，按老师的要求去做。对老师要有恭敬心，这样才能成为老师的好学生。

　　父母长辈在教育我们时，我们要用心去听，要理解父母长辈这份苦心，好好听父母长辈的教导，这才是真正的好宝贝。

故事新说

芦衣顺母

春秋时代，有个孝子叫闵子骞。他的母亲去世比较早，父亲娶了继母，又生了两个弟弟。继母对他不好，常常虐待他。

一年冬天，继母用芦花给他做棉衣，给他的两个弟弟却是用棉花做的。芦花做棉衣看起来很蓬松，但是不保暖。刚好他父亲带他外出，让他驾马车。因为天气太冷，衣服又不保暖，所以他冻得发抖。父亲看了以后很生气，衣服已经穿得这么厚了还在发抖，这是有意要诋毁继母，一气之下，就拿起鞭子抽打闵子骞。结果鞭子一打下去，衣服破了，芦花飞出来，父亲明白了一切，于是气就不打一处来，回到家里，就要把他的继母休掉。

可是子骞对继母并不记恨，他跪下来说："父亲，请你不要赶走继母，继母走了，两个弟弟怎么办呀！继母在的时候，只有我一个人寒冷，如果继母走了，我和两个弟弟都会挨饿受冻的。"（母在一子寒，母去三子单。）

闵子骞真诚的孝心感动了继母，从此闵子骞一家幸福和乐。

亲子共话

孩子就是孩子，在成长过程中会反反复复地出现各种各样的问题。当父母在解决孩子一个又一个问题的时候，有的孩子会不以为然，有的孩子甚至反抗，父母就可以用"父母教，须敬听；父母责，须顺承"去教育他们。别看孩子小，知道的却不少。在教育孩子时，一定要耐心、细致地开导，不是批评几句就可以了，要有实际行动。例如，孩子在学校听讲不认真，父母就要引导孩子为什么要认真听讲？怎样认真听讲？然后要经常与老师沟通，看看孩子是否改正了或进步了。面对孩子或多或少的变化，不管是不是很满意，一定要及时鼓励孩子：老师夸你进步了；你做到"父母教，须敬听"真棒！不能一味地只是批评，孩子的毛病如果家长总是挂在口头上，不仅不能帮助孩子改正，相反会起到强化的作用了，使孩子错误日益加重，失去了成长的信心，也失去了孩子的未来。这是一种暗示效应，积极的暗示对孩子心身状态，产生有利的影响，消极的暗示则产生不利的影响。

　　用心感染孩子，用行动感化孩子，长此以往，孩子就会带给我们无限美好的希望。

 ## 拓展积累

　　曾参侍奉父母，尽心尽力。有一次，曾参的父亲曾点叫他去瓜地锄草，曾参不小心将一棵瓜苗锄掉。曾点认为他用心不专，便用棍子责打。由于出手太重，将曾参打昏。当曾参苏醒后，并没有因为被误打而愤愤不平。孔子知道此事后教训他说："小杖则受，大杖则走。"也就是说当父母在气头上对你大打出手时，一定要学会保护自己，先躲躲，等父母气消了再好好认错。

第三讲

dōng zé wēn　xià zé qìng　chén zé xǐng　hūn zé dìng
冬 则 温　夏 则 清　晨 则 省　昏 则 定

经典解读

　　冬天用自己的身子把席子焐热，夏天用扇子把席子扇凉；早上起来向父母问安，晚上侍奉父母睡觉。

　　古代人住的很简陋。老百姓家很穷，连被子都没有。"冬则温，夏则清"讲的是东汉时，一个九岁的孩子黄香的故事。由于母亲去世得早，他与父亲相依为命。冬天，他自己先睡到席子上，给父亲把席子焐暖和；夏天，他用扇子把席子扇凉，再让父亲睡上去。皇帝夸他说："江夏黄香，天下无双。""昏定晨省"是一个成语，意思是天刚黑时要服侍父母就寝，天亮时要探望和问候父母。这是传统社会侍奉父母的日常礼节。

　　现在，生活富裕了，冬天有暖气，夏天有空调。那么，我们怎样向黄香学习呢？可以从小事做起：帮父母捡捡碗，捶捶背，洗洗脚，买买菜……这些力所能及的小事，尽可能地要帮着父母去做。要养成早上、晚上和父母打招呼的习惯。例如，每当我们起床时，看到父母早已在厨房准备饭菜，就要温暖地喊一声："妈妈，我起来了。"晚上睡觉时自然地说一声："爸爸、妈妈我要睡觉了，你们也早点睡吧。"这些事难不难？不难，难的是要天天这样做。

　　学校是我们学习生活的家，我们都是这个大家庭的孩子，应该为学校，为班级多做些事，扫扫地，抹抹窗台，捡捡垃圾，帮老师拿拿作业……

　　我们为父母长辈做些力所能及的事，这就是孝顺的宝贝。

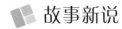 故事新说

昏定晨省

周文王在商朝的时候是西部的诸侯首领。他非常孝敬自己的父母，每天鸡刚叫就起床来到父母的门前问安。到了黄昏时分，又去拜见父母。每天都如此。传说文王如果早晨请安时看到父母身体欠佳，这一天都愁眉不展。文王的父亲季历曾经对别人说："我这个儿子一定能够把我的事业做大。"后来周文王终于为灭商建立周朝奠定了坚实的基础。周文王治理国家为后人称道，他的孝顺更为后人树立了榜样。

亲子共话

孩子的世界非常纯洁，"染于苍则苍，染于黄则黄"。刚入学的孩子模仿力很强，学了这节课很容易模仿黄香的做法。父母不要一下子把孩子的热情打消，更不要说一些与学校教育相背离的话，而是积极引导孩子。作为父母要有意培养孩子做家务的习惯，习劳知感恩。在劳动中，让孩子慢慢体验父母的不易，才能渐渐懂得爱，才能渐渐培养分担的责任。这在孩子成长过程中是重要的。对孩子做什么都不放心的父母，什么事都包办代替的父母，孩子会有很强的依赖性。让孩子从力所能及的事做起，才能渐渐培养孩子自理自立的能力，才能增强孩子自己做事的信心。天天重复做这样的事，还能培养孩子的耐心。正确引导孩子做家务，是成功教育孩子的一种重要的策略。另外，还要培养孩子学会早晚和父母打招呼，别看这样一件看似微不足道的小事，做着做着，就积攒了孩子的一份孝心。

拓展积累

周文王是商代末年西方诸侯之长。相传在位五十年。他重用年已垂老、怀才不遇的姜尚为军师，共同筹划灭商策略，从而使国家越来越强大。周文王在历史上是一位明君圣人，他生活勤俭，穿普通人衣服，到田间劳动，兢兢业业治理自己的国家，是"内圣外王"的典范。

第四讲

chū bì gào　fǎn bì miàn　jū yǒu cháng　yè wú biàn
出 必 告　反 必 面　居 有 常　业 无 变

经典解读

　　出门或不回家要跟父母说一声，回来时要告诉父母一声；不要轻易地改变自己的住址，不要随意地改变自己的工作。

　　古代的经济不发达，人们生活经常是"日出而耕，日落而息"，不太轻易改变住所和工作。这四句话是告诉我们每次到外面玩或回来时要告诉父母一声，不让他们担忧。长大以后，不要总搬家或总换工作，以免父母总为我们操心。

　　生活中要养成孝顺的好习惯。我们出门时要与父母打招呼，说好几点回来。如果到点不能回来，一定要打电话告诉家里。如果我们在外面玩得时间长了，父母就要担心了。我们在做事之前一定不要光想着自己，要想想我这样做，父母放心吗？从"出必告，反必面"这样的小事做起，培养我们的孝心，我们就会成为孝顺的孩子。

　　现在人们生活富裕了，经常把房子换来换去；年轻人也是把工作变来变去，很不安定。我们现在是小学生，还没有能力买房子找工作，"居有常，业无变"应该表现在认真学习中。比如，字要坚持好好写，书要坚持好好读。学习要有个好习惯，生活要有一定的规律。踏踏实实地学习，才能让父母安心。

　　在学校经常发现我们帮老师办完事之后就没有回音。有时老师让我们到邻班找个人，等了好半天，人没回来，要找的人也没来。原来我们没完成老师的任务，就自顾玩去了。现在我们懂得了"出必告，反必面"的道理，就不能再有这样的行为了。

　　到点学习，到点睡觉，到点起床，不用父母长辈操心，认认真真地做好每一件事，这样多孝顺！

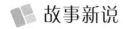 故事新说

聂政养母

聂政是战国时的一位大侠士，很孝顺自己的母亲。一次，朋友要他帮助自己伸张正义，聂政告诉那人说："现在有母亲在，不能出去。"几年后，聂政母亲去世了，他安葬了母亲，就离开家为朋友报仇去了。这次出门后，聂政再也没回来，他替人报了仇，也不幸死在了当场。

孔子曰："父母在，不远游，游必有方。"就是说父母健在时，不能远离父母，一旦长大了要远离父母，也要有一定的奋斗目标，不能东游西逛。当今社会，我们为了求学或生存，不得不离开父母，但我们的心不能离开父母，要时刻惦念着父母，常和父母保持联系，以免父母为我们牵肠挂肚。

亲子共话

孩子的问题其实在很大程度上是父母的问题。现在的孩子心中很少想着他人，做事非常自我，我行我素。他们出门不和父母说，放学到同学家也不和父母说。一时半会儿不回来，找不着，父母担惊受怕的。找到了，父母火冒三丈痛斥孩子一顿，可隔一段时间孩子就好了伤疤忘了疼。

其实根本原因是父母没有给孩子讲明白道理：出门一定不要让父母担忧，到哪去一定要告诉父母，到点就要回来，以免让父母牵挂着急。如果从小就培养孩子这个"出必告，反必面"的习惯，并把道理给孩子讲清楚，孩子长大就不会犯这样的错误，孩子的孝心也就一点一点地培养起来了。

拓展积累

"出必告，反必面"这句话出自《礼记》：夫为人之者，出必告，反必面，所游必有常，所习必有业"。就是说作为孩子，出门一定告诉父母，返回一定面见父母，离家创业要有远大的目标，追求正大光明的事业。

 第五讲

shì suī xiǎo　wù shàn wéi　gǒu shàn wéi　zǐ dào kuī
事虽小　勿擅为　苟擅为　子道亏

◼ 经典解读

　　一件很小的事，也不要擅自主张去做；如果不听长辈的话去做了，就要吃亏了。

　　我们虽然已经长大了，自己的事情要自己做了。但有时一件微不足道的小事，如果不听长辈的建议自作主张，就会惹麻烦，让父母担心。

　　父母叮嘱我们不要闯红灯，过马路要注意安全，我们偏不听，一看马路没车就冲过去，要是正好开过来一辆车怎么办呢？父母不让边看电视边吃饭，我们偏不听，天长日久，胃不舒服了。父母不让我们多吃糖，我们偏不听，偷偷吃，结果牙坏了。父母要求看电视离屏幕两米远，不能躺在沙发上看，我们偏不听，结果眼睛近视了。这些都是日常生活小事，但如果我们不把父母的话放在心上，就会因此吃大亏，让父母操心。那样多不好呀！

　　学校规定了许多学生日常行为准则。例如，上下楼梯不能一步跨两个格，不能在走廊乱跑，拖布不能乱甩，拿东西时走路要稳，不能和同学疯架打闹……如果我们能按老师的要求去做，就不会被值周生批评，更不会因为疯闹而摔坏了胳膊、腿……

　　从小我们就要遵守一定的行为准则，对自己要有一定的约束，这就是孝顺的好宝贝。

◼ 故事新说

刘备教子

　　三国的时候，刘备临终时对儿子刘禅不放心，除了把他托付给丞相诸葛亮，还给刘禅留下了一封信来教育他。信中说："勿以恶小而为之，勿以善小而不为。惟贤惟德，能服于人。"这就是说，不要认为小的坏事就可以随便去做，不要认为小的好事就可以不做；只有品德良好才能让人信服。后来，刘禅在诸葛亮的辅佐下，蜀国没有出现大的失误。诸葛亮死后，刘禅开始宠信宦官，逐渐放纵自己，最终蜀国被曹魏灭掉，刘禅也成了俘虏。

亲子共话

父母经常埋怨孩子淘气，不听话，怎么告诉都不行。孩子淘气是天性，父母不能把孩子教育成一个呆板，只会服从的孩子。其实，有时孩子在淘气中也可以增长智慧和见识。但父母要知道哪些淘气是可以的，哪些淘气是不可以的。把玩具拆了组装不回去，不能大声训斥，要鼓励孩子动脑筋。玩过家家时，把鞋、裤子、娃娃、厨房用具摆了满床，父母也不能暴怒，要求孩子玩完之后把这些东西整理干净，各归其位。要懂得这是孩子这个年龄特有的游戏，这种淘气会把孩子的动于能力、生活能力培养起来。

如果孩子上树本领很强，掏个鸟窝下来，父母却喜笑颜开地说："今晚给你煮鸟蛋。"就不可以了。偷偷下河洗澡，还抓了一瓶鱼儿，父母却高兴地说："宝贝真棒。"这也是不可以的。不让孩子吃那些危害健康的小食品，孩子吃了，简单地说两句就过去了，这同样是不行的。别小看这些经常发生在我们身边的事儿，都是一次次教育孩子的好机会。掏鸟蛋时，讲讲爱护环境的必要性；下河野浴时，讲讲生命的宝贵；吃小食品时，讲讲健康的重要性。长此以往既保护了孩子，又让孩子明事理，懂事了，长大了，父母也省心了。

拓展积累

道虽迩，不行不至；事虽小，不为不成。

这句话出自《荀子·修身篇》。荀子认为，修身不是一件容易的事，无论士、君子，还是圣人，要达到完满的道德境界，必须永不停歇地努力。他用这样的比喻加以阐释："道虽迩，不行不至；事虽小，不为不成。"路程即使很近，但不走就不能到达；事情即使很小，但不做就不能成功。

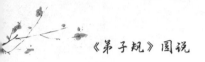
第六讲

wù suī xiǎo   wù sī cáng   gǒu sī cáng   qīn xīn shāng
物 虽 小　勿 私 藏　苟 私 藏　亲 心 伤

经典解读

东西很小，也不要自己随便把它拿走；如果私自把它拿走，父母会因此伤心的。

传统的中国往往都是一大家子住在一起。很多东西都是大家共同拥有的。谁都不能不经过家族里的人同意就把东西拿走。如果这样做，就会造成这个家族的不团结，让父母心不安宁。古人认为这是不孝的行为。

一件特别不起眼的东西，我们不要偷偷把它藏起来或拿走。妈妈买了糖果，我们偷偷抓了一把放在兜里；我们下楼买瓶酱油，把剩下的钱偷偷藏起来；我们看到柜台上有个玩具很好玩，就偷偷拿走。这些行为是非常不好的，不能去做，这会让母亲伤心的。

学校的东西都是大家的，我们不能擅自乱动。看到图书角的书很好看，不能悄悄地拿回家；看到同学的笔很喜欢，不能放进自己的书桌；拾到一块橡皮不能装进自己的口袋。不是自己的不能占为己有。我们不听老师的教导擅自去做，会让老师很难过的。

这些小事都要时时刻刻放在心上。我们把一件件小事做好了，父母长辈就会为我们骄傲。

故事新说

陶母责子

陶侃是东晋有名的贤臣，从小就勤奋好学，人品极好。陶侃长大后，担任管理渔业的小官。这一年，他托人带回家一坛腌鱼孝敬母亲。母亲说：

"这是哪里来的?"陶侃派来的人说:"是官府的。"没想到,母亲却把鱼原封不动地让人退回去,并且给他写了一封信。信中说:"你是国家的官吏,怎么能用公家的东西孝敬母亲呢? 虽然只是一坛腌鱼,但也是为政不廉啊!"陶侃深深记住了母亲的教导,从此他勤政为民,两袖清风,最终成为了晋朝著名的清官。

■ 亲子共话

古代的母亲都谨记要教导孩子"一瓜一果之弗贪,一丝一毫之不苟"。不可以拿人家一丁点的东西,这对孩子的影响是长久的。贪小便宜吃大亏。如果从小面对孩子"偷偷摸摸"的问题不能及时教育,就会使孩子养成这种恶习,而且还会形成贪的性格,将来可能为了得到想要的东西,不择手段地偷抢。面对孩子无心的错误,例如,把人家的笔不小心拿回来了,出于好奇把摊位上的小物件随手装回家,捡到钱物就自己留着了……父母万不可以掉以轻心,教育孩子无小事。面对孩子这貌似平常的事儿,父母一定要懂得教育的原则,注意及时性,适时地引导会使孩子认识什么可为,什么不可为。见微知著,不能等孩子铸成大错,才想教育,那样一切都晚了。虽然教育的最佳时期是 0—3 岁,但小学阶段是孩子学习的重要阶段。无论是知识、品行,孩子们都需要大量的摄入学习,父母要注重小学阶段良好行为的培养。良好行为的培养,就要从一件件小事做起,天下大事必做于细,天下难事必做于易。

■ 拓展积累

罗伦,明代理学家。历史上记载着一个有名的故事:《罗伦还镯》。罗伦以举人的身份去考试,奴仆在路上捡着一个金镯子悄悄藏起来。罗伦知道后很生气。罗伦说:"这肯定是女婢或者是哪个仆人遗失的,万一主人拷打询问,并且因此而死亡,是谁的责任呢? 我宁愿不去考试,不忍心让人死于非命啊。"既而寻到失主的家,把镯子还给了主人。

第七讲

qīn suǒ hào　lì wéi jù　qīn suǒ wù　jǐn wéi qù
亲 所 好　力 为 具　亲 所 恶　谨 为 去

经典解读

父母希望我们做的，我们要努力做到；父母不希望我们做的，我们一定不要去做。

父母对我们的一切都照顾的无微不至，他们希望我们要好好学习，长大了有出息，过上快乐幸福的生活。我们从小就要努力做些他们希望的事。父母不愿让我们做的事，我们一定谨记在心，不要去做。如果我们有了不好的行为，一定要努力地改正。

父母希望我们上课要认真听讲，过马路要注意红绿灯，东西别丢三落四，放学先写作业再看电视……这些事一点儿都不难，但能做到吗？父母不希望我们写作业时左顾右盼，不希望我们听讲时三心二意，不希望我们吃饭挑三拣四，……做到了吗？很小的时候我们什么也不会做，都是父母帮着做。现在我们已经能够独立地做一些事了，就要努力地去做好这些事，把父母的话放在心里，回报父母的养育之恩。

在学校，老师为我们操碎了心。老师教导的事，要一点儿一点儿努力达到。例如，老师希望我们主动回答问题，说话声音响亮，上下楼自觉成排……我们要听从老师的教诲，争取一点点做到。只要我们从心里想着去做，即使今天没有做好，明天也一定会做好的。

父母和长辈都是最爱我们的人，我们也一定要最爱他们，成为他们孝顺的好宝贝。

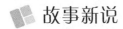 故事新说

郯子鹿乳

周朝的时候，有一个人叫郯子，从小非常孝顺。父母年老，而且眼睛不好。郯子听说鹿乳能治疗眼睛的毛病，于是决定为父母弄到鹿乳。可是郯子怎么去弄到鹿乳呢？于是他想出了一个办法，披上鹿皮，把自己打扮成一只鹿，每天学鹿的样子跳跃、爬行。为了亲近鹿群用嘴叼着草给鹿妈妈吃，给受伤的鹿包扎伤口，帮着鹿妈妈照顾小鹿。郯子历尽千难万险。终于挤得了一些鹿奶，治好了父母的眼病。

亲子共话

孩子的重要学习方式是联想、模仿和强化，这也是孩子学习知识的重要途径。孩子特别喜欢想象，他们的世界是五花八门的。孩子也特别喜欢模仿，他们总模仿成人的打扮、说话。孩子的一些行为还需要不断强化训练才能形成一定的能力。

对孩子的一些要求，父母要反复强化，并监督孩子去竭力完成。不能只是嘴上说说，并不具体帮助、督促孩子去践行。如果只是这样说说那只是满足了父母心理的需求，没有达到真正教育培养的目的。例如，孩子的字写得不好，那只有重写，不好再重写。孩子浮皮潦草地读书，不能只高声嚷道"好好读。"而要和孩子一起读。父母只有懂得教育，才能把孩子培养成才。所以父母不能总怪孩子这儿不好，那儿不好。很多时候是父母的教育出了问题。生活中，父母要求孩子去做的，或不希望孩子去做的，一定要身体力行。

拓展积累

郯子，春秋时期郯国国君。公元前 770 年到公元前 476 年，周王室渐趋衰败，诸侯大国之间相互争战侵吞，天下动乱，郯国虽是区区小国，却颇负盛名。主要原因是国君郯子具有仁孝之德，赢得了人心。

第八讲

shēn yǒu shāng　　yí qīn yōu　　dé yǒu shāng　　yí qīn xiū
身 有 伤　贻 亲 忧　德 有 伤　贻 亲 羞

■ 经典解读

　　身体受到伤害了，会让父母担忧；德行出问题了，会让父母羞愧。

　　子曰：身体发肤受之父母，不能毁伤，孝之始也。就是说我们身体的一切都是父母给的，应该好好爱惜，不能让身体受到伤害，这是孝顺的起点。我们是父母的掌上明珠，如果不好好保护自己，让身体受伤了，父母多心疼，多担忧啊！我们身上流淌着父母的血液，是父母生命的延续。如果我们不听话，犯了错误，会使父母感到羞愧，无地自容，这就是不孝顺的表现。

　　父母每天都叮嘱我们要注意安全，可我们总是不在意。与小朋友疯打乱闹受伤了，不能上学了；不好好走路，把门牙摔掉了两颗；不好好玩，把头撞个大包……这些事经常发生。我们身体受伤了，很痛。父母身体没受伤，可心却很疼。父母恨不得把伤痛移到自己身上，不让我们难受。我们怎能不好好保护自己？

　　当我们犯错误的时候，特别是父母被老师找或被别人找上门的时候，那会让父母很难堪的，因为我们让父母感到羞耻了。我们把人家的玻璃打碎了，偷拿了别人的东西，把小朋友打伤了……这不只是我们自己在犯错误，也让父母蒙羞，因为我们的行为代表着父母。我们是父母身上掉下来的肉，是父母的一部分，又怎么能往父母脸上抹黑呢？

　　老师是在学校陪伴我们时间最长的人。我们在学校要按照小学生守则去做，如果不这样做，就容易伤害到自己。那样，老师就像父母一样要担心的，要心疼的。如果我们违反了学校和班级的各项制度，老师也会难为情。因为我们不仅代表自己，也代表了班级，代表了老师。

　　我们一定要珍惜自己，让父母和老师少操心，做个孝顺的好宝贝。

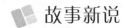 故事新说

割发代首

一代枭雄曹操，在一次行军途中，他的马受惊跑进了庄稼地，把庄稼给踩坏了。曹操事先约法三章，谁敢扰民，谁行军踩坏了庄稼，一律砍头。这一下曹操自己的马毁了庄稼，没人敢砍曹操的头，曹操也不打算砍自己的头。怎么办？曹操拔剑割了一绺头发给大家看，并且说道："我割发就替代砍头了。"

古人把头发看得很重。因为头发是身体的一部分，是父母给的，不能随意剪掉的。曹操是举孝廉做上官的，他这样做是对自己很重的惩罚。

亲子共话

孩子是父母的心头肉，含在嘴里怕化了，捧在手心怕摔了。然而，由于父母事事包办，越俎代庖的教育方式，使孩子缺乏自立。其实孩子应该是在磕磕绊绊中长大的，这样可以磨炼他们的性格，使他们具有坚强的意志品格。犹太人的教子方式非常值得父母借鉴。聪明的犹太人是这样教育自己孩子的：在孩子4—5岁的时候，就让孩子从茶几上跳到父亲的怀里，然后父亲紧紧地抱住孩子，1次、2次……突然有一次父亲不抱孩子了，让孩子摔在地上，这时父亲对孩子说："请记住，除了你自己，不要相信任何人，不要依靠任何人，一切只能靠你自己！"犹太人就是这样对孩子进行独立性格教育的。由于这种教育是由最值得信赖的父亲亲自传授的，并且是用痛苦去感受的，犹太人的孩子从小就确立了独立性格。犹太人人口占全球人口不到0.25％，但却获得了全球22％的诺贝尔奖，其概率远高于其他民族，是全球平均水平的108倍。这与犹太人的教育是密不可分的。

犹太人的教者方式不得不引发我们父母的思考。孩子走路摔了，父母急忙扶起来，还使劲地跺两下脚，怨土地爷爷不听话，却不能让孩子自己面对，自己爬起。孩子踢球不小心打碎了玻璃，父母急忙给安上就万事大吉了，却不能让孩子勇于面对，承担责任。现在的孩子非常自我，想吃什么就要什么，不管对身体是否有好处；想上山就上山，想下河就下河，不

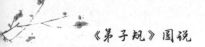

懂得遵守规矩。孩子出了问题不能担当，自己做不好了，还总怨别人，与父母的教育不得当是有关系的。

其实孩子不懂不要紧，父母要注意引导孩子认识自己行为的不足，从小培养孩子有规矩，注意安全，珍爱身体。因为生命仅有一次，关注生命和尊重生命是每个人的责任。要让孩子懂得不好好保护身体是不孝的，懂得自己犯错误了要敢于面对，懂得犯了错误会让父母羞愧的。要让孩子体谅父母的心里感受，达到思想上的共鸣，使孩子减少犯错误的次数，努力做到"亲所好，力为具"。

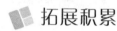 拓展积累

曹操，东汉末年著名政治家、军事家、文学家与书法家。三国中曹魏奠基人和主要缔造者。二十岁时举孝廉，被朝廷提拔成官员，为统一中原做出了重大贡献，一生以汉朝丞相的名义征讨四方。他的文学作品很有特色，是汉末书法五大家之一，可谓多才多艺的一代霸主。（汉代是封建王朝延续时间最长的朝代。汉代倡导孝道，廉洁，为这个王朝打下了牢固的基础。"举孝廉"就是汉代发明和培养官吏预备人才的一种方法。按规定每二十万户中，每年要推荐孝廉一人，由朝廷任命官职。被推荐上来的人，除博学多才外，更要孝顺父母，行为清廉，故称"孝廉"。）

第九讲

qīn ài wǒ xiào hé nán qīn zēng wǒ xiào fāng xián
亲 爱 我 孝 何 难 亲 憎 我 孝 方 贤

经典解读

父母爱我们，我们去孝敬父母有什么难的。父母对我们不好，我们也去孝敬父母，这才是贤明的人。

父母拉扯我们长大非常不容易，父母有时由于忙于工作，不能很好地照顾我们，我们也不要怨恨父母，仍然去孝敬他们，这才是真正有孝心的孩子。

有的父母为了家人的生活，为了挣钱供我们上学，不得不离开我们到外地打工。父母不能陪伴我们，照顾我们，我们也不应怨恨他们，应该更加坚强自立地面对生活，让远在外地工作的父母放心。我们要经常打电话问问父母的状况，经常和父母聊天，说说自己快乐的事、伤心的事，交流自己的所思所想，使父母了解自己的情况，让他们安心。

在学校，当我们认真听从老师的教导，老师是多么爱我们。可有时我们犯错误了，接二连三地违反纪律，就会受到老师地批评，我们不能因此怨恨老师。要想着老师和爸爸妈妈一样，在我们做不好的时候，会特别着急，会发火。我们一定要好好检讨自己哪儿做错了，下次一定要改，还要从心里想：怎么能让老师为我生气呢？老师要管理那么多的同学，都像我这样的，还不把老师累坏了，我要把老师的话记在心间，少惹老师生气。

我们多么幸福啊，有那么多人疼。即使父母不在身边，还有其他长辈们无微不至地关怀照顾。所以我们一定要做个孝顺的孩子。

故事新说

孝感动天

舜是传说中的远古帝王，五帝之一。他和父亲瞽叟、继母还有继母生的孩子象共同生活在一起。继母和象几次想害死舜，比如舜修补谷仓时，他们在下边放火，想要把舜烧死，结果舜从谷仓上跳下来了。舜挖井时，继母和象就往井里倒土，想把舜活埋了，舜便挖了一个 U 形地道逃掉了。即便这样，舜对继母和弟弟象还非常好。舜的孝行感动了天，他在历山耕种的时候，大象帮他耕地，鸟儿代他除草。后来舜当了帝王，依然对继母孝顺，对弟弟友爱，还封了象为侯。

亲子共话

爱孩子这是做父母的本能，但怎样去爱孩子却是父母需要学习的。爱孩子首先要培养孩子的孝道。父母经常感到现在的孩子不孝顺，很多人对孝这个传统美德漠然视之，对中华素有"礼仪之邦"的荣耀嗤之以鼻。但周朝延续八百多年就是因为礼，汉朝成为封建社会最长的朝代就是因为孝。

父母要重视培养孩子的孝心。孩子有了孝心，就会成长为健康向上的人。现在有的父母在教育孩子时，让孩子好好学习，考上好大学，将来挣大钱，过上好日子。其实，挣上大钱，过上所谓的好日子就幸福了吗？就有存在感和价值感了吗？将来更多的孩子都会像普通人一样成为自食其力的劳动者。如果只重视孩子学习的分数，不重视孩子的品德培养，随着年龄的增长，好多孩子会因为学习成绩不好而觉得自己无足轻重，没有追求，没有目标，失去前进的动力。所以父母要边辅导孩子学习边培养孩子做人，让孩子懂得生命的价值：无论做什么，都要靠自己的努力创造生活，回报父母和社会。心中有德行的根，将来孩子无论做什么，都会踏踏实实，让老人怡养天年。而德行之根就得从孝根培养。孝不仅仅是狭义的孝顺自己的双亲。《孝经》曰：夫孝，始于事亲，中于事君，终于立身。真正拥有孝道的人是把孝延伸到社会中，爱人敬人；延伸到工作中，爱岗敬业；最终建功立业，服务于大众。

现在经济搞活了，开放了，不少父母外出务工，把孩子扔给老人。虽然父母更多地是为孩子的将来着想，但得不偿失。孩子真正的需要不是你给他积蓄多少财富，而是让他们拥有一份快乐和健全的人格，这是需要父母时刻给予照顾和陪伴的。孩子缺少父母朝夕相处的陪伴教育，相对来说会产生很多问题。例如，不自立，不上进，邋邋遢遢，攻击性强，自私自利，没规矩，没教养，孤僻，专横……时代发展太快，新鲜事物屡见不鲜，如果父母不能朝夕相伴，这些成长中的问题就可能变成孩子一生中永远的障碍。

不管怎样，在孩子十二岁之前父母要尽量陪伴孩子。如果迫于生活需要非得出去不可，也要经常打电话关心孩子的学习生活，联络感情，让孩子时刻感觉到亲情温暖，这是孩子最需要的。

拓展积累

土祥因孝著称于世，为二十四孝之一，是《卧冰求鲤》的主人翁。历汉魏、晋二代，在《晋书》里面，王祥的名字排在晋朝众臣列传第一，可见他地位之崇高。他为继母严寒数九天卧在冰上打捞鲤鱼之事成为孝德美谈。

第十讲

qīn yǒu guò　jiàn shǐ gēng　yí wú sè　róu wú shēng
亲有过　谏始更　怡吾色　柔吾声

经典解读

　　父母有过错，孩子要劝告父母；态度要亲切，声音要柔和。

　　古人讲了，不能"于父母不义"。就是说，父母或长辈有过失，我们不能不劝说；如果不劝说，就是对父母长辈的不孝。父母是我们至爱的亲人，是最需要敬爱的人，但他们也不是一个十全十美的人。面对父母的错误，我们是要向父母提出来的，但不能大肆批评。要注意说话的态度，应该恭敬地劝告父母，指出父母的毛病。

　　当父母做错事的时候，我们不要认为他们是长辈，就不能说，同样要指出来，规劝父母改正。例如，爸爸、妈妈不孝顺长辈，就要向父母说："《弟子规》让我们做个孝顺的孩子，我都做到了，你们也要做到。对长辈人人都要孝顺。"父母说脏话了，告诉他们："老师说了，不能骂人，骂人别人就不喜欢了。"父母总出去打麻将、喝酒，就要劝告他们："老师说了，饮酒醉，最为丑。打麻将不管我学习，我就会学不好的。"对待父母的过错，我们要像小老师一样耐心地劝告他们，要注意态度和方式，不能板着脸指责父母、教训父母。父母是我们的长辈，我们要恭敬地、和颜悦色地指出，这样父母才易于接受。

　　老师和父母一样，也是肉体凡胎，也是一个真实的人，有时候可能也会有这样或那样的不足。例如，有时作业批马虎了，发现学生淘气就发火了，或是冤枉了学生等，都要勇敢地给老师指出来。可以这样和老师说："老师，这道题我做对了，您再看看"。"老师，今天这件事您冤枉我了，当时看您生气了，没跟您辩解"……同时，我们也要更多地理解老师，父母管理一个孩子都这样辛苦，老师可是要管理全班那么多学生呢。如果我们这样说，这样想，老师该多么感动呀！

帮助父母长辈指出问题来，也是我们孝顺的一种表现。

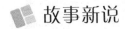 故事新说

魏征劝谏

唐朝初年，宰相魏征因为敢于向皇帝进谏，唐太宗李世民认为他比比干、诸葛亮才德都高。

不管什么时候，只要唐太宗有不对的地方，魏征就会据理力争。有时候，在群臣面前，弄得皇帝下不了台，于是唐太宗大发脾气，魏征也毫不畏惧。

一次，魏征又向唐太宗进谏，惹恼了皇帝。下朝回到家中，唐太宗对皇后说："有一天非杀了魏征不可。"皇后听了，马上跪下说："恭喜皇上！贺喜皇上！明君圣主出现了才有这样的谏臣、忠臣。"唐太宗一听转怒为喜："那我就是明君了。"

魏征一生进谏了二百多次，为唐朝的繁荣富强做出了极大的贡献。魏征病逝后，唐太宗悲伤地说："以铜为镜，可以正衣冠，以史为镜，可以知兴替，以人为镜，可以明得失。我失去了魏征，就失去了一面镜子呀。"

亲子共话

父母是孩子的第一任老师。在孩子入学时父母对老师寄予很多希望，希望老师能教育好自己的孩子，希望老师对孩子有爱心、耐心、责任心，希望能遇到一位好老师，却不知道自己就是孩子的第一任老师。小时候，孩子的主要学习方式是模仿，父母的言行直接影响孩子。家庭的教育更多的源于无声的教育。很多事，不用告诉孩子怎么做，孩子自然而然就会做了，这就是父母以身作则的重要性。父母总认为孩子小，不懂事，不注意自己不好的举止言行。在孩子面前非常随意，却不知道孩子会把这些不好的东西也模仿去，在适宜的土壤下生根发芽，成为孩子的问题。例如，父母特别好玩游戏机，等孩子会玩的时候，也会"走火入魔"。父母爱喝酒，等孩子能喝酒时也会"嗜酒成性"。父母总说脏话，孩子在一定情况下，也会"脏话连篇"。父母对双方老人不孝顺，将来孩子也会对父母不孝的……

所以，父母要注意自己的身教。当懂事的孩子指出父母不足的时候，千万不要大声吼道："黄嘴丫没退，就教育老子了。"也不要呵斥："大人是大人，小孩是小孩。"美的东西不分老小，更不要说："学你的习去，别瞎操心。"父母如果不懂得孩子，不采纳孩子的批评，慢慢地孩子会想：爸爸、妈妈都这样，我还在乎什么。教育是连锁反应的，当孩子指出父母的问题时，父母能欣然接受，孩子会觉得自己长大了，有能力，自然增强了自信，有一种权威感、成就感。这对孩子的成长是有一定影响的。

父母不是教育家，但为了孩子，必须要懂得一定的教育，方能解决孩子成长中的问题。

拓展积累

唐太宗李世民是唐朝第二位皇帝，他名字的意思是"济世安民"，是著名的政治家、军事家、书法家、诗人。在他当皇帝期间，积极听取群臣意见，努力学习用文治天下，成为历史上最有名的明君之一。史上的"贞观之治"，使唐朝成为太平盛世，在历史上留下了辉煌的一页。

第十一讲

jiàn bù rù　yuè fù jiàn　háo qì suí　tà wú yuàn
谏不入　悦复谏　号泣随　挞无怨

经典解读

　　指出父母的问题，父母不听再劝告；父母还不听，即使难过得痛哭流涕，挨打了也不能怨恨。

　　古人认为：当我们指出父母问题的时候，父母可能不听，这时我们不能退缩，还要劝谏。即便把父母惹恼了，挨揍了也不埋怨父母。让父母改正缺点也是儿女孝顺父母的一种行为。

　　父母都好面子，觉得自己是长辈，小孩子懂什么。所以当父母不把我们的劝告当回事的时候，我们仍要"怡吾色，柔吾声"地告诉父母错在哪里了。例如，爸爸给奶奶钱了，妈妈不高兴了和爸爸吵起来了，妈妈做得对不对？肯定不对啦。我们都学了《弟子规》了嘛，要孝顺父母。如果妈妈不听我们的话还和爸爸吵，我们还要进一步劝解：奶奶是爸爸的妈妈，当然要孝顺的，就像妈妈孝顺姥姥一样啊。同时，我们还应和爸爸讲：给奶奶钱是对的，但要和妈妈商量商量，讲讲道理，妈妈就不会发火了。我们像大人似的解决父母的问题，父母该多么欣慰。

　　对父母的问题，劝了又劝，讲了又讲，父母就是不听，我们不需要采取《弟子规》这种哭劝的方式，这样会惹父母心情不好，使他们心烦。如果我们"悦复谏"了，父母仍不听，我们可以采取不理父母，等过一段时间，再提出来，再劝说。我们的父母多爱我们，一定会慢慢地像我们一样把毛病克服掉的。

　　老师在每一位学生心中都是神圣不可侵犯的。所以，当老师出现一些毛病的时候，我们害怕不敢提出，更谈不上"谏不入，悦复谏；号泣随，挞无怨了"。这是不行的！如果老师出现问题了，我们一定要提醒老师，要敢于向权威挑战，相信老师听了我们的话会改正错误的。老师也希望和我

们一起成长，成为我们最好的，最爱的老师！

当我们能够耐心地指出父母或长辈的问题，我们就真正长大了，这是多么好的事啊！

 故事新说

哭谏追师

唐太宗李世民是历史上赫赫有名的国君，他开创了大唐盛世。李世民年轻的时候，一次随父起兵太原。当时阴雨连绵，粮草匮乏，父亲李渊决定退回太原，停止进攻。李世民分析了当时的情形，进谏父亲不能撤兵，应继续前进，攻打劲敌宋老生。但李渊却无动于衷，说什么也要退回太原，不许前进。李世民眼看这场胜仗要泡汤，就在父亲帐篷外号啕大哭，哭得震天动地。李渊看这势头，无可奈何地把儿子请进帐篷里，和儿子一起磋商进攻之策。这就是有名的"号泣随"故事，也称哭谏追师。

最后，这场战争取得了胜利。这一仗为唐朝的建立打下了基础。

亲子共话

教育是无时无刻不存在的，教育是需要讲究时机和策略的。孩子由于学习了《弟子规》会懂得许多事理。所以当孩子对父母进行谏言的时候，千万别小看了孩子，这时也是父母建立威信的时候。如果父母不能在孩子面前接受批评，孩子会觉得父母不可教，使父母的形象变得渺小。随着孩子渐渐长大，他们需要得到父母的肯定，增强一种自信，体现自身的价值。孩子的自尊心在3岁时就有，6岁时90％的孩子都拥有自尊。孩子自尊心的培养是需要父母给孩子表达观点的自由，耐心听取孩子的意见，以身作则，为孩子树立典范。孩子如果从小就有了自尊心，事事都要强，这对孩子一生的发展都有重要的意义。

另外，父母在教育孩子的时候，应注意时机。不要认为孩子什么都不懂，其实很多东西孩子在三岁时候就形成了，只是父母不知道而已。一位男孩得了恐惧症，去看心理咨询师。咨询师在治疗的过程中发现这个男孩在二岁时因为一次打雷而受了惊吓，之后胆子变小了。而当时父母并没有

在意，也没有及时疏导，就以为这个孩子从小就胆小怕事。如果做父母的能对0—3岁的孩子进行合理的、科学的教育引导，就不至于后来孩子出现那么多问题，甚至有些问题已经很难解决了。

面对孩子出现的各种问题，父母要挤出时间读点家教的书，比让孩子出去补课重要得多。补课只是表面知识的获得，孩子真正需要的是一种学习态度和学习能力的培养，这对孩子将来的影响是至关重要的。

拓展积累

"伯俞泣杖"这个成语出自汉·刘向《说苑·建本》。伯俞有过，其母笞之，泣。其母曰："他日笞子未尝见泣，今泣何也？"对曰："他日俞得罪，笞尝痛，今母之力不能使痛，是以泣。"这就是历史上有名的伯俞泣杖的故事。

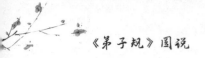

第十二讲

qīn yǒu jí yào xiān cháng zhòu yè shì bù lí chuáng
亲 有 疾 药 先 尝　昼 夜 侍 不 离 床

经典解读

　　父母病了，煎好药了，要先尝一尝；白天晚上都要进行照顾，不离开父母身边。

　　古人生病了，没有感冒丸、罗红霉素等这些小药粒，都是熬汤药进行治疗的。所以父母身体有病了，做儿女的都要亲自熬药。药熬好了，还要尝一尝，看看是不是太热。儿女还要白天黑夜地陪伴在父母左右。古代睡的床和今天的不一样，是架子床。床边有一块踏板，边上有个柜子，有的床边还有椅子。照顾父母的儿女困了，就可以睡在椅子上或躺在踏板上。

　　现在，人们生病不用总熬药了，直接就可以吃现成的药丸。父母身体不舒服时，我们可以给父母买药，给父母倒水，提醒他们别忘了吃药，多休息一会儿。父母生病了，我们要表现特别乖。这样，父母的病很快就会好了。

　　我们现在还小，还得上学，父母生病时，不能白天晚上不离开父母的身边照顾。但等我们长大了，父母老了，生活不能自理了，做儿女的一定要时时刻刻照顾他们。如果太忙抽不出时间照顾，也要安排好他人照顾父母。我们只要有时间，就要亲自去照顾父母。父母把一生的精力都给了这个家，给了我们，我们怎么能不好好孝敬他们，照顾他们，让他们的晚年生活过得好呢？

　　在学校这个大家庭里，老师教育我们是最辛苦的，有时老师带病上班。此时我们一定要知道心疼老师，就像心疼父母一样。悄悄为老师接一杯水，用小手给老师捶捶背，送个小卡片写上：老师，您不舒服就歇歇吧，我们会听话的……如果老师因为身体的原因不能来上班了，可以打电话问候老师，而且要比老师上班时表现得更好。这些都会促进老师的病很快好起来的。

在父母长辈身体不适的时候努力地去照顾，这样多孝顺。

 **故事新说**

亲尝药汤

汉朝有一位皇帝，成为《二十四孝》中孝子之一。这个人就是汉文帝，是汉朝开国皇帝刘邦的第四个儿子——刘恒。刘恒的母亲身体虚弱，常患病，连续三年卧病在床。这三年里，汉文帝每日勤理朝政，下朝后便衣不解带地陪伴在母亲病床前。每天亲自为母亲煎汤药，每次煎完药，都要亲自尝一尝。当时，朝廷里人和人之间经常有暗斗。刘恒每次尝药汤，除了试探凉热，更是为了试探药里是否有毒。想想要是有人下毒了，刘恒喝了会怎样？肯定会没命了，但刘恒每天仍坚持尝药汤。三年中，一千多个日子，汉文帝往往通宵达旦地陪伴在母亲身边。三年后，母亲的身体终于康复，他却由于操劳过度累倒了。

汉文帝的仁义和孝顺感动了天下人，加上他治国有方，在他统治时期，国家兴旺昌盛，与后来的汉景帝一起开创了"文景之治"的繁荣时代。

亲子共话

年轻时父母觉得自己是铁打的身子，怎么累都能禁得住，什么事都能干，孩子的一切都包揽在自己身上。给孩子收拾书包，整理床铺，洗衣服，端饭倒水的，凡事父母能干的都不用孩子干，只求孩子好好学习。其实父母错了，在劳动中孩子才会逐渐懂得父母的苦和累。现在父母身体健康，什么都不用孩子干，等父母身体不行的时候，再需要儿女来照顾，孩子们是做不来的，因为从小没有引导孩子去做他们能做到的事，去分担他们应该分担的事。现在社会上有些年轻人不知赡养父母，这不能全怪他们，如果从小培养孩子感恩的心，孝顺的心，孩子长大了能不孝顺吗？当父母身体不适时，要让孩子知道心疼父母。要指使孩子为父母拿药端水，告诉孩子：妈今天不舒服，不能做饭了，自己想办法解决吧。告诉孩子：妈今天不能打扫屋子，你要把房间收拾收拾。这样孩子不仅懂得要孝顺，还觉得

自己是家里的小大人了，能照顾父母了。优秀的父母要藏起一般爱心，凡是孩子能做的，尽量让孩子做，凡是需要孩子做的，尽量培养孩子做。实际上，父母这样做，是给予了孩子生存的本领，这是父母的一种责任和使命。

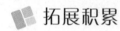 **拓展积累**

"树欲静而风不止，子欲养而亲不待。"这句话出自《汉·韩婴·韩诗外传》。意思是说：树想停下来，可风不停地刮；子女想好好孝顺父母，可父母已经不在了。比喻痛失双亲的无奈，也反映了百善孝为先的观念。

第十三讲

<pre>
sāng sān nián   cháng bēi yè   jū chù biàn   jiǔ ròu jué
</pre>
丧 三 年 常 悲 咽 居 处 变 酒 肉 绝

经典解读

　　父母去世了，要为父母守孝三年，时常怀念父母养育之恩；生活起居要改变，不能喝酒吃肉了。

　　在古代，老人不幸去世了，做子女的要守孝三年，这是我国最重要的孝礼。守丧期间，要时常想起父母养育之恩，为父母不在而伤心。甚至住的地方也要改变，在父母墓地边搭个屋子，守候父母墓地。不能再喝酒吃肉了，这是古代守丧之礼。

　　现在还经常听大人说"丧周年"，而周年往往也是三周年。这就是从古代三年丧礼传承下来的尽孝的一种方式。为什么要丧三年呢？按照中国传统，三年实际上是二十七个月。九个月算一年，哺乳期是二十七个月，也就是三年。我们刚出生时什么都得靠父母，饿了就只知道哭。一位母亲说他的女儿一晚上哭闹了二十七次，平均半小时就得起来喂奶。父母在哺乳我们的时候最苦最累。有时我们生病了，又不会说话，不知道哪疼，一个劲地哭。父母便一宿一宿地不睡觉。在0—3岁，父母为我们付出了太多太多的辛苦。这就是父母去世时，子女要守孝三年的原因。用这种形式，时刻提醒后人，要思念父母之恩。

　　这四句话怎么落实在学校里呢？一日为师，终身为父。汉朝有个皇帝叫刘庄，在老师生病时，他亲自登门看望。每次看望，都拉着老师干枯如柴的手，默默地流泪。老师去世后，皇帝刘庄亲自送葬，并把老师一家子女都做了妥善安排，从而报答老师对他悉心教导的恩情。皇帝身为一国之主，都能这样孝敬老师，确实让人感动。我们应如同对待父母那样对待老师，一生都不能忘记老师的培养之恩。

　　父母长辈在时，我们要多替父母长辈着想，多为父母长辈做事，这才

是最孝顺的表现。

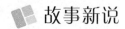 故事新说

移孝作忠

明朝末年，清兵跟明朝打仗。兵部尚书卢象升的父亲去世了。按照古代礼节，卢象升必须回家为父亲守孝。但当时国家正需要卢象升带兵打仗。于是明朝崇祯皇帝下诏书：卢象升因国家处在战争时期，不能回家为父亲尽孝。朝廷将派他去率兵打仗，这就是移孝作忠。结果卢象升战死在前线，他所带领的士兵也都全部牺牲了。在清理战场的时候，清兵知道明朝有个兵部尚书战死了，他们决定要找到卢象升的尸体。可是漫山遍野都是尸体，怎么才能找到卢象升的尸体呢？这个时候有人找到了。为什么？因为清兵知道卢象升的父亲去世了，他正在守孝时期，所以身上虽然穿的是盔甲，里面却穿的是麻衣，就是孝服。清兵虽是明朝的敌人，但依然下令厚葬卢象升。因为清兵认为这个人非常孝顺，虽然忠孝不能两全，但却用这样方式尽一份子女的孝心。所以大家非常尊重他。

亲子共话

父母在孩子不听话时，不能只是一味地批评教育孩子要怎么怎么样。心理学研究表明，只有双方达到情感通融时，才能互相走进对方的心里，才能接受彼此的建议，这是心理学所谓的共情。对于《弟子规》这几句话的学习，父母要多给孩子讲讲养育之苦。特别是怀孕到三岁这段时间所经历的各种困难，在适当的时候给孩子讲讲，让他们走进父母的心里，知道父母对他们所做的一切，产生情感上的共鸣，自然而然便能做到"父母教，须敬听"了。现在我们对双方老人的态度和行为，会潜移默化地影响孩子。有这样一个故事，在很久以前，有一户人家，五口人，爷爷、奶奶、爸爸、妈妈和一个儿子。爷爷和奶奶年老了，不能动弹，每天都得爸爸、妈妈侍候。爸爸和妈妈感到筋疲力尽，俩人一商量，决定用一个大篮子把老人抬进大山里。一天晚上，当他们把老人抬进大山里，正准备丢下老人不管时，儿子在旁边说话了："爸爸、妈妈你们不要把这个大篮子丢了。"爸爸、妈妈吃惊地问儿子："为什么不丢掉这个大篮?"儿子说:"等你们老的时候,我也要用大竹篮子把你们抬进山里丢掉。"看完这个故事是不是心酸?在老人需要时,大人要多伺候和照顾。平时多陪伴老人,对老人嘘寒问暖。用行动引导孩子去做,比说一堆话讲一堆道理有用。培养孩子的孝行,关键在行动。

拓展积累

丁忧:是古代的一种制度,指朝廷官员的父母如果去世,无论什么人任多大的官都得回到家中,为父母守孝二十七个月。这种制度源于汉代,丁忧期间要吃、住、睡在父母的墓地边。如果此时遇到每三年一次的科举制度也不允许参加考试。如果隐瞒事情不报,一旦国家发现,将受到严惩。

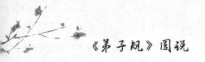

第十四讲

sāng jìn lǐ   jì jìn chéng   shì sǐ zhě   rú shì shēng
丧 尽 礼 祭 尽 诚 事 死 者 如 事 生

经典解读

老人去世了，办理丧事时一定要按照礼节来做；祭奠的时候一定要诚心诚意，对待去世的人要像活着的时候那样。

《弟子规》是清朝秀才李毓秀根据孔老夫子教育的言行改编的一本小册子，是两千多年前古代人所倡导的规矩，所以有的地方不适用于现在。古代要求父母老了不在时，办理丧事一定要按照一个一个规矩去做，尽到自己十足的孝心。对待去世的老人好好尽孝道，就像在他活着时候一样。现在没有必要把这些繁文缛节都延续下来。

老人不在了，每逢清明，七月七日，过年都要到墓地去烧烧纸，上上香，怀念他们的养育之情，用这种方式表达不忘根本。真正的孝顺是父母在时，多做父母高兴的事，少惹父母生气，特别是父母老的时候，不能动弹了，一定要用最大的能力去照顾他们，为父母颐养天年。

如果有一天父母老去了，我们要把父母的教诲牢牢记在心中。现在我们要好好学习。长大了参加工作了，要把自己的工作做好。成家了，要为家担起责任。这些都是父母一直希望我们去做的事。即使父母不在了，他们仍然希望我们把这些事做好。尽可能去做父母希望做的事，就是对不在的父母最好的孝。

孔子的学生有三千多人，非常有成就的有七十二人。孔子去世后，他的学生为他守孝三年。学生子贡守孝三年后，仍不忍离开，又为老师守丧三年，让后人感动。在老师去世时，子贡说："老师对我们寄予了很大的希望，希望我们有一定的作为，我们可不能忘了呀！"于是孔子的学生就着手整理老师生前的言行，把老师的故事编成一本书，就是《论语》。这本书对后代产生了巨大的影响。

我们永远是父母、长辈的孩子，无论何时何地都要谨遵父母、长辈的教导，传承孝道。

 故事新说

卖身葬父

董永是东汉时期山东人。在他很小的时候，母亲就去世了。为了躲避战争，他和父亲就逃到了湖北，在湖北还没有安稳下来，父亲又去世了。董永孤苦伶仃，无依无靠，吃不上饭，穿不上衣，但他还要安葬父亲，不能让父亲没有棺材。于是他把自己卖给一个有钱人家当奴仆，用这个钱来安葬父亲。董永明知道自己当了奴仆，就得天天给人干活，有时还要挨打，没有自由，但他为了安葬父亲，宁可当奴隶，被主人像牲口一样使唤。

正因为董永的孝顺，感动了后人，演绎了《天仙配》的爱情故事。

亲子共话

孝是一个人最基本生存的根。孝敬父母是天经地义的事。在母亲节之际，看到这样一个报道：在南方一个小镇，一位八十多岁的老母亲惨死在台阶上。儿子、儿媳锒铛入狱。原来这位母亲养了三个儿子，并且都给他们娶媳妇成家了。可老母亲却没人养了，只好老大家住一百天，老二家住一百天，老三家再住一百天。这次又轮到老大家了，儿子、儿媳不让进屋。老太太只好睡在台阶上。一连睡了七八天。第八天夜里下大雨了，风雨交加的夜晚，儿子、儿媳仍没有让老母亲进屋。母亲就在那天夜里去世了。虽然儿子、儿媳受到了应有的惩罚，但故事让我们的心很痛很痛。电视、报纸将这种不赡养老人的行为报道出来，进行严肃批判，这是一种警醒。

每天火葬场都有儿女忙前忙后地为去逝的老人办理后事，大张旗鼓操办，表明一种孝道。现在有很多儿女，父母健在的时候不管父母，生病了不去照顾，不拿钱给治。父母不在了，却号啕大哭，又喊又叫，请个唱戏的到父母灵前唱两句，请个乐队又吹喇叭又打钹，让人看着好像很孝顺，其实都是做给别人看的。在丧事上满足了自己的面子，却不知别人背后有多么耻笑：生前不孝！

赡养老人是每个人的义务，法律成条成文维护老人的权益。想一想都不可思议。乌鸦有反哺之恩，羊有跪乳之情，人难道连它们都不如吗？还得用法律来制约。

"慎终追远，民德为后"。祭祀死去的人，不是因为他们还有魂魄，而是让后人缅怀先人，感谢他们给了下一代人生命，是为了唤醒人们的感恩情怀。《入则孝》这一讲就全部结束了，《诗经·蓼莪》曰：蓼蓼者莪，匪莪伊蒿。哀哀父母，生我劬劳。蓼蓼者莪，匪莪伊蔚。哀哀父母，生我劳瘁。此诗以充沛的情感表现父母养育子女的不易，费心劳力，吃尽苦头。子女赡养父母，孝敬父母，本是中华民族的美德之一，也应该是人类社会的道德义务。作为孩子的第一任老师——父母，就要在家里让孩子耳濡目染地上好人生第一课，把《入则孝》的精髓吸入孩子的灵魂，把《入则孝》的放之四海而皆准的一些做法糅合传承下去，为孩子未来发展打好德行的根基。

教育孩子孝，父母必须孝。父母怎么对待老人，孩子将来就怎么对待父母。

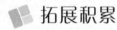 拓展积累

子贡，孔子七十二贤之一，春秋末期卫国人，政治家，儒商之祖，官至鲁、卫两国之相。他善于雄辩，办事通达，有治世之才干。他理财经商能力高超，文化修养丰厚，是孔子弟子中无人能及的。在孔门弟子中，子贡把学和行结合的最好，是极不寻常的人物。就因为孔子病危时，未赶回，觉得对不起老师，别人守墓三年，子贡共守六年。

chū zé tì
《出则悌》

xiōng dào yǒu　dì dào gōng　xiōng dì mù　xiào zài zhōng
兄 道 友　弟 道 恭　兄 弟 睦　孝 在 中

cái wù qīng　yuàn hé shēng　yán yǔ rěn　fèn zì mǐn
财 物 轻　怨 何 生　言 语 忍　忿 自 泯

huò yǐn shí　huò zuò zǒu　zhǎng zhě xiān　yòu zhě hòu
或 饮 食　或 坐 走　长 者 先　幼 者 后

zhǎng hū rén　jí dài jiào　rén bù zài　jǐ jí dào
长 呼 人　即 代 叫　人 不 在　己 即 到

chēng zūn zhǎng　wù hū míng　duì zūn zhǎng　wù xiàn néng
称 尊 长　勿 呼 名　对 尊 长　勿 见 能

lù yù zhǎng　jí qū yī　zhǎng wú yán　tuì gōng lì
路 遇 长　疾 趋 揖　长 无 言　退 恭 立

qí xià mǎ　chéng xià chē　guò yóu dài　bǎi bù yú
骑 下 马　乘 下 车　过 犹 待　百 步 余

zhǎng zhě lì　yòu wù zuò　zhǎng zhě zuò　mìng nǎi zuò
长 者 立　幼 勿 坐　长 者 坐　命 乃 坐

zūn zhǎng qián　shēng yào dī　dī bù wén　què fēi yí
尊 长 前　声 要 低　低 不 闻　却 非 宜

jìn bì qū　tuì bì chí　wèn qǐ duì　shì wù yí
进 必 趋　退 必 迟　问 起 对　视 勿 移

shì zhū fù　rú shì fù　shì zhū xiōng　rú shì xiōng
事 诸 父　如 事 父　事 诸 兄　如 事 兄

　　"悌"指的是弟弟友爱哥哥，延伸为恭敬自己的长辈、老师、他人。子曰：爱亲者，不敢恶于人；敬亲者，不敢慢于人。孔子说，能够爱自己的父母，才能够不嫌弃别人；能够尊敬父母的人，才能够不怠慢别人。《孟子·梁惠王上》曰：老吾老以及人之老，幼吾幼以及人之幼。在赡养孝敬自己的长辈时，不应忘记其他没有亲缘关系的老人；在抚养教育自己的小孩

41

时，不应忘记其他没有血缘关系的小孩。这是一种推己及人的爱。现在尊老爱老的中华美德好像正在渐行渐远，生活中不敬老的事情屡屡发生。人与人之间缺少的是阳光般的温暖，多的是阴雨天的寒冷。把在家里对父母的爱推及走出家门对长辈（他人）的爱就是"悌"的广义的内涵。

《出则悌》共44句，从兄弟姊妹和睦相处开始尊老爱幼，到视天下父母为自己父母，视天下兄弟姊妹为自己兄弟姊妹，告诉人们如何尊老爱幼。

第一讲

xiōng dào yǒu　dì dào gōng　xiōng dì mù　xiào zài zhōng
兄 道 友 弟 道 恭　兄 弟 睦　孝 在 中

经典解读

　　哥哥姐姐爱弟弟妹妹，弟弟妹妹尊敬哥哥姐姐；兄弟姐妹和睦相处，就做到了孝顺。

　　古人认为，哥哥姐姐要照顾弟弟妹妹，出门时保护好弟弟妹妹，让父母放心。弟弟妹妹要乖巧，听哥哥姐姐的话，大家互相友爱，互相关心，互相帮助，父母看到了，心里非常喜悦。一家人相亲相爱的生活，这就体现了孝道。

　　二十世纪七十年代之前，每个家都有好几个孩子。那时候有好吃的大家分，有好玩的大家玩。放学回家，哥哥，姐姐就帮父母照顾弟弟妹妹。甚至有的哥哥姐姐为了照看弟弟妹妹，耽误了上学。现在不用这样了，我们几乎都是独生子女，有好吃好玩的也不用和别人平分了，父母什么都满足我们。但我们也有亲戚朋友啊，亲戚朋友的孩子就是兄弟姐妹。当他们到家里来玩的时候，有好吃的要给他们吃，有好玩的要给他们玩，有好看的动画片要让他们看。例如，人家喜欢看奥特曼，自己喜欢看海绵宝宝，怎么办？当然得让着人家啦。如果都不谦让，各自都想着自己，闹得面红耳赤，甚至把遥控器一摔，又哭又闹，惹得父母不安宁，这就是不孝顺的表现了。

　　在学校，班级里的同学也是兄弟姐妹，我们从不同的家庭走到一起多不容易，大同学要让着小同学，小同学要尊敬大同学，大家其乐融融，一起学习，一起做游戏，生活多快乐。

　　可是有的同学总是到老师那儿"告状"：他碰我文具盒啦，他踩我脚啦，他推我啦……让老师很操心。五、六十个同学在一起相处，总是要出现问题的，这是正常的事。关键是我们要懂得谅解，不能得理不饶人，没

理争三分。如果我们与同学闹矛盾了，老师就得把父母叫到学校，这也是不孝顺的表现，因为让父母担心了。

如果我们与他人相处和睦，父母就不用担心了，这就是孝顺的表现。

 故事新说

二伯出走

周朝是历史上延续时间最长的朝代，前后八百年。相传文王的父亲季排行老三，文王上面有大伯泰伯，二伯仲雍。文王的父亲生了他之后，爷爷非常疼爱这个孙子，认为他有圣贤之相，将来能治国安天下。大伯，二伯为了不让父亲为难，让他安心的把王位传给季，季再传给儿子文王，所以相约到山上采药，而且一去不再复返。这种孝和谦让成全了父亲的期望，也成全了兄弟的理想，更成全了天下人的幸福。周文王成为历史上"外圣内王"的楷模，为周朝的建立奠定了坚实的基础。

亲子共话

孩子是父母的掌上明珠。现在条件好了，生活富裕了，父母尽可能满足孩子的一切需求。什么吃的，用的，玩的，都依着孩子，没有人和他分，没有人和他争。六个大人宠着一个孩子，使孩子从小就养成唯我独尊的性格。等他从家庭走到学校，再从学校走到社会，从自然人变成社会人，如果这种目无他人的性格没有改变，就很难与周围人融洽相处，必然导致事业受阻，生活也不尽如人意。有时孩子回家告状，说小朋友的不是，父母一定不能在孩子面前大肆指责别人的不是，更不能口出狂言对孩子讲："就跟他打，没事，有老爸。"哪怕不怨自己的孩子，父母也要收敛自己的言行，以免把孩子导入误区：遇事只会推卸责任，不会担当。父母应该客观冷静地帮助孩子分析事情的因由，客观地指出问题的根源，教育孩子要对自己的过错负责。孩子们在一起学习相处就是一家人，要学会相互理解、包容。

20 世纪 70 年代以前的人，家里一般都兄弟姊妹几个，条件不好，做父母的不用刻意教育。孩子们在生活中自然会互相照应，有好东西大家分着

吃，有活大家共同干。而现在家家都是一个孩儿，家家都宠着惯着。这样的孩子走上社会，难免与人发生这样那样的碰撞之事。如果父母不能正确地教育他们，就会助长孩子自私自利的性格，在孩子未来成长的道路上形成一个封闭的屏障。孩子将来要融入社会这个大家庭，人际关系是非常重要的，必须让孩子从小就心胸宽广，视野开阔。与人相处，有礼有让，不斤斤计较。遇事不能只想自己，多换位思考。这是成大器大福之人的基础。

生养孩子不易，教养孩子更难。培养一个好孩子，是老师和父母的共同使命。

 ## 拓展积累

古代中国人，家族意识非常强。一个家族几百口人住在一起，大家同用一个厨房，同在一屋子吃饭。在这样庞大的家族里，人们却能和睦相处，这就是中华民族和顺、友爱、谦让的美德世代传承的基础。

第二讲

cái wù qīng　yuàn hé shēng　yán yǔ rěn　fèn zì mǐn
财 物 轻　怨 何 生　言 语 忍　忿 自 泯

经典解读

　　与人相处，不斤斤计较财物，怨恨就不会产生；与人说话要相互理解包容，愤怒就会自行消失。

　　儒家倡导安贫乐道。道家庄子也讲道：衣着的褴褛，都不会对心中怀有道德的人造成困惑。而忍耐与谦逊又是中华民族的优良品德之一，清代大学士张英曾寄书给家人：万里长城今犹在，让它三尺又何妨。从而留下千古佳话。对财物淡然，对他人的忍让是古圣先贤的一种人生修养。

　　这一讲说的是，在与别人相处时，不要因为争某种东西而吵架，不要因为这点东西伤了感情。一点东西暂时没得到，以后会有的。例如，家里来了小朋友，我们俩都想要布娃娃，可布娃娃只有一个。这时如果两人谁也不让谁，就会因此吵起来，就会因此而生气。如果都礼让一点，就不会吵嘴伤和气，伤感情。平时在与他人交谈过程中，有时会意见不同，也不要争吵，要心平气和地与对方交流。假如自己的想法对方一时不能接受，就忍让一下，退一步，暂且不谈，以后有机会再交流。这样，交流中不痛快就消失了。

　　在学校生活里难免会遇到一些事。例如，有的同学发到一张残缺的卷纸，却偏要跟同桌换，同桌不换，他就抢，于是两人伤了和气。我们一起在餐桌上吃饭，有的同学把爱吃的菜都放在自己面前独自享用，别的同学也想吃这道菜，于是就争吵起来，最后闹得不可开交。这都是不能礼让谦和的结果。

　　有一位荣获诺贝尔奖的科学家在接受记者采访时说："人生最重要的教育阶段是在幼儿园，因为在幼儿园学到了与人相处的道理，有好的东西要分给小朋友一半儿。"可见集体生活多么重要，我们来自四面八方，共同生活在学校这个大家庭，有好的东西，好的事要与同学们共同分享。你的心中有我，我的心中有你，大家互帮互助，这是多么温暖的事。

与他人交往，懂得退让，大家和和睦睦，多好。

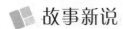 故事新说

许武分家

汉朝时候有个姓许名武的人，父亲早亡，留下许武兄弟三人。许武白天种地，晚上教两个弟弟读书。两个弟弟如果不听话，他就忍着，有时跑到父亲坟前大哭，以此感动弟弟。

汉朝国家选人才是靠举孝廉的，乡里乡亲看见许武这样对待弟弟，一致推举他当官。许武当了官之后，做了一件大家意想不到的事情，把家里的财产分成了三份，最差的分给弟弟，最好的留给自己。老百姓很是气愤，认为许武是伪君子。许武就这样被人谩骂。可是在大家心中，他弟弟的声望却高了。因为两个弟弟拿了最差的财产也不与哥哥争，而且还感激哥哥对他们的教育。于是大家一致推荐两个弟弟做官。这时，许武把左邻右舍和亲戚召集在一起，把自己那份财产都给了两个弟弟，什么也不要。原来，许武被举孝廉之后，用这样的方法让两个弟弟名声大振，从而完成自己当哥哥的夙愿。

亲子共话

"天下熙熙，皆为利来；天下攘攘，皆为利往。"这是大史学家司马迁讽刺那些利欲熏心的人的写照。自古以来有人信奉"人不为己，天诛地灭"。在经济高速发展的今天，金钱至上的信条被越来越多的人认同。但君子爱财取之有度，用之有节。有些人由于无节制地索取，不择手段地索取，最后身败名裂，甚至身陷囹圄。对待孩子贪婪的行为，父母千万不要纵容，更不能怂恿孩子不能吃亏。当孩子得意洋洋地告诉父母："今天老师发书时，我悄悄地把有点破损的书给了同桌，自己留下好的。"父母千万不要沾沾自喜，认为自己的孩子很精明，有心眼。而应该告诉孩子："发给你什么样的，你就应该留什么样的，如果想调换，要报告老师寻求帮助，别斤斤

计较。同桌可能不知道你把书给换了，但如果你总这样做，别人一定会知道的。大家都不喜欢只为自己想的孩子。"

父母从小教育孩子正确地对待拿与给、舍与得的问题，长大之后就不会有那么多的困惑和障碍了。

"言语忍，忿自泯"。要做到，谈何容易！忍让，不是纵容对方的错误，而是一个大智慧。当孩子回家像一个得胜将军似的告诉父母："今天×××同学把我推倒了，我回手把他按在地上，咣咣地捶他两拳。"作为父母，千万不要认为自己的孩子厉害、勇敢。而要跟孩子说："不能不分青红皂白地这样对待别人，也许×××同学不是故意推你。即使他故意推你，你也应该用恰当的方式解决。比如找老师，比如可以对他说：我并不是怕你，咱们都是同学，要友好。这样做，就会让×××同学明白：我忍让你，不是懦弱。这种忍其实是一种胜利。"

当父母面对孩子之间的矛盾时，用忍让的智慧教给孩子一种为人处世之道，长此以往，孩子就会磨炼出一种优秀品质——大忍。

父母是孩子生活的一面镜子，有什么样的父母就能有什么样的孩子。

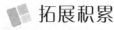 拓展积累

"忍"是形声字，即上部的"刃"表示读音，下部的"心"表示意义。"忍"字头上一把刀，借"忍"的字形来说明"让"的重要。

其实，忍不应该憋在心里。憋久了，会生病。要学会化解。遇事不正面冲突，采取迂回求解的办法，解决生活中出现的矛盾纠纷。这才是忍的智慧。

第三讲

huò yǐn shí　huò zuò zǒu　zhǎng zhě xiān　yòu zhě hòu
或 饮 食　或 坐 走　长 者 先　幼 者 后

经典解读

吃饭时，或者坐座位、走路的时候，年长者要在先，年幼者要在后。

尊老爱幼，长幼有序是中华民族的一种传统美德。吃饭时，要让长辈先吃；坐座位时，要让长辈先坐；出去买东西时，要让长辈先买。做事要有规矩，懂得长辈在先，小辈在后。

长辈们特别宠爱我们，上下学给我们背书包，手里拎着许多菜也不让我们帮着拿，害怕我们累着。我们应当替长辈着想，自己的书包一定要自己背，自己的事情一定要自己做。人到老的时候，腿脚不灵便。所以，无论是在家里，还是在外面，都要照顾好老人。遇到老人坐车或者走路，一定要让着老人。当我们把方便让给老人时，实际上就把尊重长辈的美德传播了。

我们生活在一个集体中，一定要懂得礼让。经常听到有的学校发生挤踏伤亡事件吧，这都是因为争抢造成严重伤亡的后果。所以我们一起上下楼时，不能挤，不能抢。上下楼遇见老师，要让老师先走，进门要让老师先进。和老师乘坐一辆车时，要让老师先坐。

让，是在传播一种礼仪，一种美德，得到的是和谐和尊重。

故事新说

陈昉百犬

宋朝，有个人叫陈昉，他们家是个大家族，七百多口人同在一个大厅里吃饭。每到吃饭时，大家都扶老携幼来到厅堂，互相嘘寒问暖，并按照

辈分，尊卑而坐。陈家有个规矩，只要有一个人不到场，所有人都不能吃饭。陈昉家族这种友爱、礼让、长幼有序的风范影响了所豢养的狗。

这个大家族养了一百多条狗。这些狗一块吃食。每到吃饭的时候，狗爷爷带着狗爸爸，狗爸爸带着狗儿子，排着队到自己的位置吃食。

有一次，一只狗因为洗澡来晚了，所有的狗都趴在槽边不吃食，直等到这只狗到来才一起进食，从而留下了一段佳话。

■ 亲子共话

老吾老以及人之老，幼无幼以及人之幼。这句话的意思是：要像尊重自己的老人一样去尊重别人家的老人，像爱护自己的孩子一样爱护别人家的孩子，善待老人爱护幼小的孩子，这是人性的基本要求。

人都有老的那一天。人到老了的时候，胳膊，腿不灵便了，耳朵失聪，眼睛花了。作为父母又都是有子女的人，同时也为人子女，应该懂得老人的难处。父母是孩子心灵的引航者，施与他人之爱，孩子也会效仿，在施舍中就会双倍地收回爱与感动，这就是回馈。所以，除了孝顺自己的双亲外，对天下的老人都应该有一颗敬爱之心。出门在外，遇事多替老人想想。孩子要给老人让座时，父母一定要支持。孩子帮着老人提东西时，父母千万不要阻止。

当然，现在有些事情比较复杂，有的老人稀里糊涂摔倒还污蔑帮助他的好心人，弄得人心惶惶不敢做好事。但不能把个别现象当成普遍现象，不能以偏概全看待问题，更不能因此草木皆兵。面对这种现象，首先要跟孩子说这事情确实存在，但并不是普遍现象。所以当遇到需要帮助的人，要有足够的智慧分辨真假。如果不能判断真伪，那么就要求救 110 或身边的警察帮助，不能漠然视之。

爱人者，人恒爱之。付出爱，收获爱。

■ 拓展积累

据说，在日本一座幕府时代的寺院里，有一尊名为"三个智猴"的雕像：一个双手捂眼做惨不忍睹状，一个双手捂嘴做噤若寒蝉状，一个双手捂耳做置若罔闻状，以此警戒人们不合礼仪的事不能看，不能说，不能做。

第四讲

zhǎng hū rén　　jí dài jiào　rén bù zài　　jǐ jí dào
长 呼 人　即 代 叫　人 不 在　己 即 到

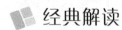 经典解读

　　长辈要喊人，小辈要替长辈喊；长辈要找人，小辈要替长辈找，找的人如果不在，小辈要走到长辈跟前代为做事。

　　年纪大的人，身体的健康状况开始下降了。在年轻人看来轻而易举的事，老人做着可能会很吃力，所以古人定下一个规矩：长辈喊人时，小辈要替长辈去喊，别让长辈着急；长辈找的人不在，小辈要问问长辈，需要我们做什么。

　　长辈在生活中经常会遇到一些麻烦事。例如，奶奶想要找人把大衣柜上面的箱子拿下来，爷爷想要姑姑过来做事，这时我们要帮爷爷奶奶去找人。如果找的人不在，我们还要问："爷爷，奶奶，有什么事，我能帮上忙吗？"生活中我们往往是这样：奶奶让我们帮助喊人，找人，我们却直嚷嚷：你自己去吧，我看电视呢。有时候去帮长辈找人，没找到也不回来说一声，自己玩去了。接电话的时候，如果对方要找家里的大人，我们不能简单说声"不在"，就挂了。而要说：爸爸（妈妈）不在，您需要我帮忙吗？

　　在学校，老师让我们到邻班或办公室办点事：到三楼找李老师，把材料交给王老师……如果没找到人，要告诉老师：×××老师没在，我可以帮您吗？如果正遇见老师喊前面的小朋友，我们就要跑上前，帮助老师把小朋友喊来……

　　这些都是生活中的小事，却能体现小辈对长辈的关心。做到了，就是个尊敬长辈的好孩子。

故事新说

代人养母

杜环是唐朝人，他特别好学，专攻书法，个性谨慎而又有节制，很守信用，喜欢救别人于危难之中。

杜环父亲的朋友常允恭在九江去世，家庭破碎。常母年纪六十多岁，无家可归，后来处境越来越窘困，于是她找到了杜环的家。

这天，杜环正和他的朋友在前厅交谈。突然，一个全身被雨淋湿的老妇颤巍巍地从外面走进来。杜环看出这是父亲朋友的母亲，赶忙上前扶老人坐下，并询问老人为何在这样的大雨天来到他家。老妇哭泣着回答："我大儿子死了，唯一的小儿子也不知道身在何方，只好来投奔你了。"杜环听了十分难过，便把老人暂时安顿在自己的家里。

第二天，杜环便开始为老人寻访小儿子的下落。可是过了很久都没有消息。老人便一直在杜环家里居住，杜家上下待她如亲生母亲。

十年过去了，杜环找到了老人的小儿子，但他不愿意把母亲接走，杜环便继续侍奉老人。老人去世时，他还准备了棺木，举行了入殓安葬的仪式。在城南钟家山买了地给她安葬，每年都坚持去墓前祭拜扫墓。

亲子共话

在电视剧里面，经常看到是太监说"退朝"，没有皇帝说"退朝"的。县官审案都是手下人喊"升堂"，没有县官说"升堂"的。现在，虽然不必拘泥于这样严格的礼仪规范。但是，尊敬老人，做点力所能及的事照顾老人，这是培养好孩子的一个重要方面。有这样一篇报道：湖南长沙一个八岁小女孩在公交车上冲着一位七旬老奶奶大声吼叫：你老年痴呆，你神经病。引起旁边一位女乘客不满，当场出手扇了小女孩一个耳光，引起了舆论哗然。

事例中，可以明显地看出，这个小女孩目中无人，缺乏家教和基本的文明，应该受到批评。但是，那位女乘客粗暴的做法也暴露出成年人教育方式的缺陷。

以分数论成败是教育事实，因此注重分数并没有错，但不把孩子的思想教育放在首位，那就大错特错了。多少聪明的孩子逃学、弃学，不学无术。多少潜力无穷的孩子可以更好的在学业方面发展，最终却一事无成。究其原因就是德行教育没跟上。溺爱的教育，使孩子从小不把任何人、任何事放在眼里。当感觉到长大的孩子越来越不听话时，父母就采取高压政策，家里气氛被弄的紧张压抑。父母不能找出症结，只一味地抱怨孩子不省心，却不知是父母从小缺乏对孩子孝顺，敬老，爱老的教育。孩子如果能孝顺父母尊敬师长，遇事就能顾及父母和长辈的感受，就不会把父母和老师的话当成耳边风，就不会偏离人生的轨道。

 ## 拓展积累

1960 年，韩国为传承中国的儒家文化，正式把儒教的道德伦理内容"忠、孝、诚、信、礼、义、廉、耻"列入其中。小学的教育科目，把传统的文化背景融入到现代生活之中。现在韩国的文化产业已位居世界 5 强，成为该国仅次于汽车的第二大出口创汇产业。

第五讲

称 尊 长 勿 呼 名 对 尊 长 勿 见 能

经典解读

　　称呼长辈，不能直呼其名；在长辈面前，不能炫耀自己的能力。

　　中华有着五千年的传统文化，这种文化有自己的特点。西方文化中，父子之间可以称名道姓，而我们的传统文化认为不能对辈分、地位、年龄、成就比自己高的人，直接称其姓名。古代对别人的父母都要敬称为：令尊、令堂，对别人的亲戚要敬称为令亲等。同时，也不能在这些人面前张扬自己的本事。

　　为什么不能对长辈直呼其名呢？其实，这是在培养我们对长辈的恭敬之心。在公共场所，不能对长辈说："喂，让开点。""喂，老头，帮我拿一下……"天底下的老人都需要晚辈尊敬，而且，每个人都会老。如果当我们老了的时候，小辈也不把我们放在眼里，我们也会难过的。

　　时代在发展，开放的国际文化背景，使人们成了百事通。什么 UFO 啦，什么 English 啦，什么迈克尔·杰克逊啦……张口即来，但老人却不懂。千万不要以为长辈 out，嘲笑老人落伍、老土。姜还是老的辣。老人走过的桥比年轻人走过的路还多。老人的生活经验是年轻人的精神财富，不要以为自己会点时尚的东西就了不起了，不把长辈放在心上了。如果与爷爷、奶奶一起看电视，电视里出现了一首中文混杂英文的歌曲。爷爷、奶奶可能会说"什么乱七八糟的。"我们不能说："你太老土啦！你不懂，这是时兴。"也许我们是无意的，但老人会忽然感觉自己老了，跟不上时代了。帮奶奶拎菜时，不能说："这点菜都拿不了，再多十倍，我也能拎动。"这样会让老人觉得自己不中用了。尊重老人，就要处处体谅老人。

　　当然，现在有的家庭特别开放、民主。父母与子女之间就像朋友似的，可以直呼父亲、母亲大名，有的甚至以×××哥、×××姐作为对父母的昵称。但这是极少数家庭的一种现象，人们的言行举止要符合主流文化。所以走出家门，走进社会，对年长者绝对不能直呼大名。那样大呼小叫，就是缺乏修养的表现。

学习上，我们可能在某一方面有天赋。例如，课堂上老师列举了一道题的两种解法，有的同学非常厉害，想到另一种方法，而且更容易，更易于理解接受。这时不能气势凌人地说："老师，你的方法不好，我的这种方法更高明。"这样，会让老师很尴尬。可以和老师这样交流："老师，这道题可不可以这样做？同学们也可以帮我一起分析分析。"这样做既尊重了老师，也给同学留下了一起思考的机会。

生活中，处处用尊重的态度对待他人，就会赢得他人的尊重。

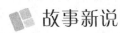 故事新说

指木为槐

孔融让梨的故事大家耳熟能详。年仅六岁的孔融在分梨的时候，只拿了最小的，最大的给奶奶、爸爸，还有哥哥。相传孔融在"对尊长，勿见能"方面犯了错，被父亲罚站了。这是怎么回事呢？原来孔融的奶奶过大寿时，乡里乡亲的都来祝寿。邻居大宽非常霸道，总找孔融家的毛病。这天，大宽想让孔融出丑，就指着院子里的一棵树问孔融叫什么名字，孔融其实真的叫不上名字来，于是故作聪明地说："这棵树是松树，因为树下坐着一个老公公，所以叫松树。这棵是棕树，因为祖母坐在树下，所以叫棕树。"大宽听了哈哈大笑，觉得孔融是胡说八道。又问："我身边这棵树是什么树？"孔融又瞅了瞅说："这棵树是槐树，因为树旁站着大宽哥哥。"大宽听了，气得直瞪眼，也无可奈何。前来祝贺的长辈都夸小孔融聪明，父亲却认为孔融小小年纪在众多长辈面前逞能，很不礼貌，于是让他在庭院里罚站反思。

 亲子共话

在中西文化大融合的时代，确实无需像古代那样恪守：君为臣纲，父为子纲，夫为妻纲。但长幼有序，尊老爱幼的传统美德却要世代传承。当今时代，有些人做事像喝醉酒似的，摇摇晃晃，不在正道上走，东一下，西一下。今天效仿西方的开放民主，明天追求欧洲绅士、骑士风度。外来的文化冲击着中国本土文化，使一些人一度获得刺激、新奇、自由之后，变得浮躁迷惘。开放了、自由了、解放了，却把固有文明礼仪丢失殆尽。谩骂老人、歧视老人的现象屡屡发生。电视上曾报道这样的消息，一位年轻人在与老人发生摩擦，当场把老人气死。不久前，一位老人与一位中年妇女因土地界线发生纠纷，中年妇女不依不饶，老人咽不下这口气，晚上突发心脏病死亡。

不赡养老人的家庭暴力时有发生。特别是一些年轻人，外表光鲜亮丽，内心里却空空如也，对老人不尊重，没有"感恩"这份情怀。有的甚至颠倒过来，小的都高高在上，老的却甘愿俯首当牛做马。

要想让孩子懂得尊敬老人，就要学好《弟子规》。让孩子懂得人与人交往要有最起码的礼貌，这是帮助孩子将来事业有成的推力。父母不必教条僵硬地教育孩子必须按古礼那样做，要融合时代观、发展观。例如，像《指木为槐》这个故事，父母可以从一方面开导孩子：像大宽这样的人必须要教育教育，但要讲究方法，不能骂人。同时父母自己也必须做到孝敬长辈，尊重长辈。否则空洞的说教不仅无效，而且还会助长孩子浮夸的作风。

拓展积累

杨修，东汉年间被举为孝廉，后来成为曹操的主簿（相当于现在的秘书），因恃才狂傲而被曹操所杀。有一天，别人送曹操一盒酥饼。曹操亲自书写"一盒酥"三字于盒上。杨修于是带领众人把这盒糕点分吃了。曹操问起，杨修说："您盒上不明明写着一人一口酥吗？"杨修在地位比自己高的长者面前肆无忌惮地表现自己的才华，终被曹操另外找个借口杀了。

第六讲

lù yù zhǎng　　jí qū yī　　zhǎng wú yán　　tuì gōng lì
路 遇 长　疾 趋 揖　长 无 言　退 恭 立

经典解读

　　路上遇见长辈，晚辈要快步走上去给长辈行礼；长辈不说话，晚辈要恭恭敬敬站在一边，等长辈走过。

　　按《弟子规》要求：路上遇见长辈，不能老远就喊，然后就狂奔过去。而要小心快走，迎向长辈。到了长辈面前，就要行礼问安。如果长辈无意与你交谈，不要再打搅长辈，退在一边恭敬地站着，等长辈离开后自己再走。

　　当然，现在我们遇见长辈时已不必要这样做。上街时，如果遇到长辈，可以有礼貌地打声招呼，然后还可以问问长辈："您需要我帮助吗？"如果长辈拿的东西特别多，在允许的情况下，可以帮助长辈送回家。不能看见长辈老远就躲着，或者藏在父母身后，不同长辈说话。人老的时候，特别喜欢我们同他说说话，喜欢我们帮助他们做点事，减少内心的孤独。

　　在学校里，如果在走廊内遇到老师，要微笑着迎向老师，恭恭敬敬行个礼。如果看见老师手里拿着东西，还要问问老师："我帮您拿，好吗？"进老师办公室，先轻轻敲门，如果老师正忙着做事，先不要打扰老师，要站在老师旁边等候。有些同学遇到老师，急急忙忙打个糊里糊涂的队礼就冲过去了。想想刚上学时，上厕所都需要老师看护，怕摔着、碰着。铅笔没削好，老师帮着削；鞋带没系好，老师帮着系；甚至有的同学不小心尿裤子了，老师还帮着洗、换。就这样老师伴着我们一点点儿地长大，怎能不对老师心存一份恭敬呢？

　　我们爱长辈，长辈爱我们。

故事新说

圯桥进履

张良是西汉的开国功臣。因为他尊敬长辈，得到了一部《太公兵法》，掌握了用兵的韬略，帮助刘邦建立了汉朝。

张良年轻时，有一次在桥边散步，一位老者故意把鞋丢到桥底下，让张良下去把鞋捡起来。张良想他是长辈，就没在乎他是不是故意扔的，到桥底把鞋捡回来。老者又说："帮我把鞋穿上吧！"张良又恭恭敬敬为老者穿上鞋。穿完鞋，老者扬长而去。走到不远处，老者又回来对张良说："孺子可教也"！并约定五日后，天明桥上见面。张良按时而来，想不到老者在等他了。老者很不高兴，让他五天后再来。五天后，张良鸡鸣后立即去见老者，没想到老者又在桥上等他。老者又很生气地告诉他："五天后再来。"这次张良半夜就等候在桥上。老者很高兴，从袖子里取出一本书，即《太公兵法》。他把书送给张良，并告诉张良：读了这本书，你就可以做帝王的老师了。

张良对长者的尊敬，成就了他的一番事业。

亲子共话

孩子是父母的一张脸，孩子学习好，固然会往父母脸上贴金，让父母这张脸容光焕发。当孩子走出家门，走到人面前的时候，他的言行举止并没有标记分数，却显示着孩子的内在修养，这同样也是父母的一张脸。一位母亲说："小时候非常惯着孩子，当把孩子领出家门时，孩子一点规矩都没有，觉得特别丢脸。"

从小注意培养孩子对他人的恭敬心，尊长爱幼，对人彬彬有礼，聆听长辈的教诲，就会像张良一样遇到贵人相助，成就一番事业。现在，好多孩子不懂规矩。父母有时候并不在意这些，总认为现在小，长大就好了。却不知任何教育都要从小开始，"禁于未发之谓豫，当其可之谓时"在不合正道的事发生之前加以禁止，叫作预先防备；在适当的时候加以教导，叫做合乎时宜。错过最佳教育时期，是很难培养的。特别是孩子品性的培养更要从小开始，这是孩子成长的根基，根基越深，枝干越粗壮，枝叶越茂盛，越经得起风雨。就会比那些自以为是、傲慢无礼的人有更多的机会得到赏识和抬爱。所以，父母不能忽视对孩子礼仪的教育。社会无论如何发展，向上，向善，求实，求真，总是人类生存发展的根。

拓展积累

作揖也叫行拱手礼，是我国古代特有的见面礼节，以表达对对方的尊重。作揖礼大约起源于周代以前，有三千年以上的历史了。基本姿势是左手握拳，右手成掌，握住左拳举于胸前，并有节奏上下晃动 1～3 下。男子用左手握右手，女子用右手握左手。现实社会，作揖礼已被"问候""点头微笑""轻微鞠躬"或"握手"替代。

第七讲

qí xià mǎ　chéng xià chē　guò yóu dài　bǎi bù yú
骑 下 马　乘 下 车　过 犹 待　百 步 余

经典解读

晚辈骑马时遇见长辈要下马问候，坐轿时遇到长辈要落轿出来跟长辈问好；等长辈走百余步后，才可重新上马或上轿继续赶路。

在古代，骑马和坐轿是常见的通行方式。如果小辈出门时正骑着马，或坐着轿遇到长辈，不能骑着马跟长辈打招呼，也不能坐在轿里把帘子掀开，探着头问候长辈。一定要从马背上下来，或从轿里出来，恭敬地向长辈问好。长辈走了，不能马上转身上马或急忙钻进轿里，一定要等长辈走了大约百步后，小辈才可上马或起轿。

现在，交通工具已今非昔比，海、陆、空应有尽有，既方便又快捷。古礼中"骑下马，乘下车"的要求，在当今社会已完全不能再照办了。想一想，打完招呼还要站在原地等人家走远再走，别人还以为是有什么问题呢，再说也阻碍交通。坐车时我们遇到老人，要给老人让座；上下车时遇见老人，要搀扶老人一下；出门时，遇到老人过马路，要让老人先过。这些都是对长者的恭敬。

我们的成长，离不开学校的教育。每天老师都叮嘱我们要遵守学校的纪律，践行文明礼仪，培养我们的美好品德。上下学要单排行走，不能骑车进校园，遇到长者要让路，集体离校出校门时不要拥挤。学校用这些规定约束我们，是为了遏制不文明的行为，让我们成为有自制力的人，同时又保障我们的安全。

尊重长者，尊重生命使生活更和谐美好。

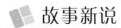 故事新说

下车让路

季羡林先生，是我国著名的国学大师、思想家、文学家，精通 7 国语言，曾任北京大学副校长。

一次，季老在北大校园的小路上悠闲散步，正赶上北大的学生骑着自行车要从这条小路通过，准备到另一个教室上课。当他们看到前面是他们所崇拜的季老先生时，所有的学生都从自行车上下来，一律都推着车，没有一个按铃的，也没有一个为赶课而从季老先生身边骑车而过。大家就这样有序地排起长龙跟着季老先生走，直到季老先生发现。

亲子共话

俞敏洪是北京新东方学校的创始人，出生于一个普通的农村家庭，曾两次高考落榜，然而最终靠自己的勤奋刻苦考入北京大学。在俞敏洪事业取得重大成功的时候，他说："父亲教会了他要勤劳，要肯吃苦。母亲教会了他乐于奉献。"在这种家庭教育下，俞敏洪在读大学时，主动承包了宿舍四年的卫生和打水的任务。所以，在新东方需要大批优秀人才的时候，徐小平、王强等精英才纷纷回国帮助他，他们的理由也不是未来能收获多少名利，而是一句简单的信任："俞敏洪，我们回来是冲着你过去为我们扫了四年的地，打了四年水。

可见人品成为俞敏洪成功的法宝、业界的口碑。父母的言传身教对子女的影响非常重要。教育子女学好《弟子规》，父母必须身先力行。现在很多大人开车很不文明，尤其是雨天开车，遇到行人也不减速，雨水、泥水经常溅到行人一身，弄得行人狼狈不堪，却驾车扬长而去，一点愧疚之意都没有。一位在美国学习的朋友谈到国人这个情况时说："我们确实要学学发达国家的文明。在美国，开车的遇见行人，都会自觉减速，给行人让路。"现在，私家车越来越多了，父母带着孩子，在驾车行驶的时候，要给

孩子做个榜样，遇到老人和孩子一定要减速慢行，特别在雨天开车时，遇到坑坑洼洼的地方，路上正有行人，更要慢慢行驶，以免把泥水溅到行人身上。

在做事时要多为他人着想，最终影响的都是孩子。

拓展积累

子路，是孔子弟子中的七十二个贤人之一，性格爽直率真，对孔子忠心，对父母亲极孝。有一次，孔子走过庭院，恰巧子路在读书，子路见到老师，立刻放下书给老师行礼。而老师并没有看见他，子路就躬身而立，一直等到老师看到他，方才起身。孔子深为感动，说如果自己身边剩下一个学生时，这个学生就是子路啊。

第八讲

zhǎng zhě lì　yòu wù zuò　zhǎng zhě zuò　mìng nǎi zuò
长 者 立 幼 勿 坐 长 者 坐 命 乃 坐

经典解读

　　如果长辈站着，小辈就不能坐下；长辈坐下之后，让小辈坐才能坐。

　　在古代，尊敬长辈是非常讲究的。在同一个场合，如果长辈站着，小辈也要陪着站着，不能先坐下。这还不算，长辈坐好之后，没有招呼小辈坐下，小辈一定不要坐下，只有长辈叫小辈坐了，小辈才能坐下。

　　古代对待长者的礼仪要求很严格。这在当今时代也许有些过于苛求。但是不管任何场合，照顾好长辈，是我们对长者的一种孝道。现在，我们不太重视这些礼节。例如，参加家庭聚会吃饭时，还没等长辈上桌，我们就先找好位置，等候长辈拿碟拿碗，也不管长辈有没有位置，自己有座就行。公交车上，先抢了座，什么老爷爷、老奶奶，站不站与自己一点关系也没有，这些都是不对的。

　　学校每学期都要举行一些活动。例如，运动会，春游，看电影……在学校，老师就是父母长辈。当老师和我们一起参加活动的时候，我们就要想着老师，给老师拿个凳子，给老师留个位置……

　　在家我们爱自己的父母，出门尊敬长辈。站起来，让让座，很简单的动作，很简单的事，做到了就是好孩子。

故事新说

程门立雪

　　宋朝时，有两个年轻的学子，一个叫游酢，一个叫杨时，他们去拜理学大师程颐为师。书童禀告说，大师正在闭目养神。游酢、杨时不让书童

再去通报，以免打扰老师休息。过了一会，程颐睡着了。天忽然下起了大雪，两个人就一直毕恭毕敬地站在门外等候老师。等程颐醒来时，窗外的雪已经积了一尺厚。程老夫子非常感动，当下收了这两个学生，把自己的知识倾囊传授给两位弟子。

亲子共话

四五十岁那代人，家教比较严。长辈到家来串门，不管孩子做什么，父母一定让孩子过来跟长辈打招呼。哪怕孩子正在学习，也要先照顾长辈。从那个时代过来的人都比较孝顺。那时父母也没太多的文化，只是用他们的行为影响孩子。

可现在，一些家庭一个孩子，六个人照顾一个孩，孩子好像除了学习什么都不用做了，使这些孩子只会学习，不会做事。一大家子聚餐，孩子们早早坐好，不管在厨房忙了半天的长辈累不累，吃不吃，自己先美美地享受，然后就去看电视、玩游戏。面对这些，父母不仅不进行引导，反而习以为常，却不知这样的行为如果成为习惯，就会影响孩子将来的发展。现在好多孩子知识没学好，规矩也丢了。做事不考虑后果，做人不考虑他人，最后难以管教，甚至不能自食其力，成为游手好闲之徒。新闻频道曾播出过这样的消息：500强企业招聘大学生的首要条件，不是文凭和知识，而是为人、做事的态度和习惯。很多招聘现场，招聘公司往往设置这种场景，考察应聘者是否主动把一把笤帚捡起来放好；是否进了老总办公室，能在主人不在"安分守己"地等候主人回来。

培养孩子从小学会做人做事，让孩子从小立下尊老敬长的规矩，让孩子心灵的沃土变得厚实些，将来才能厚德载物。

拓展积累

程颐，北宋著名哲学家、教育家，和其兄程颢是北宋理学的奠基人。他们主张教育要以德育为重，强调自我修养，认为"认识事物关键乃在'心'，心与天地合其德，与日月合其明"。他们主张读书要思考，"不深思则不能造其学"。这些主张和思想对后世教育影响极大。

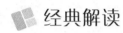 **第九讲**

zūn zhǎng qián shēng yào dī dī bù wén què fēi yí

尊 长 前 声 要 低 低 不 闻 却 非 宜

经典解读

跟长辈说话，声音要低；但如果长辈听不见，这就不合适了。

这四句话告诉人们与长辈说话时应注意的礼节。首先，对长辈说话不能大声嚷嚷，声音要轻，温和一点，表示对长辈的敬意。但长辈年纪大了，耳朵不好使了，声音太轻太低，长辈听不见，这也不行。因此，对长辈说话时声音要适度，既要轻一点、温柔一点，还得让长辈得见。这才是在长辈面前说话时应掌控的分寸。

现在，我们把这个要求几乎颠倒过来了。老人跟我们说话时细声慢语，而我们跟老人说话时不是喊就是叫。例如，我们在悠闲地看电视，一会喊："奶奶把扇子拿过来！"一会嚷道："奶奶，今晚我要吃锅包肉！"遇到自己不爱吃的饭菜，筷子一摔，鼻子一噪，喊道："不吃了！"奶奶还得轻声软语地哄着我们。世界都给弄颠倒了，谁大谁小都不分了。试着想想，我们心中没大没小，对长者不懂得尊重，什么事都由着自己的性子，这样的性格将来怎么与他人相处呢？

上了年纪的老人，听力下降了，如果对他们说话声音太轻，他们是听不到的。所以要注意自己说话的音量，适当提高嗓门，但却不能大声嚷嚷。比如，要带姥姥去散步，如果姥姥没听清楚，适当把声音提高一些，或者贴在姥姥的耳朵上说，千万不能扯着嗓子大声喊，让姥姥以为我们不耐烦了。人到老的时候，总怕被人嫌弃。在我们能照顾他们的时候，一定要好好照顾，要细心，更要有耐心。另外，家里来了客人，也要大大方方地和客人打招呼，这也是重要的待人礼仪。

课堂是我们学习的主要场所。在回答老师的提问时，声音要响亮，吐字要清楚，既是表达自己的见解，也是在和老师、同学做相互交流，让大

家都听得清楚。我们这样做，既是对他人的尊重，也培养了自己的表达能力，多好的学习机会呀。课堂上那么多同学，不是每节课每个同学都有回答问题的机会，所以我们一定要珍惜。

说话时我们音量要适中，这是一种文明之礼。

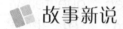 ## 故事新说

曾子避席

曾子是孔子的弟子，有一次他在孔子身边侍坐，孔子问他："以前的圣贤之士，有至高无上的德行，精要奥妙的理论，用来教导天下的人，让人们能和睦相处。你知道这种理论是什么吗？"曾子避席曰："参不敏，何足以知之。"也就是说曾子听了孔子的话，马上站了起来，走到座位外面，恭恭敬敬地行礼，说："我不够聪明，哪里能知道呢？请老师指导我。"

这里的"避席"是一种非常礼貌的行为。曾子用这种礼节表达了对老师的尊重。现在我们最容易犯两个毛病，要么在人前夸夸其谈，要么就随便地打断别人的讲话。这都是不对的。在与长辈和他人交谈时，我们要恭敬地听，听完后再发表自己的见解。对人对事时时刻刻要保持谦虚的态度，这样才能学到更多的知识。

亲子共话

礼节是人和人交往的一种规矩，更是一种美德、善行，也是每个人在社会上为人处事的通行证。

现代中国人有许多陋习让人感到惭愧。不管何时何地，哪怕在国外也随地吐痰、乱扔垃圾、不排队、不遵守交通规则、大声喧哗。有这样一则新闻，法国巴黎圣母院入口处用中文写着"请保持安静"。这项规定真的让国人丢尽脸面。如果仅从性格上说豪爽、率真，也没有什么可指责的。但不分场合、不分时间，扯开嗓门或喊、或嚷、或喧哗，确实是一种没有素质的表现。特别是有些成年人，遇到一点小事，动不动就大骂出口，大喊大叫，好像声音高就站得住理，这对孩子的影响特别不好。

父母教育孩子尊敬老人，自己就不能对着老人喊叫。虽然主观上父母

不是想让子女学习自己不良的言行，但父母的一言一行不经意地感染着孩子。日积月累，那些不好的言行举止，都会在潜移默化中影响子女。有时候，当父母看到孩子的一些问题，总觉得很纳闷：自己也没交，怎么就学会了呢。动不动就说：随你妈妈，随你爸爸。其实真正的原因是父母平时没有注重培养孩子良好的行为，是自己随便的言行举止悄悄地影响了孩子，孩子不知不觉就学会了。所以当父母与自己的长辈说话时，即使意见有分歧，也不能扯着嗓门喊。

现在，一些大企业公司聘用人才时，特别在乎孩子的文明举止。有些主考故意要考察你在公共场合是否大声叫嚷。如果孩子从小能懂得并养成"尊长前，声要低"的礼节，何愁面对这种决定人生的考试？

拓展积累

孔子用四门功课教育和考查学生，这四门功课分别是德行、言语、政事、文学。孔子三千弟子，七十二贤人。在七十二贤人中，有四门十哲。

四门十哲是指孔子的学生在德行、言语、政事、文学四方面最好的十位学生。德行方面有子渊、子骞、伯牛、仲弓；言语方面有子贡、子我；政事方面有子有、子路；文学方面有子游、子夏。

第十讲

jìn bì qū tuì bì chí wèn qǐ duì shì wù yí
进必趋 退必迟 问起对 视勿移

经典解读

上前跟长辈说话时，晚辈要略弯着腰快走，告辞离开时，要慢慢后退再转身走；长辈要问话时，晚辈要站起来，眼睛要恭敬地看着长辈。

古人要求晚辈进长辈屋子，身子要微微弓着，小步快走来到长辈面前。和长辈说完话，起身要走时，要先慢慢后退两步，然后再转过身去慢慢离开。长辈和小辈说话，小辈一定要离开座位，站起来，恭恭敬敬地看着长辈，回答长辈的问话。

这两句话，现在没有必要刻意效仿。但面对长辈的问话，回答必须要有礼貌。老人家比较啰嗦，说话总重复，刚进屋时就问："吃饭了吗?"不一会又问："吃饭了吗?"不能嫌老人家啰嗦，不爱搭理老人，甚至说："烦不烦，告诉你吃了吃了，还问。"心里想：赶紧走，赶紧走。三步两步离开老人的屋子，边走边说："总算走掉了，真磨叽。"其实，唠叨是老人的通病，唠叨可以使老人减少孤独，也可以减轻他们思想上的压力。

当长辈和我们说话时，我们不能爱搭不理、应付了事。虽然不必起身回答，但要目视老人认真地回答问话。这是我们对长辈的基本礼仪。

在学校，我们会经常出入老师的办公室。在进去之前，我们要先轻轻敲门，然后再轻轻推开门，不慌不忙走到老师面前，恭恭敬敬说声："老师好"。谈话结束后，给老师行个礼，然后不慌不忙转身离去。轻轻打开门，再轻轻带上门。这都是出入老师办公室的基本要求。可有的同学不懂得这些，"哐哐"敲两下门，三步两步冲到老师跟前，急急忙忙把事办完，就转身离开。"哐当"一声把门推开，"呯"的一声关上。课堂上老师提问时，有的同学不会回答，眼睛不是往下看，就是往旁看，不能正视老师。当我们犯错误时，老师循循善诱地教导，有的同学却东倒西歪的，或者背着手，眼睛斜视老师，时不时还要抖动双腿，不把老师放在眼里。这是非常没有礼貌的行为。无论和谁说话，都要注视对方，这是问答的基本礼仪。

进退问答需有礼，这也是在培养我们的一份恭敬心。

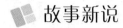 **故事新说**

孔鲤过庭

孔鲤是孔子的儿子，从小在父亲的教诲下，很懂得文明礼仪。

有一次，他路过孔子的书房。孔子叫住他，问他最近看什么书。孔鲤赶紧走到父亲旁边，恭恭敬敬地站着，小心翼翼地回答父亲的问话。父亲见了，很是高兴，再三叮嘱儿子要学好《诗经》和《礼记》这两本书，因为"不学诗，无以言"，"不学记，无以立"。意思是说：不学《诗经》就不会说话，不学好《礼记》，就不能立足社会。

孔鲤后来牢记父亲教诲，发奋读书，终于学有所成。他的儿子孔伋继承祖父、父亲的学说，教出了孟子这样的好学生。

亲子共话

孩子小时候比较好管，有时候不听话，哄一哄、吓一吓也管用。但是到了青春期，孩子就出现了叛逆，尤其男孩，特别明显。这个时期的孩子思想上要求独立，不喜欢被控制。孩子首先反抗的是父母，然后是老师。谁越爱他，谁越管他，他就越反抗谁。从小家教特别严格的孩子和从小家长特别溺爱的孩子，到了青春期反应强烈。开始上网吧，逃学，搞对象，头发焗得五颜六色，抽烟喝酒，打架斗殴。其实这是孩子成长过程中常有的现象。每个孩子的青春期都有不同程度的叛逆行为，关键看父母如何引导。

孩子将来是否有出息，父母有百分之八十的责任。要注意培养孩子从小孝顺父母，尊敬他人，时常让孩子怀着一颗感恩的心看人看事，孩子在青春期就不容易出现迷惘、失重、失态的现象，即使出现也会很快地度过。要教育孩子和大人说话时不要东张西望，漫不经心。在父母问话的时候，在老师答惑解疑的时候，在长辈关心询问的时候，做到"问起对，视勿移"。事事用礼规范孩子，使孩子从小待人处事从容稳重大方，渐渐形成一种习惯，就会对人对事生成一份恭敬心。即便长大后出现一些状况，也会自行矫正。

《弟子规》的这些规矩，都是在儒家经典的基础上形成的。《礼记》里讲："侍坐于君子，君子问更端，则起而对。"就是说：陪侍君子坐着，君子问你的经历、原委，则起身回答。说的就是这个礼。

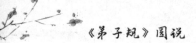 拓展积累

《论语》中记载：有一次弟子颜回请教老师如何达到仁的境界。孔子说：努力约束自己，使自己行为符合礼。颜回又问：怎么去做呢？孔子曰"非礼勿视，非礼勿听，非礼勿言，非礼勿动。"就是说：不符合礼教的事，不要去看，去听，去说，去做。颜回听了老师的教导说："我虽不够聪明，但愿意按照老师的话努力去做。"

第十一讲

shì zhū fù　rú shì fù　shì zhū xiōng　rú shì xiōng
事诸父　如事父　事诸兄　如事兄

经典解读

对待伯父和叔父，要像对自己的父亲一样孝敬；对待伯父、叔父的孩子，要像对自己的同胞兄弟一样友爱。

我国古代都是家族制。全家几代，几十口甚至上百口人居住一起。所以古代社会传统礼仪中，要求小辈对待同族的长辈要像自己的亲生父母一样孝敬，对待同族的兄弟姊妹要像对待自己的同胞兄弟姊妹一样友爱。

当今社会都是小型家庭，基本上都是三口之家。有些父母过度地溺爱我们，使我们自我意识特别强，很少想到别人。对父母都不爱，怎么去爱别人。我们要爱自己的父母，还要爱父母的兄弟姊妹，他们都是和我们有血缘关系的长辈。我们能孝敬身边的长辈，将来走向社会才能跟其他长辈很好地交流。

现在的家庭，大多数就我们一个孩子，很孤独，经常与电视、电脑为伴，没有兄弟姊妹可以一起玩耍。如果能和长辈家的兄弟姊妹友好相处，我们就有了许多小伙伴，就不再孤独。例如，亲戚家的小弟弟、小妹妹来了，我们应该热情地招待他们，对他们好，有哥哥姐姐的范儿，有弟弟妹妹的样儿，双方的父母看了也会高兴。我们一起玩游戏，谈天说地，有好吃的一起吃，有好玩的一起玩，一起看《熊大、熊二》，一起给娃娃做衣裳，一起堆积木……将来走入社会和所有的兄弟姐妹友好相处，将是多么快乐的事啊。

"百年修得同船渡"。我们能在同一学校、同一教室读书、学习，是百年修得的缘分。茫茫人海，芸芸众生，我们同一年出生，同一年上学，同一学校相遇，同一老师教育，这是多大的缘，多大的情啊。所以，大家一定要珍惜这份缘，这份情。我们在一起学习、生活，难免要产生矛盾，要

互相谅解，互相包容，多做自我批评。大家都这样处事交往，学校生活就会带来无比的快乐和幸福。

《出则悌》这部分，围绕友爱、尊老、敬老这个话题，浸润人们的心灵，告诉我们孝敬父母、尊重老人是义不容辞的责任和义务。

 故事新说

李绩割肉

唐朝有一个政治家、军事家叫李绩，本名叫徐懋功，是一位富有传奇色彩的人物。他出将入相，位至三公，被朝廷誉为"长城"。李绩除了有军事才能、政治才能之外，他跟朋友、兄弟之间也非常友好。在瓦岗寨的时候，他曾经跟大名鼎鼎的单雄信结拜为兄弟。一次作战中，单雄信被俘。李绩跟李世民说：单雄信是好人，骁勇善战，我愿意拿我的官职来赎他的命。可是李世民没有同意。最后还是决定处死单雄信。单雄信责怪李绩：我早就知道你不办实事，什么兄弟义气，你根本就没有拼命救我。李绩说："我不惜余生，与兄俱死；但既以此身许国，事无两遂，且吾死之后，谁复视兄之妻子乎？"意思是说，我可以不吝啬我的生命，为了兄长我不怕死，但我已答应李世民，跟他打天下。我要是死了，谁来照顾兄长的妻子、儿女呢？"说完，割下自己腿上的一块肉，交给单雄信，说道："这块肉陪兄长埋到土里吧，也不枉我们兄弟一场。"单雄信死后，李绩照顾了他的妻儿老小。

亲子共话

《弟子规》"出则悌"，讲到这一讲就结束了。"事诸父，如事父；事诸兄，如事兄。"如果人人都能这样做，"烦恼"一词就可以从字典里删除了，人们生活就会像陶渊明的《桃花源记》里写的那样："阡陌交通，鸡犬相闻，芳草鲜美，落英缤纷，其乐融融，和平喜乐，守望相助"。虽然这是理想完美的社会，现实中很难实现，但尊老爱幼这种美德应是人类社会永恒的美。像父母一样的长辈，为培育子女付出了艰辛，值得人们尊敬与爱戴。这些长辈们年轻过，精力旺盛过，但岁月的流逝，生活的奔波，抚

养子女的劳苦，慢慢剥蚀了他们的健康。现在他们渐渐老了，需要年轻人的关照。

老子说：天道无亲，常与善人。帮人其实也是在帮己。有一个乡下人到沈阳看病，在公交车上看见一位老人上车，急忙把座位让给老人。那位乡下人问起老人医大二院怎么走。老人家非常热心地给指路。一位五十多岁的阿姨说："我正好走那条路，下车你随我走就行。"因为大家的热心帮助，那位乡下人很快就找到了医院看了病。虽然人们做这些事并不要求回报，但爱是相通的。你施舍给别人什么，别人同样会回报你什么。孩子们将来踏入社会，要面对很多困难和压力。父母现在培养孩子的种种美德，引导孩子向善、向美，让孩子心里充满阳光，就会给人一种温暖，同样他们自己也会得到温暖的回报。这种温暖会成为他们将来生活、工作、事业的润滑剂，也是他们将来战胜困难，减轻压力的原动力。

《出则悌》这些古训，都是围绕尊老敬老的礼仪来谈的，是培养每个人对老人应有的恭敬。虽然不可能逐条做到，但要让孩子从心底懂得这个礼，具有敬老爱老的恭敬心，并落实在实际行动中，将来面对错综复杂的社会环境，就一定能正确处理人际关系。父母不必担心这样培养孩子会不会亏了，将来他们是最大的赢家。就像前面讲到张良"圯桥拾履"的故事一样，最后得到了兵法秘籍，成就他一生的丰功伟绩。

教给孩子做人的道理，培养他们的优秀品质，他们就有了人生之根，就能走好人生路，平安、幸福一生。

 ## 拓展积累

苏武是西汉人。公元前 160 年，皇帝派遣苏武率领一百人，出使匈奴，被匈奴人扣留，苏武誓死不降。匈奴为了逼迫苏武投降，开始时将他幽禁在大窖中。后来，又把他弄到北海。在北海，苏武饥渴难忍，靠吃雪和旃毛维持生命，牧羊十九年才被释回。苏武曾说："臣事君，犹子事父也，子为父死无所恨。"意思是说：我对待君王，就像儿子侍奉父亲一样，儿子为父亲而死，没什么遗憾。

中　篇

jǐn
《谨》

zhāo qǐ zǎo　yè mián chí　lǎo yì zhì　xī cǐ shí
朝 起 早　夜 眠 迟　老 易 至　惜 此 时

chén bì guàn　jiān shù kǒu　biàn niào huí　zhé jìng shǒu
晨 必 盥　兼 漱 口　便 溺 回　辄 净 手

guān bì zhèng　niǔ bì jié　wà yǔ lǚ　jù jǐn qiè
冠 必 正　纽 必 结　袜 与 履　俱 紧 切

zhì guān fú　yǒu dìng wèi　wù luàn dùn　zhì wū huì
置 冠 服　有 定 位　勿 乱 顿　致 污 秽

yī guì jié　bù guì huá　shàng xún fèn　xià chèn jiā
衣 贵 洁　不 贵 华　上 循 分　下 称 家

duì yǐn shí　wù jiǎn zé　shí shì kě　wù guò zé
对 饮 食　勿 拣 择　食 适 可　勿 过 则

nián fāng shào　wù yǐn jiǔ　yǐn jiǔ zuì　zuì wèi chǒu
年 方 少　勿 饮 酒　饮 酒 醉　最 为 丑

bù cóng róng　lì duān zhèng　yī shēn yuán　bài gōng jìng
步 从 容　立 端 正　揖 深 圆　拜 恭 敬

wù jiàn yù　wù bǒ yǐ　wù jī jù　wù yáo bì
勿 践 阈　勿 跛 倚　勿 箕 踞　勿 摇 髀

huǎn jiē lián　wù yǒu shēng　kuān zhuǎn wān　wù chù léng
缓 揭 帘　勿 有 声　宽 转 弯　勿 触 棱

zhí xū qì　rú zhí yíng　rù xū shì　rú yǒu rén
执 虚 器　如 执 盈　入 虚 室　如 有 人

shì wù máng　máng duō cuò　wù wèi nán　wù qīng lüè
事 勿 忙　忙 多 错　勿 畏 难　勿 轻 略

dòu nào chǎng　jué wù jìn　xié pì shì　jué wù wèn
斗 闹 场　绝 勿 近　邪 僻 事　绝 勿 问

jiāng rù mén　wèn shú cún　jiāng shàng táng　shēng bì yáng
将 入 门　问 孰 存　将 上 堂　声 必 扬

rén wèn shuí duì yǐ míng wú yǔ wǒ bù fēn míng
人 问 谁　对 以 名　吾 与 我　不 分 明

yòng rén wù xū míng qiú tǎng bù wèn jí wéi tōu
用 人 物　须 明 求　倘 不 问　即 为 偷

jiè rén wù jí shí huán hòu yǒu jí jiè bù nán
借 人 物　及 时 还　后 有 急　借 不 难

　　"谨"传授的是起居饮食，站立行走，生活等基本礼节。培养人三方面的能力：自制力、独立生活能力、做事的能力。也就是《论语》中："洒扫、应对、进退"这种生活规范的教育，这是人与人交往最基本的礼。无礼不立，中国素有礼仪之邦。不管是孔子的《论语》，还是《颜氏家训》这一类专门规范家庭教育的论著，还是像《弟子规》教育儿童规范言行举止的书，都可以看出历朝历代对礼仪教育的重视。无规矩不成方圆，良好的习惯和品行的教育对孩子的成长成才具有极其重要的作用。这传承的不仅是祖祖辈辈对后代的希望和鞭策，也同样透出了中华民族优良的民族之风！

　　《谨》这部分共有68句，是《弟子规》最多的部分。从衣食住行到站立行走、待物待人等生活中应具备的礼仪和态度，具体全面地引导人们谨慎做事，做人。

第一讲

zhāo qǐ zǎo　yè mián chí　lǎo yì zhì　xī cǐ shí
朝 起 早　夜 眠 迟　老 易 至　惜 此 时

经典解读

　　早晨要早起，晚上要适当晚睡；人很快就会老的，要珍惜现在的好时光。

　　古代的有志之人非常珍惜时间。晋代祖逖"闻鸡起舞"，每天鸡叫后就起床练剑，终于实现了他报效国家的愿望。春秋战国时期谋略家苏秦"头悬梁，锥刺股"。读书时把头发绑在房梁上，困了就用锥子扎腿。他们争分夺秒地苦读，为的是成就一番事业。这些名人的事例告诉人们要珍惜大好时光，好好读书。

　　现在，我们生活太随意，早晨太阳都晒屁股了，也不愿起床。好不容易起来了，懒洋洋地打个哈欠，慢吞吞地穿上衣服，饭也不好好吃，看上学快迟到了，还冲父母嚷道："谁让你们不早点喊我。"晚上写作业总是磨磨蹭蹭，边写边玩，左顾右盼，写完作业又看电视，父母不喊睡觉从不主动去睡，走到卧室还一步三回头，再看几眼电视。这些行为都说明我们不知道珍惜时间。世界上最公平的就是时间，它给任何人都是一样的一分一秒，不会多给任何人一分一秒。时间过去了，就永远也不会回来了。学习和生活都要有一定的规律。太阳早晨从东方升起，晚上从西边落下。一年四季有轮回，春天播种，秋天收获。万物万事都有规律，何况人类。事实证明：不刻苦，不努力抓紧时间学习，就不能取到好的成绩的，也不会实现理想。

　　学校是我们学习的重要场所，课堂是我们学习的主阵地，一堂四十分钟的课，很快就会结束。课堂上如果我们能把握住时间，专心致志地学习，就一定会学有所成。如果我们像小猫钓鱼那样，一会儿捉蜻蜓，一会儿捉蝴蝶，最终将一事无成。

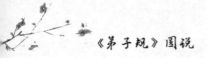

学生时代十几载一眨眼就过去了。人生最多不过百八十年，三万多个日子，小学阶段就已过去四千多个日子。时间老人是不留情份的，他走过去了，无论怎样千呼万唤，也不会再回头。把握好每一阶段的时间，就不会在年老的时候，悔恨自己没有珍惜时间，一生碌碌无为。

珍惜时间，不虚度年华，是我们美好人生的开始。

 故事新说

宰予昼寝

宰予是孔子"四门十哲"之一，在孔子德行、言语、政事、文学四门学科中，宰予是言语方面代表人物。

一次，宰予白天睡觉。孔子知道了，非常生气，就说了一句话："朽木不可雕也，粪土之墙不可圬也，于予与何诛？"意思是说，腐烂的木头不能雕刻了，粪土似的墙壁不能粉刷了，对于宰予这样的人，我不想责备了。

孔子是伟大的教育家，他很少这样批评学生。但对于一位在语言方面的高材生却这样动怒，足见他对时间有多么的重视，凡是有所成就的人，都不会舍得浪费时间，总是抓紧时间学习，工作。

亲子共话

孔子在河边上，看到流水一去不返，便感叹地说：逝者如斯夫，不舍昼夜。意思是说时间就像这流水，时刻不停息向前奔流。朝华易逝，人很容易就老了。著名文学家朱自清在《匆匆》这篇文章里，形象描述了时间稍纵即逝的情形。他说：洗脸时，时间从脸庞溜走；写字时，时间从笔尖流过；睡觉时，时间从枕边逝去。时间就是这样悄无声息地溜走了。

然而现在的孩子不太把时间当回事了，虽然关于时间的名言都能说上三五个，但却根本触动不了孩子这根珍惜时间的弦。一些孩子把时间浪费在游戏上，很难静下心来读书。好多孩子做事，学习拖拖拉拉。好半天才拿出本，还边写边玩，注意力不集中。有些孩子读书做题毛毛草草，特别在简单的问题上出错，这与孩子在学习上不能抓紧时间，精力不集中有很大的关系。

怎样培养孩子珍惜时间呢？首先，让孩子树立时间观念。有一个一无所长的年轻人，感到自己生活的非常无聊，于是他就去拜访一位哲人，希望哲人能够给他的未来指明一条通路。哲人问他："你为什么来找我？"年轻人回答道："我至今仍一无所有，恳请你给我指明一个方向，使我能够找到人生的价值。"哲人摇摇头，说："我觉得你和别人一样富有啊！因为每天时间老人也在你的时间银行里存下了 86400 秒的时间。"年轻人苦涩一笑，说："那有什么用处呢？他们既不能被当作荣誉，也不能换成一顿美餐……"哲人肃然打断了他的话题，问道："难道你不认为它们很珍贵吗？那你不妨去问问一个刚刚延误乘机的游客，一分钟值多少钱？你再去问一个刚刚死里逃生的幸运儿，一秒钟值多少钱？最后你去问一个刚刚与金牌失之交臂的运动员，一毫秒值多少钱？"听了哲人的一番话，年轻人羞愧地低下了头。

其次，要培养孩子的作息规律。即什么点做什么事，玩就痛痛快快地玩，学就像模像样地学。如规定孩子就寝，起床，学习，活动……的时间，使孩子养成严格按照时间表作息的习惯，让孩子的生活有规律、有节奏。特别要强调在规定学习的时间里，一定要坐下来专心致志地学习。一开始应有父母的督促，等孩子习惯了，那习惯就如一座钟，会及时提醒孩子。事实表明，常有中断或松散，是孩子学习分心、注意力不集中、效率降低的主要原因。而认真紧张则有助于孩子学习时集中注意力和提高思维速度。还要注意给孩子提供安静的学习环境，别在孩子学习时看电视，玩游戏，那样必然导致孩子身在曹营心在汉。

如果孩子这种拖拉习惯的严重性没有及时改正，等到初中、高中阶段，孩子这种磨洋工式的学习状态会使他们对学习渐渐失去兴趣。所以父母不要错过小学阶段培养孩子多种好习惯的重要时期。

■■ 拓展积累

文嘉，明代画家，诗人，他写的《明日歌》告诉我们：世界上的许多东西能尽力争取和失而复得，只有时间不能挽留，不能复得。人的生命只有一次，时间永不回头，不要今天的事拖明天，明天拖后天，要"今日事，今日毕。"

第二讲

chén bì guàn　jiān shù kǒu　biàn niào huí　zhé jìng shǒu
晨 必 盥　兼 漱 口　便 溺 回　辄 净 手

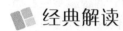

经典解读

　　早晨起来要洗脸，还要漱口；上完洗手间，就要洗手。

　　古代没有牙刷，不能每天早晨刷牙，而是漱口。中国人刷牙的习惯是受印度的影响，随着佛教传来的。刷牙最早用的是齿木，一种比较软的木片。有人认为古人是把这种木片放在嘴里咀嚼，像口香糖一样，达到刷牙的目的。还有的人认为，拿这个木片，用嘴咬一咬，咬软了，再刮牙齿。

　　我们许多孩子早晨不爱洗脸、刷牙。洗脸刷牙不仅使自己面目干净整洁，也是对别人的一种礼貌。还记得这样的儿歌吗？"小牙刷，手中拿，早晚都要刷刷牙。脏东西都刷掉，别让蛀牙来安家，满嘴牙儿白花花。"不刷牙，就要长虫子，就要看牙医。牙齿不好了，怎么嚼东西？等到老的时候，由于小时候不好好保护牙齿，牙齿早早脱落，就得拔牙、镶牙，很痛苦的。

　　上完厕所要洗手。洗手时手心，手背、指缝都要仔细搓洗。吃东西之前要洗手，要知道"病从口入"的道理。一些食物农药、化肥都超标，如果食用之前不好好用水冲洗，这些有害物质就会侵入身体，损害健康。孔子在《论语》中说："父母唯其疾之忧。"就是说父母非常担心我们的身体。身体发肤受之父母，要好好保护。

　　在学校，在四五十平方米的教室内容纳了五六十个孩子。如果都不讲究卫生，不勤洗澡，不勤洗脚，教室内就会有汗味，臭味。我们在这样的环境下学习多难受。

　　讲究卫生，不仅是让自己健康，也是对他人的尊重。

 故事新说

不讲卫生的王安石

王安石是宋朝最有名的宰相之一，不过他有一个很大的缺点，就是不讲究衣着卫生。他不爱洗澡，不爱换洗衣服，弄得人总是脏兮兮的。有一次，皇帝召见王安石和几位大臣一起商议大事。谈话间，一只虱子从王安石的衣领里爬出来，爬到了他的脸上。皇帝看到后，偷偷地笑了，可王安石一点也不知道。后来，这件事成为了人们的笑谈。

亲子共话

现在的孩子，随意性特别强。小时候，在父母"勤劳"的打理下，孩子都干干净净，漂漂亮亮的，却不知道去培养他们自己的事自己做，也不去耐心告诉孩子讲究卫生的道理。只会说："洗手去，洗脸去，刷牙去。"孩子们不懂为什么要洗手，洗脸，刷牙。所以早晨洗脸时三下五除二，胡乱地应付两下，就算完成任务。因为不知道为什么要这样做？所以就不好好做。在孩子三岁左右时父母就要告诉他们：讲究卫生就不容易生病，生病是很痛苦的，还会让父母着急的，所以要好好洗手，刷牙；讲究卫生是一种生活礼仪，是对自己的爱惜，对他人的尊重。如果这样教育孩子，并强化训练，孩子长大后还能那么邋遢吗？

在孩子刚开始能自己做事的时候，父母要示范给孩子看，教给孩子洗手、洗脸、刷牙的方法。要勤洗澡，勤换衣。三岁看大，七岁看老。培养孩子的好习惯要从一出生就开始。

拓展积累

早在先秦时期，人们就主张"三日一洗头，五日一沐浴"。沐浴甚至是一种很重要的礼仪。皇帝在祭天之前都要沐浴。喜爱干净的南朝梁简文帝还写了本《沐浴经》，是我国发现最早的关于洗澡的专著。

第三讲

guān bì zhèng　niǔ bì jié　wà yǔ lǚ　jù jǐn qiè
冠　必　正　纽　必　结　袜　与　履　俱　紧　切

经典解读

　　帽子要戴正，纽扣要扣上；袜子和鞋子都要穿好，带子要系紧。

　　古人注重仪容，提倡要"三正"：即帽子要正，裤子要正，鞋带要正。"自重而后人重"。自己穿戴洁净、整齐、庄重，别人就会敬你三分。所以古人对穿着非常讲究，绝不随便。那时候人的等级不同，戴的帽子、穿的衣服也不同。但是，不管身份高低，帽子一定要戴得端正，衣服扣子一定要扣得齐整，鞋带一定要系，这都是必须做到的。一旦鞋带袜带没系好，帽子歪了，扣子没扣，古人认为很丢颜面。

　　人们平时出门有时候戴帽子，除了保暖防风防晒之外，还起到美观的作用。小时候，有的孩子随意地把帽檐戴到后脑勺上，衣服扣子只扣一两个，甚至不扣。但随着我们慢慢长大，特别是上学后，穿衣戴帽就不能随随便便，应该按照学校的规定着装了。

　　有的孩子穿鞋穿袜太随意，袜子套在脚上，一会儿功夫，脚后跟就跑到脚前尖了。早晨袜子要穿好，如果有鞋带，一定要系好，别稀里糊涂地系上，说开就开，甚至开了也不知道，踩在脚下，容易绊倒。培养我们谨慎、认真的态度，就应当从生活中这些寻常、细致、具体的小事入手。

　　学校对我们的着装都有明确的规定，上学要穿校服，佩戴红领巾。这种着装不仅仅是为了统一，而且也体现了我们的精神风貌。干净的校服，鲜艳的红领巾显示了我们特有的蓬勃朝气。然而，好多孩子校服不拉拉锁，红领巾跑到脖子后了，鞋带也不系好，跑步、做操的时候就掉了，闹出好多笑话。

　　穿衣戴帽也是一种礼仪。在公共场所，我们要注意自己的装扮，这也是对他人的一种尊重。

故事新说

鉏麑刺客

春秋时代，有一个大臣叫赵宣子，是杰出的政治家、军事谋略家。在他辅佐晋灵公时，常常直言不讳劝告国君，晋灵公很不高兴，就派杀手去刺杀他。那天，杀手鉏麑清早来到赵宣子家中，看到赵宣子把朝服穿戴得整整齐齐，正襟危坐，表情庄严肃穆，从容镇定。鉏麑深受感动。他想："赵宣子在无人看到的时候都如此恭敬，在工作时一定非常认真、努力，对人也非常尊敬。这样的人一定是国家的栋梁，我不能杀他。但因为是晋灵公的命令，我不能不做。"于是鉏麑就撞死在槐树上。端庄的仪容，生活作风的庄重，使赵宣子赢得了他人的尊重，也挽救了自己的生命。

亲子共话

父母追求时尚打扮孩子没有错。孩子在上学之前，用时尚的衣着把孩子打扮得更顽皮、更可爱，年轻的妈妈会感到很幸福。但随着孩子慢慢长大，父母就要注意引导孩子穿衣戴帽要有规矩，不能随意。现在社会上有一些小青年，穿衣戴帽随随便便，不"着调"，让人看了很反感。父母要培养孩子注意着装礼仪，学生就有个学生样，衣服要干净整洁，别敞个怀、松松垮垮的。生活的状态决定学习、工作的状态。美国行销界有个销售高手叫乔吉拉德，他是全球销售汽车的冠军。有一次他在家睡觉，突然被客户的电话惊醒，他赶紧对着镜子穿上西装，打上领带，然后才拿起电话跟客户交谈。谈话结束后，再重新穿上睡衣钻到被窝里睡觉。妻子很不理解。乔吉拉德说："假如我穿得很随便，跟客户谈话就很随便，那么客户就会感觉我工作不认真，势必影响我的生意，"乔吉拉德之所以成为全球汽车销售大王，跟他这种严谨认真的工作态度有很大的关系。

由此可见，注意穿衣戴帽也是在培养孩子良好的生活态度。俗话说佛要金装，人要衣装，三分靠相，七分靠装。说明了服饰的重要性和穿戴存在美学的问题。郭沫若说衣裳是文化的表征，衣裳是思想的形象。可见衣着打扮体现着一个人的文化修养，体现着一个民族的文化状态。父母要让

孩子懂得着装要分场合，分地点，不能随便的道理。现在大学生就业面试时着装也是一个考察要点，所以我们要适时培养孩子端庄的仪表仪容。

生活处处是学问，父母要处处、事事引导孩子学会做事、做人、做学问。

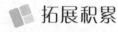 拓展积累

衣裳这个词，古代不是专指衣服，上衣叫衣，下衣叫裳。但裳不是指裤子而是裙子，古代男女都穿裙子。

裘和袍是御寒的衣服，古人穿裘，毛向外，接见宾客时，裘上要加上一件罩衣，否则会被认为对人不敬。

古人穿衣是有严格规定的，女子穿的袄、裙子的颜色都要有所规定，红色的裙子是不能随便穿的。

第四讲

<ruby>置<rt>zhì</rt></ruby> <ruby>冠<rt>guān</rt></ruby> <ruby>服<rt>fú</rt></ruby> <ruby>有<rt>yǒu</rt></ruby> <ruby>定<rt>dìng</rt></ruby> <ruby>位<rt>wèi</rt></ruby> <ruby>勿<rt>wù</rt></ruby> <ruby>乱<rt>luàn</rt></ruby> <ruby>顿<rt>dùn</rt></ruby> <ruby>致<rt>zhì</rt></ruby> <ruby>污<rt>wū</rt></ruby> <ruby>秽<rt>huì</rt></ruby>

经典解读

放置帽子和衣服，要有固定的位置，不要乱放，以免把帽子和衣服弄脏了。

在古代，冠服是指帽子和衣服，一般要在正式场合穿戴，就像今天的工作服一样。在古装电视剧里经常看到老爷要出门时，都是丫鬟奴仆双手捧着装有帽子和衣服的托盘，伺候老爷穿戴。古人常讲"动物归原""物有定位"，就是告诉人们所有的物品都要有它的位置，用过之后要回归原处，不能乱丢，以免弄脏了，弄丢了。

今天，很多孩子却不懂这些规矩。衣服、鞋子、学习用品乱放。放学回家，鞋子往门口一丢，书包往地上一摔，衣服抛在沙发上，就不管不问了。第二天早晨上学时，不是找不到袜子，就是找不到衣服。眼看就要迟到了，急得又哭又闹。

有的孩子书包里的物品简直就像赶集的似的，小食品袋，糖纸，水果，玩具，大大小小的书本塞了一兜子。写作业时，东翻西找急得团团转，不是铅笔找不到，就是橡皮丢了。物放有序，是我们应该注重培养的好习惯。衣服有衣服的家，鞋子有鞋子的窝，锅碗瓢盆有它们的存放地。我们要从小学会整理物品，用完之后回归原位，做事要有条理，养成这种好习惯还会帮助我们学会归纳、分类、整理。

"动物归原""物有定位"，这是待物礼仪，也是生活态度。严谨的生活习惯和学习习惯息息相关。

故事新说

霸主丢帽

　　春秋五霸之一的齐桓公是齐国国君，有一次他喝醉酒了，清醒之后发现帽子没了。他觉得帽子丢了是一件很不雅的事，觉得没脸见臣子，竟然三天不上朝。当时各地正闹饥荒，各路消息纷纷报上来，但是齐桓公因为帽子丢了，谁都不见。没办法，齐国宰相管仲下令开放粮仓救济百姓。老百姓非常感激管仲，认为管仲是一个贤相。后来，曾在齐国流传一首歌谣，国君啊，国君啊，你的帽子何时再丢啊？你丢一次就放一次粮。

亲子共话

　　凡是学习较好的孩子，书包里的书本总是摆放得整整齐齐，文具盒里的用具也都各归其位，书桌上、书桌内的东西摆放得有条不紊。这不仅仅是一个好的生活习惯，而且也是一种好的学习、工作习惯。教育家陶行知说："有序之环境，促进有序之习性；有序之习性，促成理想之学习。"意思是说整理学习物品，使之井井有条，可以营造一个好的学习环境，它对增强学习效果，提高学习成绩，有着举足轻重的作用。

　　有些父母总以为让孩子学习好就行，其他的事情做不好没关系。殊不知孩子从小学会整理物品，用完之后回归原位，做事有条理，这种好习惯还会迁延到他们的学习中，帮助他们善于归纳整理知识，掌握知识的脉络。孩子上初中、高中以后，如果不具备这种能力，对学习会产生严重的影响。随着初中、高中科目的增加，内容的加深，每学完一单元，孩子就要对这一单元的知识进行整理，形成知识体系。这种归纳整理对一个阶段的学习是非常重要的。

　　生活中，父母总怕孩子这做不好，那做不好，什么都包办代替。孩子用的东西都是父母亲自帮助整理、收拾。等孩子渐渐长大，再告诉他们要把东西放好，别到处乱扔，东西用完要归位。但这时怎么说孩子也是做不到，做不好，即便父母大动肝火骂上几句，也无济于事，因为他们的坏习惯已经养成，习惯成自然了。

　　所以，父母打小就要去培养孩子生活学习的好习惯。要教孩子如何去摆放自己的物品，如何去整理自己的书包、床铺、衣服、玩具等。凡事要求他们自己动手，从不会做，到会做，到养成习惯。同时父母要率先垂范，要求孩子不乱丢东西，自己就不能随手放东西。否则，父母提出的要求，孩子就会当做耳旁风。据说，现在的一些企业老板，经常检查员工的档案，检验员工做事态度，是不是认真、慎重，以此作为提拔的条件。

　　所以生活的习惯对孩子将来的工作、前途有很大影响。生活杂乱无章、必然工作无头无序，当父母的万不可以掉以轻心。

 ## 拓展积累

　　古代对家里物品摆放有一定的规矩。一是家里不能摆放太多的东西，古人认为客厅犹如人的肠胃，东西太多，空间太小，容易使人得胃病。二是注重环境的和谐，避免摆放尖锐物；三是家中的植物选择以阔叶为佳，寓意家业兴盛；四是棉被收在壁橱里，就不能再放其他东西。衣服和棉被放一起，气味混杂，认为会影响人的运气。

第五讲

yī guì jié bù guì huá   shàng xún fèn   xià chèn jiā
衣贵洁 不贵华   上 循 分 下 称 家

经典解读

穿衣服重要的是整洁大方，而不是以华丽为重；穿着打扮要符合自己的身份，要适合自己家庭的经济状况。

我国传统文化一向崇尚节俭，不提倡衣服过于华丽，而要以整洁为贵。古代等级制度森严，不同等级的人穿的衣服也不同。秀才的夫人可以穿红鞋，如果自己的丈夫不是秀才，穿红鞋是要被告官的。所以《弟子规》中要求我们穿衣服要讲究身份，要与家里生活状况相吻合。

现在的人们，由于物质生活的丰厚，穿着打扮大都非常讲究。一些人追求名牌、奢侈品，认为这是一种时尚美。我们有时候被父母打扮的"很帅""很酷"。应当说追求时尚没有错，但不能奢侈。衣服并不是越贵越好，干净整洁才是最重要的。

工厂工人上班要穿工作服，宾馆里的经理有经理的衣服，服务员有服务员的衣服。穿衣服要符合自己的身份，学生就得穿出个学生样儿，不能戴着墨镜，穿着风衣，挎个公文包，打扮得像"许文强"似的。为什么学校规定我们要穿校服？因为这符合我们的身份。更重要的是消除我们之间的距离感，缩短我们之间的贫富差异。

干净整洁，朴素大方的穿衣风格是一种着装态度，也是我们一种良好的生活态度：不攀比，不奢侈。

 故事新说

司马光教子

宋代历史学家司马光非常重视子女的教育，当他看到儿子读书用指甲抓书页时非常生气。他告诫儿子：读书人应该好好爱护书籍。

司马光十分注意教育孩子要力戒奢侈。在生活方面，司马光节俭淳朴倡导，"平生衣取蔽寒，食取充腹"。意思是说，衣服是用来取暖的，食物是用来填饱肚子的，不是用来炫耀的，但他又强调不能为获得节俭的名声，衣服穿得又脏又破。他强烈反对当时社会上做事讲排场、摆阔气等习俗。他流传至今的名言"由俭入奢易，由奢入俭难"警示后人勤俭持家。在司马光的教育下，儿子司马康从小就懂得生活俭朴，并以博古通今、为人廉洁而称誉后世。

亲子共话

相由心生。从一个人的面相就可以看出一个人的性情；从一个人的打扮就可以看出一个人的修养与追求。牡丹雍容华贵，荷花高雅圆润，玫瑰芳香娇艳，各具本色。人的美貌绝不是单靠衣服来展现的。衣服只是给人一种视觉美，绝不能靠这种美得到别人的尊重、爱戴。现代人把外表看得很重要，好像穿得好，浑身上下都是品牌就有地位、有面子。有的父母和别人孩子比吃的、用的、穿的，却不知从小教育孩子养成节俭的美德。李嘉诚是香港著名的企业家，全球富豪前十名。他送儿子去美国读书，除了供给他学费和生活必需品外，一分钱也不多给，儿子的零花钱都是靠打零工挣来的。在李嘉诚父亲教育下，儿子们都成为商界令人瞩目的佼佼者。全球首富的家庭都注意培养孩子艰苦朴素的作风？何况我们普通人家呢？

现在许多孩子根本不懂得"节俭"二字，只要求吃好的，穿好的，玩具也是越多越好，越高级越好，如果达不到要求就会生气。有的孩子随便浪费粮食，扔掉书本，不爱护物品。他们不知道粮食、衣物和玩具等来之不易，更不知道珍惜自己拥有的东西。

那么如何培养孩子勤俭节约的美德呢？首先，经常给孩子讲前人、名

人或者自己艰苦奋斗和节约的故事，在家庭中树立以艰苦奋斗为荣的风尚。然后，要端正家风，提倡勤俭节约，反对挥霍浪费，培养孩子正确的金钱意识。父母以身作则，做出榜样，让孩子受到熏陶感染。接着，让孩子学会合理理财，教会孩子精打细算，养成储蓄的好习惯，为孩子的将来富有打下基础。最后，注意对孩子进行劳动教育，让孩子做些力所能及的家务劳动，体会体力劳动的艰辛。

勤俭节约既是对创造财富的劳动者的尊重，也是珍惜物品的一种良好的习惯。从小培养孩子朴素、节俭之美，不是让孩子穿着有补丁、洗得发旧的衣服就好，目的是培养孩子追求高尚的品节，不把奢侈浪费，物质享受当成追求的目标，树立正确的人生观，价值观。

拓展积累

我国传统文化向来重视服饰的教化作用。服饰除了避寒暑、遮羞耻、增美饰等实用功能外，还有知礼仪、别尊卑、正名分的特殊意义。在古代，祭祀有祭服，朝会有朝服，婚嫁有吉服，从戎有军服。服饰的礼仪涵盖了生活的方方面面。古人认为穿衣戴帽是修身的重要途径。《朱子童蒙须知》中说："大抵为人，先要身体端整。"就是说穿衣戴帽一定要整洁得体，这不仅有助于展示自身的威仪，还能逐渐养成做事严谨的习惯。

第六讲

duì yǐn shí　wù jiǎn zé　shí shì kě　wù guò zé
对 饮 食　勿 拣 择　食 适 可　勿 过 则

经典解读

对吃的、喝的，不要挑挑拣拣；吃饱就可以了，不要过量。

《论语·学而》中讲："君子食无求饱"。意思是说，君子饮食不要吃得太多，要适量。古人提出了饮食礼仪：不要挑食，不要贪食，营养均衡，有益于身体健康。

我们大多喜欢吃甜类、肉类食品，特别对小食品情有独钟。殊不知有些小食品不安全，吃多了，会慢慢损害身体健康。有的同学不爱吃大白菜、红薯等，其实百菜不如白菜，红薯却是美食皇后……每种食品都有人体需要的维生素，尤其是蔬菜瓜果。

还记得孔门十哲吗？颜回是十哲之一。孔子曾说："贤哉回也。一箪食，一瓢饮，在陋巷，回也不改其乐也"。意思是：颜回是个好学生，他家里很贫困，用竹篮子吃饭，用瓢饮水，住在破烂不堪的屋子读书，颜回依然很快乐。颜回对饮食要求很低，而在学问上却不断追求，最终成为十哲之人。所以对于吃、喝、用，我们不要过分奢求，不能认为最贵的就是最好的。早吃好，午吃饱，晚吃少，这才符合身体需要。不能愿意吃就把肚皮撑破了，不愿意吃就宁可饿着。有的同学饭菜不合自己的口味，还和家长生气，多不好啊！我们的身体是父母给的。不注意饮食卫生，就会得病。我们得病了会很难受，更让爸爸、妈妈着急上火，那是对他们的不孝，"身有伤，贻亲忧"啊！

现在，很多学校为了方便我们的午餐，都成立了食堂。让我们中午能吃上健康的、热乎乎的、合理搭配的饭菜。中午，热腾腾的饭菜端上来时，我们切不可挑三拣四，要多想想食堂叔叔阿姨做每顿饭所费的心思，想想父母每月拿的餐费，想想古人的教诲，想想是大自然提供的粮食，就不能

挑食了。

我们只有从小不偏食，按时按量饮食，身体才能健康。这也是一种生活好习惯。

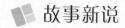 故事新说

吃饼断途

郑浣是唐朝有名的文学家，他崇尚节俭，生活很简朴。他的一个远房孙子从老家来找他，希望他帮助找到一份职务。郑浣答应了他，给一个县令写一封信，希望县令能给安排个差事。晚上，郑浣请这个孙子吃饼，他发现这个孙子吃饼时，把皮撕了，掏里面的瓤吃。郑浣非常生气，叹息道："你在家务农，应该知道农民的辛苦，这粮食来之不易，我以为你是个很质朴的人，勤劳的人，谁知你对粮食这样浪费，像纨绔子弟一样浮华，真不堪重用。"于是，第二天，郑浣就打发人把这个远房孙子送回老家了。

挑剔吃喝、奢侈浪费的人，对国家和人民就不负责任，当然也就当不好官，郑浣远房孙子就这样断送了自己的前途。

亲子共话

古人在观察人的时候，很注意他的吃相，吃相反映了一个人的教养。好多父母不大注重培养孩子良好的饮食习惯，只要孩子爱吃，就管够。聚餐时，一些孩子不懂规矩，把好吃的都放在自己的面前，一个劲儿地往自己的碗里夹，显得没有家教。所以，父母要认真培养孩子良好的饮食习惯，吃饭时不能挥霍浪费，也不能挑挑练练，要想到好饭菜需大家享用。毛泽东就特别重视孩子们的细节教育。当他看到孩子们吃饭时把饭粒掉到桌子上，就让孩子把饭粒拾起来吃掉，并背诵"锄禾日当午，汗滴禾下土。谁知盘中餐，粒粒皆辛苦"的诗句给孩子听，让孩子们懂得农民种田的辛苦，从小养成尊重劳动的品质。不挑食，爱惜粮食，其实是一种对人感恩，对物珍惜的一种情怀。

现在很多孩子发胖，多半跟过分开发孩子的味觉有关。孩子刚会咀嚼食物时，如果总用香味刺激味觉，久而久之孩子就只喜欢鱼肉的味道了，

不喜欢蔬菜清淡的味道了。吃成了胖孩子，形体不美观，健康也会受到影响。所以，合理适当的饮食是很重要的。

每年的 10 月 16 日是"世界粮食日"。为解决粮食浪费严重的问题，我国开展了"爱惜粮食、节约粮食"的活动，以更好地警醒世人"丰年不忘灾年，增产不忘节约，消费不能浪费"。"一粥一饭当思来之不易"。因此，要教育孩子坚决抵制浪费粮食、挑拣食物的陋习，千万不要丢弃中华民族勤俭节约的传统美德。

对饮食，勿拣择；食适可，勿过则这种饮食礼仪，体现了人的内在修养。

拓展积累

养生之道是中国人修养身心，保健延年的一门学问。出自《中国气功四大经典·总序》。中医讲究"养生之道"。养生之道，基本概括了几千年来医药、饮食、宗教、民俗、武术等文化方面的养生理论。养生要养心，养心要养体，要参加适当的劳动和运动，要合理饮食，不偏食，不过饱过饥。

第七讲

nián fāng shào　　wù yǐn jiǔ　　yǐn jiǔ zuì　　zuì wéi chǒu
年 方 少　勿 饮 酒　饮 酒 醉　最 为 丑

经典解读

年纪小的时候，不能喝酒；喝醉酒了，那是最丑的事。

古人认为，少年儿童正处在身体发育期间，酒精中含有一种兴奋元素，对青少年的发育十分有害。青少年血气未定，控制力很差，喝了酒以后，缺乏理智，容易做错事。而且喝醉酒以后，丑态百出，是最不雅的。

现在，一些高年级学生，抵制不住酒的诱惑。三五个人聚在一起，你一杯，我一杯，觥筹交错，吆三喝四地喝起来，既有害健康，又不符合学生身份。

我们看到过大人喝醉酒的样子吧，东倒西歪的，舌头都硬了，吐字也不清楚，还不停地说脏话，样子很丑陋。有的孩子喝醉了，又笑又唱、又哭又跳的，样子也很丑陋。

步入青春期之后，我们不再事事依赖父母，总愿意自己的事自己做主。觉得自己是大人了，要自由，要独立，抵触来自父母、学校的约束。其实这段时期，我们还没有完全成为一个真正意义上的大人，还没有真正成熟。所以，不能模仿成人喝酒、聚会，这是学校禁止的。因为我们在生理上还没完全长成，不能抵制酒精的作用，容易失控，更容易损害身体。

现在，很多国家有明确的立法规定，孩子不能饮酒，也不许买酒。在国外一些发达国家，如果老板卖酒给孩子，是违规的，要受处罚的。这些规定，是为保护我们的健康，维护我们的形象。

我们要恪守生活中的一些礼仪，谨慎地遵守，养成良好的生活习惯。

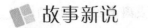 故事新说

以酒误国

春秋战国时期，楚共王和晋国的军队在鄢陵（今河南）打了一仗。楚国吃了败仗，楚共王眼睛中了一箭。为了报仇雪恨，楚共王调兵遣将，积极准备下一次战斗。楚共王派人去找大司马（大司马一职相当于现代的武装部队总司令）子反进宫商量作战计划。结果左等右等，子反都没有来。原来子反喝醉酒了，如同烂泥一般。结果，就把军国大事给耽误了。楚共王对天长叹说："天败我也！"这次战争，楚国又一次失败了，子反因违反军纪也被杀了。

历史上以酒误国的还有商纣王，他以酒为池，悬肉为林，男男女女在此寻欢作乐，最终葬送了国家。

亲子共话

孩子的学习有两个途径，一是模仿，二是强化。孩子身上许多好的行为，优秀的品质往往是通过模仿大人的所作所为而形成的。相反，父母不好的一面，也极易被孩子模仿。

有的父母不太注重孩子的教育，逢年过节，朋友聚会，总会让孩子喝点酒。甚至有的父母在孩子很小很小的时候，每次喝酒都要用筷子给孩子沾点，一来二去，孩子十来岁喝个三四瓶啤酒都不在话下，父母还引以为荣。

对于酒这个饮品，不能否认它的文化内涵。中国酒文化是非常丰富的。李白的"举杯邀明月，对影成三人"，王维的"劝君更尽一杯酒，西出阳关无故人"，曹操的"对酒当歌，人生几何"，都是有关酒文化的著名诗句。成年人适当适量饮用酒，还可以活血化瘀。但个别父母没有想到自己醉酒的状态对孩子的影响。聚会赴宴，喝得酩酊大醉，摇摇摆摆地回到家里大喊大叫，吓得孩子躲在角落里不敢出来。有这样一个孩子，已经上五年级了，几乎不与同学交流。原来，在她小的时候，一次父亲喝醉了酒，回家与她母亲吵架，使她受了惊吓，从此就不太与人交流，尤其对父亲，

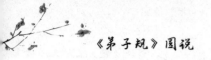

几乎没有话。可以看出，大人醉酒，对孩子的影响和伤害是非常大的。

另外，因酒驾而出事故的，因酒送命的，因酒妻离子散的，因酒做出许多傻事、坏事的，举不胜举，屡见不鲜。大人们的行为会直接影响到孩子，代代相传，甚至会关系到整个家族的兴衰。

为了下一代，做父母的必须注意自己的言行举止，衣食住行要处处体现教育思想，要懂得教育。

拓展积累

曹操的《短歌行》"对酒当歌，人生几何？譬如朝露，去日苦多。慨当以慷，忧思难忘。何以解忧，唯有杜康！"是曹操有名的诗句。曹操青年时代就立志干一番大事业，有时遇见困难、挫折也难免借酒解忧。酒醉之后，想到人生苦短，就像晨露，令人慨叹。《短歌行》旨在告诫后人，要积极进取，不可醉生梦死。

第八讲

bù cóng róng　　lì duān zhèng　　yī shēn yuán　　bài gōng jìng
步 从 容 立 端 正 揖 深 圆 拜 恭 敬

■ 经典解读

　　走路要稳健从容，站立要端端正正的；见面行礼要弯腰到位，恭恭敬敬的。

　　古人见面时要行礼作揖，叩拜时腰要弯成九十度角，特别注重自己的言行举止。用"立如松，行如风，坐如钟，卧如弓"来界定人的日常举止。站着的时候，要像松树一样挺直；走路时要像风一样轻盈；坐时就像钟一样，盘腿，端坐，稳重；睡着的时候，要像弓一样，腿略微曲着一点，朝右侧卧。

　　现在有的孩子站着的时候弯腰塌背，左晃右摆，甚至还抖动双腿；走路时东一下，西一下，连疯带闹；坐着的时候，东张西望，手里摆弄东西，脚还来回晃悠；睡觉时，趴着睡，仰着睡，想怎么睡就怎么睡，特别随意。

　　站立行走是我们入校后首先要学习的礼仪，但无论老师怎么要求，怎么讲，有些孩子就是不理会。上课趴着，腿在桌子底下乱晃，手不是挠挠头，就是抓抓衣襟，没有老实的时候。站起来回答问题，肚子顶着桌子，腿弯曲着；双手拄着桌面，身子歪扭着。下课在走廊不是跑，就是风风火火地乱窜，像有十万火急的事情要办似的，非常没有规矩，非常浮躁，也严重影响自己的形象。

　　站立行走要有一个精神气。坐时要头正，身直，足安；站时要不倚不靠，双手自然下垂，正视前方；走时要轻声慢步，从容镇定，自然舒展。

　　端庄得体的仪表举止，站有站相，走有走样的文明举止代表着一个人的修养和尊严。

故事新说

鹤立鸡群

大家都听说过鹤立鸡群这个成语吧。但这个成语说的是谁，很多人就不知道了。晋朝名士嵇康有个儿子，叫嵇绍。嵇绍在母亲的严格教育下很注重自己的仪表和言行举止。晋武帝下诏要启用他，一个大臣问众官嵇绍这个人怎么样？有人答道，昨天我在人群当中一眼就看出谁是嵇绍，因为他气宇轩昂，鹤立鸡群。后来朝廷让嵇绍去各地选拔人才。当时沛国有个人叫戴晞，年轻有才气。但嵇绍考察之后发现戴晞行为轻浮，不分场合，不注意仪表，对人不尊重。嵇绍认为这个人不堪大用。虽然戴晞因为很有才气，后来还是当了大官。但到位不久，由于他行为不端，最终还是被罢官。

亲子共话

一些父母，几乎不关注孩子的行为举止。什么站着、坐着、躺着的，只要学习好就行。至于吃饭怎么吃、走路怎么走，都不足挂齿。很多父母不懂，细节决定成败。二十世纪七十年代的人清楚地记着上学那会儿，坐在椅子上小手都背后，挺胸抬头。哪敢像现在的孩子上课趴着，吃东西、摆弄东西，不好好听课。

孩子将来是要走上工作岗位，走进社会的。他们给他人的第一印象，不是考试分数，而是他们的仪表举止。人与人见面的最初印象，第一感觉的好坏是由32％的口语，68％的肢体语言决定的。

孩子将来毕业以后参加工作要经历面试这一关，这时第一印象将起到非常重要的作用。行为心理学家曾做过一个实验，证明了人相互接触的前四分钟是形成知觉至关重要的时间区域。这四分钟的知觉如何，会影响到以后交往相当长的时期，甚至影响交往的全过程。这种知觉效应，心理学上叫"晕轮效应"。现在的大学毕业生，为了应对面试这一关要花两万元、三万元进面试班补习，其中谈吐仪表是重要的学习内容。

如果从小就开始注重仪表举止方面的修养，无疑会为孩子将来具有良好的人际关系奠定基础。有这样一个例子，一个孩子大学毕业后，顺利通过了托福考试和 GMAT 考试。那天，妈妈陪孩子办理签证，孩子非常激动，终于要实现他的出国留学梦了。就在听到自己名字的时候，孩子不自觉地喊了一声，同时往角落里吐了一口痰。这一口痰，断送了孩子的出国梦。签证方认为你的成绩和能力虽然都非常优秀，但是缺少基本的礼仪，所以不予签证。这是多么遗憾的一件事。

可见，培养孩子基本礼仪是多么重要。举止礼仪反映出一个人的内心世界。一切教育都要从小开始，从最初开始。少年若天性，习惯成自然。

生活本身就是大课堂，日常生活中每一个细节都是教育孩子的一节课，父母要抓住这每一节课，注重培养孩子良好的品行。

拓展积累

张九龄，唐玄宗时大臣、诗人。初入朝廷时，他并不为人所看重。但在群臣中他举止得当，站立有样，气度不凡，深得皇帝赏识。不久，张九龄便在众臣中脱颖而出，官至丞相。人称"站出来的宰相"。他为人秉公守则，直言敢谏，从不徇私枉法，提倡不拘一格选拔人才。张九龄的诗词质朴慷慨，被誉为"岭南第一人"。

第九讲

wù jiàn yù　　wù bǒ yǐ　　wù jī jù　　wù yáo bì
勿 践 阈　勿 跛 倚　勿 箕 踞　勿 摇 髀

经典解读

　　进门时不要踩门槛，站立时不要斜靠着物体；坐的时候两腿不要岔开像簸箕，更不要抖动大腿。

　　"阈"指的是门槛。以前盖房子，房门都要修一个门槛。古人认为门槛能趋凶化吉，可以阻挡风沙和厄运，不让家中的祥瑞之气外流。所以古人非常忌讳踩门槛。站着的时候别倚着其他的物体，要立住，有站相。"箕"指的是簸箕，坐的时候不能把两腿岔开，像个簸箕似的，显得非常轻浮。更不能不停地抖动双腿，浮躁不安。俗话说："男抖穷，女抖贱。"这样会给人不雅之感，显得粗俗无礼。

　　古人对人的言行举止定的规矩特别多，而且非常具体。就拿进门来说，男人和女人先迈哪只脚都有规定，男人进门先迈左脚，女人先迈右脚。而我们现在谁管这些，进门时，脚往门槛一踩，身子往墙上或门框一倚，像没有骨头似的。显得一点没有精气神。当我们坐在椅子上或是沙发上时，不是随便把两腿叉开，就是随意地弯曲着。这样的坐姿非常不礼貌。

　　良好的坐态会体现内在的一种修养。一般来说：男孩坐着的时候两腿自然分开，与肩同宽，双手自然搭在腿上。女孩子更要注意坐姿，尤其公共场合，坐的时候两腿要并拢，略微倾斜，双手交叠放在腿上。

　　在课堂上，双脚不要踩梯凳，要放平稳，双腿不要乱抖动，身子不要倚墙或歪扭着。下课不要乱跑乱疯，乱倚乱靠。

　　我们要从小培养这些行为礼仪，在生活中努力去践行。

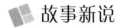 故事新说

李白脱靴

唐朝浪漫主义诗人，被后人誉为"诗仙"的李白，才华横溢，追求个性的自由与解放，蔑视封建等级制度，不愿阿谀逢迎，表现出傲岸不屈的性格，一生云游四海，狂放不羁。

由于皇帝妹妹玉珍公主的推荐，李白被玄宗皇帝召进宫。李白在宫中，对宦官、外戚专权颇有不满。有一次，李白喝醉酒了，皇帝赐给他的衣物，因醉酒无法更换，竟然伸出脚，让坐在身旁的高力士给他脱靴子。高力士一时不知所措，只得给李白脱下靴子。但这件事让高力士耿耿于怀。终于有一天李白送给杨贵妃的一首诗，被他抓住了把柄。高力士挑拨杨贵妃，说李白在诗中有侮辱之意。杨贵妃信了高力士的话，也对李白不满起来。后来，玄宗几次想任命李白官职，都被杨贵妃阻止了。李白哪里会想到，酒后的不拘小节竟然使自己仕途受阻，壮志难酬。

亲子共话

生活即教育。"坐"是人们必有的举止，同样有美与丑，优雅与粗俗之分。无论学习，参加会议，会客交谈，走亲访友，娱乐休息，都要注重自己的坐姿。坐姿如果不正确，让人看起来没精神外，甚至给人一种轻浮、猥琐之感。而且容易腰酸背痛，影响脊椎、压迫神经。导致身体不健康，孩子的坐姿不佳，还容易患近视。所以父母一定要培养孩子良好的坐姿，而且要从小开始。现在的孩子弯腰驼背的非常多，与不良的坐姿有直接关系。

正确而优雅的坐姿是一种文明行为，它既能体现一个人的形态美，又能体现人的行为美。特别是女孩子，坐姿不能太随意，要注意保持优美形态，不能随便叉腿，叉腰，抖腿，尤其在社交场合更要注意，否则会让人产生厌恶心理，影响正常的人际关系。一个人外在形象的好坏直接映射人的内在素质高低。一个有教养的孩子必须有良好的文明礼仪，这样的孩子比较受人欢迎，也就是心理学上所说的"被众人接纳的程度高"。

父母也都知道要培养孩子的礼貌行为，看到孩子不文明的行为时也知

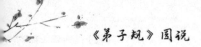

道训斥，批评。关键在于，为什么要讲礼貌？怎么做才有礼貌？作为父母，告诉孩子为什么要这样坐，为什么要这样站，然后教孩子如何做，如何站，并且注意强化督促孩子做好。当然，要求孩子做到的，父母一定要首先做到，否则令而无从。试想：一个举止粗鲁、随口脏话、不拘小节的父母能培养出彬彬有礼，谈吐优雅的孩子吗？

拓展积累

　　门槛的本意是挡雨水的，后来引申为既挡财气又挡运气，一个人不顺利时就说"遇着槛了"。也有把老年人活到七十三岁和八十四岁时，说成老年人的槛，闯过七十三这道"槛儿"一准活到八十四；一旦过了八十四，还会更长寿。

第十讲

huǎn jiē lián　wù yǒu shēng　kuān zhuǎn wān　wù chù léng
缓 揭 帘 勿 有 声　宽 转 弯 勿 触 棱

经典解读

进门时，对门上挂的帘子要慢慢地揭开，不要弄出声音；走路转弯时，要注意安全，小心碰到有棱角的东西受到伤害。

古代房门上都挂有门帘，多数是布帘或珠帘。屋内的门上不安装门，只挂门帘，因此门帘就相当于我们现在的门一样。古人掀门帘进屋时，动作礼节上十分讲究，声音太大会影响他人。动作太大，帘子容易被拽坏，或者会打到后面进屋的人。同时动作大声音也就大，不合礼节。走路转弯时，要观察好前方物体，避免使自己受伤，同时又不会把东西弄乱或弄坏。

现在住在农村的人，依然还有挂帘子这个习惯。但一般都在夏天悬挂，用来挡蚊子、苍蝇。住在城镇的人们房门很少还挂着帘子，门就相当于帘子。进门、出门、关门时也不要太用力，一是会对门有损坏作用，二是影响他人，也不礼貌，有时冷不防的，会吓人一跳。孩子们从小就要养成好的进出门习惯，这也是一种礼节。

生活中，经常会出现各种各样的刮伤碰伤的情况。一些孩子走路遇到转弯时，慌里慌张的，一不小心，发生了刮碰。有些开车的大人在要转弯时也不小心驾驶，好多车祸就是这样发生的。所以要时刻提醒自己，谨慎小心。

我们每天出入教室，有的同学把门当"武器"，在门里门外疯打乱闹，把门撞得砰砰响。这种行为不仅使门受到伤害，还容易碰伤自己。进出座位时，要从容稳健，不要毛里毛草，防止被桌子角椅子棱给撞伤。路过走廊拐角时，要注意安全。人多时，要等一会，让一让。

这些看似微不足道的生活小事，却关系着我们的安全，体现了我们的行为举止。

故事新说

亡于铁钉

1845 年，大英帝国国王查理三世准备和公爵拼死一战，争夺王位。马夫牵着国王最爱的战马，来到铁匠铺，为战马钉马掌。铁匠恰好手边没有铁片，要到仓库去找。马夫却不耐烦了，让铁匠拿一根铁条处理处理就给马钉上。铁匠钉到第四个马掌时，铁钉用完了。铁匠请求马夫再等一会，可是马夫实在等不及，就让铁匠凑合钉上了，就这样带着一个缺少牢固钉子的马载着国王冲锋陷阵去了。

结果，国王骑着战马与公爵决战时，马掌忽然掉了，战马倒下，国王随即滚落马下，这场战役以国王的失败而告终。

于是在英国流传这样一首歌谣：

缺了一枚铁钉，掉了一只马掌；

掉了一只马掌，失去一匹战马；

失去一匹战马，损了一位骑兵；

损了一位骑兵，丢了一次战斗；

丢了一次战斗，输了一场战役；

输了一场战役，毁了一个王朝。

这个故事警诫我们：做事要谨慎，一些人往往就在不起眼、不经意的小事上吃了大亏。

亲子共话

一家大公司招聘新人，已经淘汰了好几批参加面试的人选，一时间大家都很紧张。

这时，一位年轻人走到面试办公室，随手捡起地上的废旧碎纸片，放在垃圾桶里。公司总裁最终留下了这位年轻人，他就是美国汽车工业之父亨利·福特。

亨利·福特是幸运的，他遇到了一位注重细节慧眼识珠的总裁。

听了这个故事，不禁感叹：只是那么一弯腰，极其简单的动作，却成就了一位杰出人才。其实，生活中往往就是这些看似不起眼的小事却折射出人性的光辉。然而父母在生活中却忽略这些细节的教育。掀帘时别发出声响，走路拐弯时，要注意观察，这真的有那么重要吗？这不是吹毛求疵吗？其实不然，这些貌似微乎其微的小事，隐喻着一种做人的道理，做事的态度。《弟子规》这一讲的四句话，就是告诉人们做事要周全，不能只顾眼前。要注意培养孩子的生活细节，养成良好的生活习惯。做事要稳重，不急不躁。孩子长大后，要开车上下班，小时候养成这些好习惯，将来开车自然就会特别沉稳谨慎，一生平安无事。

如果能通过这些日常生活中的琐事对孩子进行好习惯的培养，渐渐地就培养出孩子做事细致周全的性格。性格决定命运。做事认真的人，不管是什么事都能努力做好，不管在家里还是在单位，都比较受欢迎。做事周到的人，想的远，想的全，往往受到重用。而良好性格的培养就要从良好的生活习惯入手，日积月累逐渐形成，所以从小就注重孩子的习惯培养，是在为孩子的将来做长远打算。

拓展积累

清朝宫廷有个规矩，军机（朝廷政务最高决策机构）大臣当中职位最低的，要为职位高点的掀帘子。当时，在宫廷里，冬天挂上厚棉被做的帘子。掀帘子的官员要"缓揭帘，勿有声"，让资历比较老的先进去，自己转身把帘子放下后再进去。

第十一讲

zhí xū qì　rú zhí yíng　rù xū shì　rú yǒu rén
执虚器 如执盈 入虚室 如有人

■ 经典解读

　　手里拿着一个空的器皿，就像拿着装满东西的器皿一样；走进没有人的房子，就像这房子里有人一样，不能随便。

　　古人注意修身养性，做事专注。拿一个空的用具，也要像里面装满了东西一样小心谨慎，以防跌倒或打破。崇高的品行要从独处时表现出来。在没有他人看到的时候，自己的表现经得起考验，才是有德行的人。

　　当我们拿着空的东西时，会觉得不费力气，所以就比较轻视，很有可能就把它打破了，摔坏了。而装满东西的盘子、碗等器皿，拿着它时往往会格外小心，怕弄洒了，反倒不会轻易把它打破。所以做事要谨慎，即使拿着空的器皿，也要当它是满的，小心一点，不出差错。一颗钻石戒指很轻，一颗珍珠很轻，一副隐形眼镜很轻，但如果拿它的时候，不够谨慎，就很可能就掉到地上摔坏，就会遭到重大损失。所以要从细微之处，提醒自己做事要认真慎重。

　　进到别人屋里，不能看见屋子里没人就随便了，这摸摸那碰碰，这翻翻那看看。虽然屋里没有人，也要注意自己的举止文明，就像屋里有人一样。俗话说："瓜田不纳履，李下不整冠"。所以进到没人的房子时，应当像旁边有人一样，时刻注意自己的行为。无论在别人面前，还是在别人背后，都要自我约束，保持高尚的行为节操。

　　学校里经常发生东西被人拿走的情况，这些拿别人东西的孩子以为别人没有看到，不是把同学的钢笔拿走了，就是把橡皮拿走了，却不知道"隔墙有耳"，慢慢地就会被发觉，到时候多丢人现眼，德有伤，怡亲羞。父母也会因为我们的行为感到羞愧的呀。学校种种约束和规定，是要帮助我们成为有德行的人。而品德的养成更重要的是要靠自觉，而不是依靠别人的监督。

谨慎地对待物品，谨慎地独处，这是我们修身养性的最高境界。

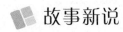 故事新说

暮夜拒金

《后汉书》记载了这样一件事，一个叫杨震的官吏，德才兼备，负责考察、提拔干部。有一次，杨震到外地去，路过昌邑县。县令叫王密，是杨震提拔过的官员。那天晚上，为了感谢杨震的知遇之恩，王密就在没有人的时候带着十斤黄金，去感谢杨震。杨震看到王密拿着金子来，就跟他说："老朋友，我了解你是什么样的人，不然不会提拔你，但是看来你不了解我。"王密说："我深夜悄悄出来，就是为了让你把金子收下，这事没有人知道。"杨震说："天知地知，你知我知，你怎么能说没有人知道？我绝对不会收的。"王密只好羞愧地走了。后来由于杨震为官清廉，从来不接受别人的行贿，做事光明磊落，当上了太尉（相当于现在的国防部长）。

亲子共话

慎是中国古代修身、处世很重要的一种智慧。古人"推崇慎独、慎微、慎染、慎终。这四慎合起来就是谨慎的智慧。所谓"慎独"，是指一个人在独处时也能谨慎自律，不欺暗室。"慎染"，就是要见贤思齐，见不贤而内省，涵养正气。人如果不在小事上谨慎，就难以做到防微杜渐，难免在大事上不稳。这就是慎微的含义。"慎初"，顾名思义，就是戒慎于事情发生之初，在思想上筑牢"第一道防线"，行所当行，止所当止。"慎终"，是防止"功败垂成"的关键，一定要"慎终如始"。如果我们能读懂古人慎的智慧，人生自然能从容不迫。

本讲《弟子规》这四句话告诉人们，要培养孩子谨慎做事的好习惯。有的孩子做事太随意，经常丢三落四，不是忘记带这个，就是忘记带那个。由于不知道珍惜，今个弄坏这个，明个弄坏那个，东西丢了也不知道找。进到别人的屋子一点规矩都没有。最让人焦虑的是父母也不以为然。

谨慎不仅仅是一种生活态度，也是做人的一种品质。有的孩子吃完小

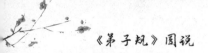

食品，正要找地方扔垃圾的时候，身旁的妈妈顺手拿过来扔在地上。孩子说："老师不让随手扔垃圾。"妈妈说："老师也看不见。"这位妈妈想得很简单：老师不在，就可以随便扔，不知道这件事给孩子的影响是什么。孩子们听了就会这样想：老师的话可以当面听，背后不听。

一篇报道上说，主考官把应聘的大学生留在办公室，独自出去。这位大学生看到主考官桌上有这样那样的文件，就开始翻动，这时主考官进来宣布：你落聘了。这位大学生都懵了，还没考呢，怎么就落选了。主考官说："当主人不在时，应该做到'慎独'，怎么能不经主人允许就擅自动手呢？"

现在，各大知名企业招聘员工时，特别在意这些细节，注重员工的综合素质。任何优秀的品质都需要从小开始培养。0～3岁是最佳时期，3～7岁是黄金时期，7～12岁是加强巩固时期，12岁以后就不再容易培养了。所以，父母要在孩子的各个成长阶段注重孩子的品质培养。谨慎是保家之本，慎重则必成。严谨慎重，是智慧之母。

拓展积累

杨震，东汉人，出身名门，他为官清廉，不谋私利。始终以"清白吏"为座右铭，严格要求自己，"不受私谒"。杨震博览群书，通晓经传。二十岁以后，对于地方长官征召他出任官员的召请置之不理，一心一意自费私塾授徒，开始了他长达三十的教育生涯。他坚持有教无类，不分贫富，因此，求学者络绎不绝，学生多达两千余人，可以与孔子的三千弟子媲美。所以，当时人们称杨震为"关西夫子"。

第十二讲

shì wù máng　máng duō cuò　wù wèi nán　wù qīng lüè
事勿忙　忙多错　勿畏难　勿轻略

■ 经典解读

　　做事不要忙乱，一忙乱就要出错；遇事不要害怕困难，也不要轻视它。

　　儒学经典四书之一《大学》里面讲："物有本末，事有始终。知所先后，则近道矣。"这是告诉我们在处事接物当中，要懂得先后顺序，要看清楚事情的轻重缓急，才能把事情做好。面对生活中、学习中的困难，不要害怕，要勇于承担和挑战；对于那些无足轻重的小事，也不要轻视它，要认真把小事做好。

　　生活中，我们经常因为做事不稳，着急出乱子。过马路，红灯还亮着，看看没人，急忙跑过去，谁知从拐角处驶出一辆车，吓的小脸都白了。放学铃响，胡乱把书本、文具一收，拿起书包，奔出教室，回到家才发现语文书忘装了。所以做事情要临事不慌，才能把事情做好。

　　在做事情之前，不要总担心做不好，这样肯定做不成事。例如，一家人去登山，一看山路那么长，那么陡，还没登，就泄气了。还记得《小马过河》的故事吗？小马亲自去尝试，终于帮妈妈把麦子磨了。所以，每做一件事情，不要害怕困难。记住办法总比困难多。就像爬山，即使最后没有爬到山顶，但尝试了，努力了，享受了爬山的过程，这也是收获。临事不惧，不只是不怕困难，而是培养敢于战胜困难的勇气。

　　有些事情不要以为很小就不放在心上。例如，老师留的听写、口算作业，有的孩子总认为这是小儿科，写的时候很轻松、随意。所以，总出错。越是容易做的事，越要认真去做。如果把简单的事情做好了，其实你就不简单了，能够培养谨慎做事的好习惯。所以，要临事而惧，不怠慢任何一件事，哪怕是芝麻大的小事。

　　学校除了培养我们学习能力，还培养我们做事能力。老师让我们复印

卷纸啦，给邻班老师捎个信啦，一定要积极主动去做，一次没做好，还有下次。经验和能力是逐渐培养起来的。班级要选拔干部负责班级事务。我们要大胆勇敢地去担当。在做事的过程中克服自己的害怕心理，增强自信心。

临事不慌，临事而惧，临事不惧，我们要牢牢记住。

 故事新说

十二点五美元

十九世纪二十年代，一个十一岁的孩子，在玩足球时把邻居家的一块玻璃打碎了。人家要他赔十二点五美元，相当于人民币大约一百元。这个小孩子哪有钱赔偿！只好回家恳求父亲帮他。父亲说："你现在首要做的就是先到邻居家赔礼道歉，而后你自己还钱。"孩子一脸不解："我赔？我哪有那么多钱啊？"父亲说："你必须对自己的过失负责。我可以借钱给你，但过后你必须还我。"这个男孩按爸爸的话去道歉、还钱。然后，便开始了艰苦地打工生活。半年后，这个孩子终于挣够十二点五美元，还给了父亲。后来这个孩子成为了美国的总统，他就是里根。每当回忆此事时，里根说："通过自己的劳动来承担过失，我懂得了什么叫责任。"

亲子共话

现在的人们，由于生活节奏变快，显得越来越浮躁，好像脚底没有根一样，像浮萍飘荡在生活的水面，总不落底，不踏实。例如，作为父母，当把孩子带到这美丽的世界享受生命的神奇之时，也意味着承担责任的开始。所以当夫妻之间有矛盾，有纷争的时候，要想到孩子，为了孩子，也要互相包容，忍让。作为父母，有一个共同的目的，就是把孩子抚养成人，希望他健康幸福，所以不能一遇到事就感觉这日子没法过了，急三火四、草草率率地离了婚，大人无所谓，而受伤的是孩子。离异家庭的孩子往往性格较孤僻或存在着一定的缺憾。这种缺憾是父母离异给孩子留下的孤独、自卑。对待婚姻，不能急躁，要心平气和，稳妥些，耐心些。随着年纪的增长，夫妻也都在变，特别是男人，也像大男孩一样需要生活磨砺，然后

才会长大。

教育是一门学问，有时面对孩子的诸多问题，感觉很头疼。《老人与海》这部世界名著有一句经典的话："人可以被摧毁，但不可以被打败"。只要生命存在，没有人能打败你。不要怕任何事，只要有心就一定能解决。坚持是真理。苏格拉底是古希腊的一位大哲学家，学生都希望成为他那样的人，问老师如何做。苏格拉底说："每天坚持前后摆动胳膊。"一个月下来，百分之九十的同学都在做。一年以后，只有一个学生坚持下来了。这个学生就是后来成为第二位大哲学家的柏拉图。多么简单的事，然而坚持了就成功了。这种成功不是源于甩胳膊，而是恭敬认真地完成老师这种看起来微不足道却难以坚持完成的作业，源于柏拉图有一种"勿畏难，勿轻略"，坚持做事的品质。所以，只要任何时候都不放弃对孩子的教育，努力配合老师，配合学校去做，孩子就会健康成长。

无论是做事还是学习，无论是大事还是小事，都要让孩子从容镇定，积极面对；恭恭敬敬，认认真真对待。

拓展积累

子夏一度在莒县做地方长官，他向孔子问政。孔子说："无欲速，无见小利。欲速则不达，见小利，则大事不成。"意思是说，为政的原则就是要有远大的眼光，不要急功近利，也不要为一些小利益花费太多心力，要顾全到整体大局。宋朝的理学大师朱熹，十五六岁就开始研究禅学，到了中年之时他才感觉到，凡事不能速成，必须下一番苦功，才能有所成就。他用十六字真言对"欲速则不达"作了一番精彩的诠释：宁详毋略，宁近毋远，宁下毋高，宁拙毋巧。

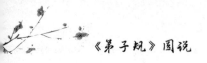

第十三讲

dòu nào chǎng　jué wù jìn　xié pì shì　jué wù wèn
斗 闹 场　绝 勿 近 邪 僻 事　绝 勿 问

经典解读

打架斗殴、闹事的场合，不要去接近；那些不正当的，见不得人的事，不要去过问。

"斗闹场"，古时候指的是一些竞技的地方，比如说有斗鸡、斗蟋蟀等小动物的地方。因为这些地方经常发生斗殴，可以说是是非之地。"邪僻事"即所谓一些怪力乱神、涉及到妖魔鬼怪、比较奇怪、偏颇、激进的种种言论，都不应该接触。

学校的家长通知书经常有这样的话：不许进三厅一社。三厅指的是舞厅、游戏厅、歌厅。一社指的是台球社。为什么禁止我们去那些场所？因为我们还小，人生观还没有形成，身体发育还不成熟，不能自觉抵制一些不良的行为。去那样的娱乐场所，分辨不出好与坏，对与错，容易沾染上一些恶习。我们好比是一杯清水，如果滴进墨汁，清澈的水马上变得浑浊了，再也还原不了。就像我们一旦沾染不良的习气，想去掉是非常难的。

例如，哥哥在抽烟，弟弟觉得好奇就问：烟好抽吗？烟是什么味的？甚至还想尝一根，这是不可以的，因为抽烟有害健康。看见街道上有算命的，有些孩子就凑上去看热闹，问他如何算命。对于这类骗人的，荒谬的事，我们不要去围观、打探，甚至模仿。

学校里偶尔也会发生打架斗殴的事。遇见这样的事，我们不要聚众围观，应该积极主动寻找办法制止这种情况。例如，找学校的门卫，找值周生，找老师……同时，要提醒自己与同学相处要宽容友爱。

凡是容易发生打斗闹事的场所，我们就要自觉抵制，以免受到不良影响。凡是一些邪恶的，荒诞的，迷信的事，都要拒绝，以免污染了自己的心性。

故事新说

孟母教子

孟子是战国时期大思想家、教育家。战国时期儒家代表人物，对中国文化的影响很大，史称"亚圣"。

孟子从小丧父，全靠母亲倪氏日夜纺纱织布，维持生活。为了给父亲守坟，孟家就搬到靠近坟墓附近居住。时间久了，孟子就和小朋友学着哭坟、埋死人和办丧事。孟母看到直摇头。于是，孟母就把家搬到了集市附近。集市上每天吵吵嚷嚷地叫着买卖东西，孟子觉得很有趣，就跟邻居的小孩玩杀猪、宰羊的游戏。孟母看到了，又皱起了眉头。后来，孟母把家又搬到了一所学校的旁边。孟子天天听到孩子们的读书声，因此也就喜欢上了读书。

孟子去读书了，可时间长了又厌烦了，开始逃学了。有一次，孟子逃学回家，孟母正在织布，便生气地把辛辛苦苦织的布剪断了。然后严肃地对孟子说："学习就像织布一样，织布要一针一针地织，学习要一天一天地学。你这样半路逃学，就像我剪断织布一样，前功尽弃。"

孟子听了母亲的一席话，终于刻苦读书，成为继孔子之后又一圣人。

亲子共话

古人说："禁于未发之谓豫。"就是说，在孩子还没有染成恶习的时候就要禁止。有的家长带着孩子到舞厅、酒吧、麻将馆等地方去，难免让孩子沾染上不良习气。这些地方应该少去或者不去，更不应该让孩子去。教育小孩要多用心。对于身心没有帮助的环境不可进去，同时也不要交德性不好的朋友。父母自己应该做到四勿：1. 勿交无益身心之友；2. 勿入无益身心之境；3. 勿言无益身心之语；4. 勿做无益身心之事。不要因为言语行为和所接触的环境，造成自己内心的污染，更不能造成孩子心灵的污染。寺庙一入门是"四大天王"，他们都是表法的。"北方多闻天王"手里拿着伞，用伞挡住外来一切污染。就是告诫人们一定要防止污染，要有警觉性。父母是孩子的一把大伞，应当遮挡住一切风风雨雨。

曾经教过的一个孩子，刚上一年级就因为迷恋打麻将经常不写作业。原来在他三岁左右的时候，爸爸总带他出去打麻将。"入鲍鱼之室久而不闻其臭"，"近朱者赤，近墨者黑"。这些经典名言告诉我们，要注意给孩子创造一个好的生活、成长环境。为什么现在父母都在尽一切努力将自己的孩子送到名校读书学习？除了名校有名师外，更重要的原因在于名校具有得天独厚良好的学习氛围，这也是学校成为名校的根源所在。印度曾发现两个狼孩，这两个孩子长期生活在狼群中，只会四肢走路，根本不具备人的生活习性，这就是生活环境造成的。俗话说："穷人家的孩子早当家"。因为在贫穷环境下，孩子要想生存下去，要想走出困境，必须要坚强、要自立、要奋斗。这种性格使他遇事不畏难，勇于承担。相反，在衣食无忧的环境下成长的孩子往往经不起一点挫折。

教育孩子不能简单地说"不"，要让孩子明白为什么"不"？才能使他们接受父母的教导。否则，孩子会想："为什么父母可以，小孩子不可以？"这样的好奇心，会驱使他做一些不应该做的事。

拓展积累

传说，唐尧称帝时，有一位高士叫许由，品学兼优，尧想把帝位让给他。许由听了以后，认为这对自己是一种耻辱，便到泉水边洗耳朵。

一位叫巢父的人，牵着牛犊，正要到泉边饮水，听了许由的故事后，也牵牛走了，认为许由洗耳朵的水不干净，不让牛犊饮用。

这就是成语"许由洗耳"的传说，后遂以许由洗耳表示以接触尘俗的东西为耻辱，心性旷达于物外。

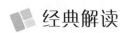 第十四讲

jiāng rù mén wèn shú cún jiāng shàng táng shēng bì yáng
将入门 问孰存 将上堂 声必扬

经典解读

　　到别人家拜访，将要进门时，要问家里有人吗；要进屋时，一定要高声通知主人有人来访。

　　古代大户人家的住所，结构很复杂，院墙中间有大宅门，然后才是房门堂室。如果外人要到别人家拜访，一定要先敲大宅门，问家里有人吗？谁在家呢？不能冒失地就往里闯。如果家中有人，允许我们进去，那么走到客厅前，一定要礼貌地与对方打招呼、问好，告知对方来人是谁。

　　到朋友或亲戚家串门，无论是楼房还是平房，在进屋之前，一定要轻轻敲一下门，然后问道："家里有人吗？"如果里面没有应声，再稍用力敲两三下门，声音略微提高点再问："家里有人吗？"不能因为与同学很熟，与邻居相处得好，就不管家里有没有人，推门就进。也不能因为敲门里面没有回应，就咣咣地使劲敲，大声嚷嚷：×××开门，开门，甚至用脚踢。这些都是没有礼貌的行为。

　　到别人家，我们进门的时候，要礼貌的表明自己是谁，要找谁，让主人有所准备，也表现了对主人的尊重。主人如果应声回答：稍等会。我们就要静静等候在门口。

　　在学校，我们经常出入老师的办公室，也经常到别的教室。在出入办公室和教室的时候，应注意哪些礼节呢？进老师办公室或他班教室时，一定要轻轻敲门，一般以三下为好，如果听到老师喊"请进"，方可进去。如果没有人回应，再稍用点劲敲门，还没有应答，门也没关，可以轻轻走进去，取走作业或书籍，转身回去。假如是找老师办事，发现老师没在，要赶紧退出。如果要找的老师在屋里，一定要说"×××老师您好"，然后报上自己所在的班级和自己的姓名，"我是×年×班的学生×××"，再把要

办的事说清楚。这既是对老师的尊重，也体现了我们应有的礼貌。

串门拜访也有学问，我们要善于学习。

 **故事新说**

孟子休妻

一天，孟子回家，见妻子独自一人在屋里，伸开两腿坐着，就像簸箕一样，非常不雅。孟子很生气，就对母亲说："妻子太不讲礼仪了，我要休了她。"孟母说："为什么？"孟子说："她伸开两条腿坐着，像簸箕似的。"孟母说："你怎么知道的？"孟子说："我进门看见的。"孟母说："这是你不讲礼仪，不是你的妻子不讲礼仪。《礼记》上说：将要进门时，必须先问屋里有人吗？进到屋里的时候，眼睛必须往下看。为的是不让屋里的人没有准备。你到妻子休息的屋子里，没敲门提醒一下，才看到了她这个样子。如果你先敲门，妻子也会有所准备，就不会箕踞了。是你错在先，不是你妻子不讲礼仪。"孟子听了母亲的教导，认识到自己错了，从此不再提休妻的事了。

亲子共话

孩子小时候，父母经常领着他们走亲访友。有时候到别人家去，敲门没有回应，孩子着急了，握起小拳头使劲砸门，还用小脚踹门。父母如果不及时制止，就会导致孩子不懂礼貌。

孩子长大了，父母有时不放心他们是否在屋里学习，经常站在门口窥视，甚至偷偷进去，看看孩子到底在干什么。这势必引起孩子的反感，一进门就把门锁得紧紧的，这其实是父母不懂礼貌造成的。

不光孩子要懂得礼节，父母更要懂礼节。人是独立的个体，都有各自的空间，都有不愿让别人知道或看到的小秘密。进屋敲门先通知一声，是对人最起码的尊重。孩子在进入青春期时，总觉得自己已经长大了，能独立生活和处理事情了，经常会做一些违背父母意愿的事。这时候父母要理解他们，尊重他们，万不可因为他们是孩子，就可以倚老卖老，经常不声不响出入孩子的房间，观察孩子的一言一行。这会让孩子更加叛逆，变本加厉地反抗我们。

父母一定要告诉孩子，进别人家屋子时，一定要轻轻叩门，见到主人一定要先问好。到别人家不能乱动东西，更不能乱要东西。如果看见人家正吃饭，一定要先回避，如果中间有新客人来访，要马上起身告辞。如果主人有事要出门，也要及时离开，不能再逗留。虽然是简单的拜访礼仪，却体现了良好的家教。

拓展积累

《礼记》里有这样一段话："户外有二履，言闻则入，言不闻则不入。将入户，视必下。"意思是说："看到门外有两双鞋，听到屋里人的说话声，就可以进去。没有听到屋里人的说话声，就不能进去。进屋时，视线要低一点，不能东张西望，左顾右盼。

第十五讲

rén wèn shuí　duì yǐ míng　wú yǔ wǒ　bù fēn míng

人 问 谁　对 以 名　吾 与 我　不 分 明

经典解读

当我们敲门时，别人问是谁，要说出自己的姓名；不能只回答"是我"，这样回答人家不清楚。

这四句话所说的是应答礼仪，古人告诉我们访友或敲门时，一定要报上自己的姓名，清清楚楚告诉人家自己是谁，这也是与人交流的一种礼仪。

如果去朋友或亲戚家，敲门之后，里面的人会问，"谁呀？"我们应马上报上姓名：我是×××，我找×××。不能说："是我。"更不能说，"连我都忘了，你好好猜猜。"绕了一大圈子，让对方蒙圈。给别人打电话，对方问了一句："谁呀？"不能说"是我"，应该报上自己的姓名。

有些绑匪作案，就利用我们平时不太注意这种礼节而实施诱骗。当骗子敲门时，问是谁？他们往往都会回答："是我，你爸的朋友。"有些骗子打电话行骗时，也用同样的方法套近乎，我们很可能以为是自己的亲人或朋友。如果这时你不假思索地回答："就我自己，爸爸妈妈出门了。"这样就容易被骗子骗了。所以，当我们接电话时，对方这样绕圈子，不说真实姓名时，就一定要警惕，以免受骗。

有时，老师让写大笔记，恰巧我们没带笔记本，后桌的小红借给我们了。这时老师问："谁借给你的。"我们没有说出小红这个名字，却说："他借给我的。"受到别人的帮助，应心存感激。所以应该尊重地说出他的姓名，让大家都听得清清楚楚。

这种应答礼仪告诉我们要注意细节，要礼貌地做事。

 **故事新说**

宝玉淋雨

《红楼梦》是中国四大古典名著之一，《红楼梦》第三十四回讲述了一个故事。有一天下雨了，贾宝玉回来了。宝玉就在外面喊：给我开门啊！可他喊了半天也没人开门。宝玉的贴身丫环袭人问了一句：谁啊？宝玉回答"是我"。姑娘们听了，声音有点奶声奶气，以为薛宝钗来了，还是没有开门。袭人比较警觉，隔着门缝一看是宝玉，赶紧把门打开。宝玉窝了一肚子火，进门飞起一脚，一下子踢在袭人的肋腰上。

宝玉因淋雨怒气未消，踢了伺候他的袭人，却不知自己错在先，如果他说："我是宝二爷。"谁会不给开门呢？

亲子共话

在现代社会里，一些人追求物质生活，追求高效益的市场经济，讲究大格局，大方向，快节奏，做事不拘小节，甚至忽视生活中的细节。父母和父母之间谈话最多的话题是：上哪个幼儿园、哪个小学，补什么课，学什么艺术，花了多少钱等，而对孩子生活中应培养什么样的礼仪，注意哪些规矩，却并不在意。就像《弟子规》讲的这种应答礼仪，社会上一些不法分子抓住父母这方面教育的缺失专门骗人。所以，要培养孩子的礼仪文明，提高安全防范意识，让孩子在面对一些事情时有一种戒备。如果告诉孩子，有人敲门来访，一定要问清姓名，骗子的阴谋就很难得逞了。

其实，学习礼仪不光要懂得做人做事的规则，还要通过遵守规则，防止意外，保障生活安稳和谐。什么是文明，文明就是使个人利益最大化。遵守法律法规，讲究文明礼仪，个人的利益就会受到最大化的保证。否则，就会受到伤害。

拓展积累

　　"赞拜不名"指的是臣子朝拜帝王时，赞礼官不直呼其姓名，只称官职。这是皇帝给予大臣的一种特殊礼遇。曹操、萧何、董卓曾享受过这种礼遇。《三国志魏志武帝纪》："天子命公赞拜不名，入朝不趋，剑履上殿，如萧何故事。"这在戒备森严、礼数繁杂的封建社会是极高的殊荣。

第十六讲

yòng rén wù xū míng qiú tǎng bú wèn jí wéi tōu
用 人 物 须 明 求 倘 不 问 即 为 偷

经典解读

用别人的东西，一定要先经过主人的同意；如果事先没经过主人的同意就用，这种行为就是偷。

古代的礼节很多，要求具体。像《出则悌》中的“骑下马，乘上车；过犹待，百步余。”对长辈离去多长时间才可动身都有规定。类似这样过于讲究的礼节我们大可不必效仿。但是动用他人的物品，一定要经过主人的同意方可。这种明确的要求，一定要传承和发扬。

现在有些孩子缺少起码的生活礼仪，只要自己需要，不管是谁的东西拿过来就用。而且用过之后不放回原处，等别人要用时却找不到。许多家庭的争吵就因为这些小事引起。例如，经常随手拿起父母的手机用。上亲戚朋友家串门，出于好奇，常常翻别人的抽屉、柜子等。等我们走了之后，人家要用的东西找不到了就会埋怨我们。即使不是我们拿了，也会惹来嫌疑，使我们的品行蒙上污点。

在学校，“用人物，须明求”是现在我们普遍缺失的礼貌。自己橡皮没了，就去拿同桌的，甚至把同桌正在用的东西“抢”过来就使唤，不让用还噘嘴庞腮地嘟嘟囔囔。下课了，看见同学的笔很好玩，不管同学在不在，翻开文具盒拿起来爱不释手，同学说你几句，还反驳说：哼，真小气，只是看看还不行。我们之间经常因为这些小事发生争执、矛盾。每天都有同学因为这些小事向老师告状，使老师不断地为我们操心。出去游玩，口渴了拿起别人的矿泉水就喝，看见人家帽子不错，拿过来就戴……。总之，这些看起来微乎其微的小事，如果不加以注意，会带给人没有礼貌的坏印象。

当需要用别人的东西时须向别人说明：妈妈，请把手机借我用一下行

吗？×××，你的笔可以借我一下吗？……如果不注意自己的行为举止，随意动用他人的东西，是非常没礼貌的，这和小偷的行为没什么区别。

只要不是自己的东西，我们就不能擅自动用，这是用物礼仪。

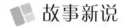 故事新说

查道的信义

北宋时期，有一个叫查道的人，一天早上，他和仆人挑着礼物去看望远方的亲戚。他们走了一个上午，中午时分两人都感到肚子有些饿了，可是方圆几里却没有一家饭铺，怎么办呢？于是仆人向查道建议说："主人，这四处也找不到食物，不如从送人的礼物中拿出一些东西来吃吧！""那怎么行呢？这些礼物既然要送人，便是人家的东西了。我们要讲信用，怎么能偷吃呢？"查道很坚决地说。仆人听他这么一说，知道没有办法说服他，只好无奈地看了看礼物，饿着肚子继续赶路。查道把送人的礼物都当成人家的东西不随便乱用，这是多么美好的品行啊！

亲子共话

细节决定成败。前苏联航天员加加林成为世界上第一位进入太空的宇航员。他为什么能够从20多名宇航员中脱颖而出？原来，在确定人选前一个星期，航天飞船的主设计师罗廖夫发现，在进入飞船前，只有加加林一个人脱下鞋子，只穿袜子进入座舱。就是这个细小的举动一下子赢得了罗廖夫的好感，他感到这个27岁的青年既懂规矩，又如此珍爱他为之倾注心血的飞船，于是决定让加加林执行人类首次太空飞行的神圣使命。加加林一个不经意的细节，使他成为遨游太空的第一人。

细节的成功看似偶然，实则孕育着成功的必然。细节不是孤立存在的，就像浪花显示了大海的美丽，但必须依托于大海才能存在一样。

"60"后、"70"后的父母都有一种感受，那时很多人的父母虽然文化程度不高，大道理也不懂，但从小就教育孩子到别人家不能乱动东西，给东西不要。小时候到爷爷、姥姥家也不能随便要东西。那个年代家里都很穷，每个人都很珍惜物品。而现在物质丰厚了，父母往往就忽略了细节

教育，使孩子们养成了坏习惯，不爱惜物品，没有就要，而父母也是有求必应。甚至早晨走时文具盒还是满满的，放学回来之后就所剩无几了，于是马上又补齐。父母总认为这是小事，好好学习，考上大学才重要。却不知"不问自取即为偷"，却不知很多自然资源是不可再生的，不能浪费。

不良的习惯，必定会导致不良的后果。

拓展积累

《元史·许衡传》记载：尝暑中过河阳，渴甚，道有梨，众争取啖之，衡独危坐树下自若。或问之，曰："非其有而取之，不可也。"人曰："世乱，此无主。"曰："梨无主，吾心独无主乎？"

这个故事被称为许衡"义不摘梨"，它和"孔融让梨"一样，千百年来被人们广为传颂。

第十七讲

jiè rén wù　　jí shí huán　　hòu yǒu jí　　jiè bù nán
借 人 物 及 时 还　后 有 急　借 不 难

经典解读

借用别人的东西，要在规定的时间内归还；这样以后有急用，再借也就不难了。

传统文化特别重视诚信，人和人的交往诚信是基础。人和人之间的信用在借用别人的东西方面有着明确的要求：及时归还借用别人的东西，不能违约，否则就是失信的表现，在社会上是不能立足的。中国有句谚语：好借好还，再借不难。

现在已经被很多人忽略了。借用别人的东西，说好两天还，却一拖再拖，两个月还没还上。别人要还认为人家小气，甚至好好的东西还回去的时候"丢盔弃甲"。以后有需要的时候，人家就不愿借了。

在学校，老师提倡我们要互相帮助，团结友爱。当同学需要帮助时，要给予关心和爱护。例如，同学的钢笔忽然坏了，我们马上借给他一支；同学没吃早餐，我们马上拿出零用钱给让他去买；同学忘记戴红领巾了，我们马上递给他一条……面对我们热情的帮助，谁能不心生感激，用过之后马上归还呢？曾记得有一个同学向别人借了一元钱，讲好第二天还，可是一连要了好几天才不情愿地还上。后来当他又需要五角钱时，全班没有一个人愿意借他。在和同学相处的过程中，如果说话总不算数，我们将失信于同学，也会失去很多朋友。

向别人借东西，要心存感激。感谢人家在我们需要时能帮助我们，能舍得把东西借给我们。当东西拿到我们手上时，我们一定要爱惜，用完之后马上归还人家并真诚地说声：谢谢！

《谨》讲到这儿，应当切实感到《弟子规》这本传世经典带给我们的许多益处。从珍惜时间到穿衣戴帽、饮食起居、站立行走、访亲串友等，告诉了我们好多基本的生活礼仪，培养了我们做事的谨慎态度，也包含着对生命的尊重。从讲究卫生的"晨必盥"，饮食卫生的"食适可"，防患未然的"宽转弯"，到"人问谁，对以名"，都是告诉我们在遵守一定规矩的同时，要爱护生命，珍惜生命。还有什么比生命更重要的呢？

谨言慎行既是一种修养，也是对生命、对他人、对事物的一种敬畏。

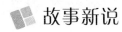 ## 故事新说

宋濂还书

明朝有一位叫宋濂的人，家里很穷，根本买不起书。为了学习知识，他常常借书读。许多富有人家藏书很多，但是都不愿意借给他。有一次，宋濂又到一家富户借书，人家限定十天之内要还回来。可十天根本就读不完那本书，而且到了第十天早晨，天还下着大雪，那家人以为宋濂不会来还书了，可是宋濂却冒雪把书送了回来。主人很感动，告诉宋濂以后可以随时来看书，而且不再给他限定借书的时间了。

宋濂不顾恶劣的天气，在规定的时间内还书，这是对人家的尊重，从而也得到他人的尊重。这就是人与人之间信誉的作用。

亲子共话

人与人之间经常要礼尚往来，但在生活中父母却往往缺乏对孩子进行与人交往的教育。从小就要给孩子灌输诚实守信的思想，用别人的东西要知道感谢，借的东西要及时归还。这不仅仅是人和人交往的基本礼节，而且是立足于社会的基础。如果没有把这种理念放在心上，朋友之间往往就会因为借钱不还反目成仇，商人跟客户之间不守信用对簿公堂，甚至送命的事也屡见不鲜。现在，人与人之间越来越缺少安全感，究其原因就是人与人之间越来越不守信用，大家都害怕被骗，缺少了信任。生活中父母却忽视了孩子这方面的行为，孩子把别人的东西拿回家，很长时间也没归还，却只是轻描淡写地提示要赶紧把东西还回去。至于还没还，并没有重视。现在的孩子油嘴滑舌的较多，嘴上答应好好的，实际却不作为。典型的说话的巨人、行动的矮人，这往往是不拘小节的教育结果。生活中无处不体

现着教育，要通过简单的"借人物，及时还"让孩子懂得感谢别人的帮助，明白人与人交往要守信，只有这样才会赢得别人的尊重和更多的帮助。

《谨》十七讲到此结束了，这一部分实际上是在生活习惯上培养孩子们的慎行：做任何事都要有规矩，都要有原则和尺度。《吕氏春秋》中《慎行论》曰：行不可不孰。不孰，如赴深溪，虽悔无及。君子计行虑义，小人计行其利，乃不利。有知不利之利者，则可与言理矣。意思是说，行动不可不深思熟虑。不深思熟虑，就像人跌进深谷，即使后悔也来不及。君子谋划行动时求道义，小人谋划行动时求利益，结果反而不利。假如有人懂得不求利益实际上就包含着利益，那么就可以跟他谈论道了。浅显地说，在做事的时候要想着遵守道义规则。无论站立行走、衣食住行、待人接物……都要有一定的规矩，要谨慎地对待，不能为所欲为，只想着自己，不想合不合乎礼仪。其实《谨》这部分的生活礼仪，如果我们懂得了，做到了，将给我们的人生带来最大的利益。礼仪是一种文明，文明是一种德行。德行是根，根深叶茂，方得硕果。

拓展积累

大信不约是古代一个关于守信的成语，出自《礼记·学记》篇。有这样一段文字：君子曰：大德不官，大道不器，大信不约，大时不齐，察于此四者，可以有志于本矣。这句话的意思可以这样理解：君子说：道行最高的人不限于只是担任某一种官职；懂得大道理的人不局限于只有一种用处；最讲诚信的人不必靠规定来约束；天有四时循环。能懂得这四种道理，就能立志于根本。

xìn
《信》

fán chū yán　xìn wéi xiān　zhà yǔ wàng　xī kě yān
凡 出 言　信 为 先　诈 与 妄　奚 可 焉

huà shuō duō　bù rú shǎo　wéi qí shì　wù nìng qiǎo
话 说 多　不 如 少　惟 其 是　勿 佞 巧

jiān qiǎo yǔ　huì wū cí　shì jǐng qì　qiè jiè zhī
奸 巧 语　秽 污 词　市 井 气　切 戒 之

jiàn wèi zhēn　wù qīng yán　zhī wèi dí　wù qīng chuán
见 未 真　勿 轻 言　知 未 的　勿 轻 传

shì fēi yí　wù qīng nuò　gǒu qīng nuò　jìn tuì cuò
事 非 宜　勿 轻 诺　苟 轻 诺　进 退 错

fán dào zì　zhòng qiě shū　wù jí jí　wù mó hu
凡 道 字　重 且 舒　勿 急 疾　勿 模 糊

bǐ shuō cháng　cǐ shuō duǎn　bù guān jǐ　mò xián guǎn
彼 说 长　此 说 短　不 关 己　莫 闲 管

jiàn rén shàn　jí sī qí　zòng qù yuǎn　yǐ jiàn jī
见 人 善　即 思 齐　纵 去 远　以 渐 跻

jiàn rén è　jí nèi xǐng　yǒu zé gǎi　wú jiā jǐng
见 人 恶　即 内 省　有 则 改　无 加 警

wéi dé xué　wéi cái yì　bù rú rén　dāng zì lì
唯 德 学　唯 才 艺　不 如 人　当 自 励

ruò yī fu　ruò yǐn shí　bù rú rén　wù shēng qī
若 衣 服　若 饮 食　不 如 人　勿 生 戚

wén guò nù　wén yù lè　sǔn yǒu lái　yì yǒu què
闻 过 怒　闻 誉 乐　损 友 来　益 友 却

wén yù kǒng　wén guò xīn　zhí liàng shì　jiàn xiāng qīn
闻 誉 恐　闻 过 欣　直 谅 士　渐 相 亲

wú xīn fēi　míng wéi cuò　yǒu xīn fēi　míng wéi è
无 心 非　名 为 错　有 心 非　名 为 恶

guò néng gǎi　guī yú wú　tǎng yǎn shì　zēng yī gū
过　能　改　归　于　无　倘　掩　饰　增　一　辜

　　"信"是指人言。一言可以兴邦，一言可以丧邦。孔老夫子说："人无信不立"。试想说话出尔反尔，总给人欺骗的感觉，这个人还能在社会中有立足之地吗？信引申来讲还包括信念的意思，就是我们讲的志向。我们的志向是什么？我们到底为什么而读书？"为中华之崛起而读书"吗？人人毕竟不是总理之才，"先天下之忧而忧，后天下之乐而乐"读书吗？我们毕竟没有宰相之能，塔尖只有一个，芸芸众生都是塔身上的砖瓦和永远被压在下面的基石。追求自身最大的价值，发挥自身最大的潜能，就是我们读书生活的意义。我们每一个人都有自己的梦想和追求，每一个人来到这个世界上都有适合自己的位置，在自己的领域内发挥自己最大的作用，把自己的能量转化为一份光和热，带给社会、他人温暖和光明，各尽其职，各尽所能，就是有价值的人生。给自己找准方向，踏踏实实，一步步朝着目标力行，这就是《信》这部分带给我们的思想精髓。

　　《信》共60句，从教导我们如何说话，说什么话，到正确人生信念的引领，培养我们诚实守信，自强不息，日臻完善的性格。

第一讲

fán chū yán　xìn wéi xiān　zhà yǔ wàng　xī kě yān

凡出言 信为先 诈与妄 奚可焉

经典解读

我们开口说话，首先要讲诚信；巧言欺骗和胡言乱语，怎么可以呢？

在中国传统文化中，高度重视"信"这个字。《说文解字》里解释：信，诚也。诚，信也。在古人的心目中，诚信是一回事，把诚信去掉"言字旁"和"言"，是"成人"；把"成"和"单人旁"去掉就是"言"。诚信顾名思义，就是指人说话做事要诚实守信，否则成不了人。

人和人之间的交往离不开语言，孔子教学生的四门学科：德行，言语，政事，文学，言语位居第二。言语是一门艺术，什么话能说？不同场合说什么话？什么时候说话？如何成为一个会说话的人？一言兴邦，一言丧邦，可见说话是非常重要的。

开口说话，首要是诚信，也就是说要真诚有信度。例如：×××今天穿的一件衣服很漂亮，我们说好看，这是发自真心的赞美。假如×××这件新衣服不是很好看，我们却说好看，让人感觉虚情假意。总这样说话，时间久了，违背事实，就会招来别人的讨厌。

生活中，答应别人的事一定要遵守诺言。和同学约好几点见面，不能迟到。向老师保证完成作业，不能不写完。和父母约定放学及时回家，就不能擅自在外逗留……如果总随随便便违反和他人约定的事，不讲信用，就不能立足于社会。

另外不能没有根据，夸大其词地胡言乱语。一句谎话十句补。说假话骗人，不仅不能和同学友好相处，而且在别人眼里是个说大话，愿意撒谎的人，这怎么可以呢？

从跨进校园的那天起，老师就教我们说话，先从说一句完整的话开始，渐渐地说一段话。课上，用语言表达对知识的理解；课下，用语言和同学、

老师交流。说话很重要，一个人每天都要说很多话。但不管说什么话，都要诚信在先。

我们向人家借东西，就一定要在规定的时间内还；犯错误就一定要勇于承认；答应别人的事就一定要做到。要做个诚信的好孩子。

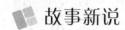 故事新说

同窗践约

东汉时期，流传着这样一个故事。有两个人在都城洛阳读书，一个叫张劭，一个叫范式，他们是一对好朋友。两人学成后分别的那一天，张劭流着眼泪对他的好朋友范式说："今日一别，不知何时才能相见。"范式安慰他说："两年后的中秋节中午，我会到你家与你见面，并拜见令尊。"

两年后中秋节，张劭杀了鸡，备好饭，并把两年前和范式约定的事告诉了父亲。父亲怀疑地说："他家远在江南，遥隔数千里，会来赴约吗？"张劭说："范兄是个讲信义的人，必定会来。"此时，远处尘土飞扬，一匹快马飞奔而来，来人正是范式。多年后，张劭临死时对妻子说："范兄是可托付之人。"后来范式在张劭死后，尽心地照顾他的妻儿老小。这个故事在历史上传为美谈。

亲子共话

"信"简单地说就是人言。言语是人交际的基本方式，每个人都会说话，但怎样把握这门说的艺术是一种莫大的学问。现在，人们往往也知道说话很重要，但却控制不好说话的分寸，经常语出伤人或因话语不当而招惹麻烦。如果父母从小就在这方面注意引导孩子，该说什么话，不该说什么话，在各种场合怎样掌握说话的分寸。将来无论孩子走到哪里，都将是个受欢迎的人，而且都会受到尊重。

做父母的可能有这样的一种心态，现代这个社会太复杂了，太实诚了容易吃亏。但可曾想到，如果从小孩子说话就出尔反尔，随随便便或谎话连篇、巧舌如簧，将来何足以立。社会缺失诚信，人们没有安全感。买东西怕受骗，吃东西怕中毒，特别是媒体接二连三曝光的不顾老百姓的安危，

昧着良心制造的各种各样的商品、食品，让人不寒而栗、心惊肉跳。

孔子的学生子贡曾经问孔子怎样治理国家，孔子说："足食，足兵，民信之矣。"子贡说："如果只留下一项呢？"孔子说："民无信不立。"也就是说，老百姓对统治者不信任，那么国家就不会存在了。可见治理一个国家，信是多么重要。作为一个人，信也是同样重要。因此要注意培养孩子诚信的品质。

孩子文具盒多了一支笔，孩子支支吾吾一会说捡的，一会儿说同学给的……父母就不能马马虎虎了事，一定要弄明白是怎么回事，引导孩子说真话。孩子答应别人的事，父母一定监督孩子去履行诺言，特别是父母自己一定要注意：言必信，行必果。历史上有名的"曾子杀猪"就是一个教育孩子的范例：曾子的妻子要去赶集，他们的孩子也哭喊着要去。曾子的妻子告诉孩子听话不哭，回业就杀猪吃肉。孩子果然不哭了，妻子回来了。曾子就准备杀猪，妻子赶忙阻止说刚才是跟孩子说着玩的。曾子说："可不能跟孩子开玩笑啊！小孩子没有思考和判断能力，要向父母学习，听从父母亲给予的正确的教导。现在你欺骗他，这是教孩子骗人啊！母亲欺骗儿子，儿子就不再相信母亲了，这不是教育孩子的方法。"于是，曾子就把猪杀了。

如果父母总是说话不算话，在孩子面前就会渐渐失去威信，孩子就不把父母当回事了。"人无信不立"说的就是这个道理。

■ 拓展积累

一诺千金是个典故，现在已经是个成语。它出自于《史记·季布栾布列传》里的一句话，叫"得黄金百斤，不如得季布一诺"。意思是与其得到一百两黄金，还不如得到季布的一句诺言，或者一声答应。这是一个非常有意思的故事。这个故事在我们的传统社会当中广为流传，"一诺千金"就作为讲信誉的一个最好象征，最好的一个典故，一直沿用至今。

第二讲

huà shuō duō　bù rú shǎo　wéi qí shì　wù nìng qiǎo

话 说 多 不 如 少 惟 其 是 勿 佞 巧

经典解读

一个人说话多，不如少；说话要实事求是，千万不要花言巧语骗人。

古人强调说话要多加考虑，否则就会"病从口入，祸从口出。"如果话说多，就容易把不该说的泄露出去，从而惹出麻烦。在我国古代社会，读书人将来是要去做官的，如果说话太随便，就会误国误民。

现在，有的孩子无论什么场合，想说就说。吃饭时，小嘴不闲着地说。家里来了客人，围着客人说个没完没了。在公共场所大声叫嚷已经是司空见惯的事了，不仅破坏了公共场所的秩序，而且反映了自身素质低下。

除了要避免随便说话，大声叫嚷，还要实事求是地说话。《手捧空花盆的孩子》的故事我们都学过，国王为什么会选雄日作为他的继承人？就是因为他诚实。然而有的孩子却经常说谎。回家晚了，怕妈妈说，就撒谎说放学晚了。考试没考好，妈妈问考试成绩时，不耐烦地回答："还行。"妈妈问："到底多少分。""中等。"妈妈问："中等是什么成绩？"最后只好如实回答："68 分。"这样说话就是在欺骗，拐弯抹角找理由糊弄家长，是不可以的。

课堂上，老师这边讲，有的同学那边说。课上课下嘟嘟嚷嚷。特别一下课，教室内外像沸腾的开水一样，喧哗吵闹不绝于耳。拿了同学的东西，就说没拿。碰坏了同学的书本，就说没碰。犯了错误，还没等老师说什么，我们就开始一个劲地狡辩……这些都是不好的说话行为。

说话是一门学问，该说就说，不该说不要说。我们要少说多做，诚实有信很重要。

 ## 故事新说

晏殊轶事

晏殊是宋朝的大官，他诚实守信，深得人们的敬仰。

晏殊少年时参加一次会考。晏殊看了题目后，发现这是自己平时练习过的题目，就要求换题目。皇上知道了，很吃惊，就对晏殊说："如果另外考试，你要是考不好，那你不伤心吗？"晏殊说："假如我考不好，那只能怪我知识太浅薄，本领太低了，我无话可说，不会伤心的。"皇上听了晏殊的一番话，被他的诚实感动了。

晏殊在使馆任职时，当时天下无事，朝廷允许文武官员到市楼酒肆集结，听歌赏舞饮酒。

晏殊因为贫穷，不能外出，便呆在家里，与兄弟们读书。一天，忽然从宫中传出皇上的御批，选中晏殊作为辅佐太子的官员。很多执政官员个明白皇上这一决定，次日觐见皇上询问。皇上说："近日听说馆阁官员无不嬉游宴饮，通宵达旦，只有晏殊闭门与兄弟们读书。他是这样的严谨勤学，正好可以担任太子的老师。"晏殊接受任命之后，皇上向他讲明了选择他的缘由。晏殊却说："我并非不喜欢游玩宴饮，只是由于家贫。我如有钱，也一定前往。"从此，皇上更加喜欢他的诚实，更加重用他。

亲子共话

孩子的学习是需要全身心参与的，包括眼、口、脑、手。这样可以大大提高学习的效率。特别是当你把心里想的看的感知的都能用语言组织起来并有条理地讲述出来，便是学习的最佳状态。有研究表明：课堂上发言的孩子能记住当堂知识的95％，而不愿意发言的孩子日后仅能记住知识的5％。

父母从小就要鼓励孩子学习说话，培养孩子善于表达的能力。科学研究结果表明，儿童在出生后的前3年就基本掌握了人类的复杂语言。不愿意说话，有表达欠缺的孩子很可能是家长在孩子3岁之前很少与孩子沟通交流造成的。

这里讲的"话说多，不如少"。强调的是不要一天到晚不分场合地点随便说话。这一点，父母自身就要注意，如果说话大嗓门，东家长，西家短，什么话拿过来就讲，无形中就影响了孩子。"君子纳于言敏于行。"大凡有才华之人都不是夸夸其谈者，而是"惜字如金"轻易不说，一说就语惊四座。

同时，要教育孩子"惟其是"。说话要实事求是，说真话。季羡林老先生说，"假话全不说，真话不全说。"就是告诫我们不说假话，说实话也要有度。比如一个病人已经不行了，但是看望病人时，不能把真话全说出来，要安慰他。这不是不说真话，而是面对特殊情况，要掌控这个度。当然，父母不必教孩子去说善意的谎言。从小必须要培养孩子说真话，真诚地和他人交往。随着年龄的增长，孩子自然而然就会掌握一些说话的分寸，明白讲话的技巧和方式，懂得在什么场合该讲什么话。

一条短信这样说道：① 急事，慢慢地说。② 小事，幽默地说。③ 没把握的事，谨慎地说。④ 没发生的事，不要胡说。⑤ 做不到的事，别乱说。⑥ 伤害人的事，不能说。⑦ 伤心的事，不要见人就说。⑧ 别人的事，小心地说。⑨ 自己的事，听别人怎么说。⑩ 尊长的事，多听少说。⑪ 夫妻的事，商量着说。⑫ 孩子的事，开导着说。⑬ 凡事都要有分寸地说。

如果从小就能科学地引导孩子不随便说话，孩子不仅在说话方面有分寸，做事也会有分寸。这是现代孩子必须拥有的品行。

拓展积累

子禽问曰："多言有益乎？"墨子曰："蛤蟆蛙黾（mǐn），日夜恒鸣。口干舌擗，然而不听。今现晨鸡，时夜而鸣，天下震动。多言何益？惟其言之时也。"

子禽问墨子说："多说话有好处吗？"墨子回答说："蛤蟆、青蛙、苍蝇一天叫到晚，口干舌燥，虽然这样，人们却不听它们的。现在我们来看早晨的鸡，到黎明时啼鸣，天下人被它惊醒。多话有什么用呢？唯有在切合时机的时候说话才有用。"

第三讲

jiān qiǎo yǔ　huì wū cí　shì jǐng qì　qiè jiè zhī
奸 巧 语 秽 污 词 市 井 气 切 戒 之

经典解读

存心不良的花言巧语，肮脏的言语，市面上庸俗的话，一定不要说。

在中国的传统文化中，特别是儒家文化，一个说话奸巧、耍花招的人，绝不是好人。"巧舌如簧，颜之厚矣。"说的是一个人把话说得像美妙的歌声那样动听，这个人脸皮真够厚的。什么是市井？相传古代的时候八户人家共用一口井，满八户人家就要掏一口井，所以市井慢慢地就引申为人口聚集的地方。在集市上那种粗俗的话一定要摒弃。

现在，时代在快速发展，开放的经济，多元的文化，使人们思维语言都相应活跃起来，也丰富起来。再加上电影、网络等媒体的传播，不知不觉就学会了一些不雅的语言，不管符不符合我们的身份，拿过来就说。例如，两个小伙伴玩着玩着就拌起嘴来。就这样你一言，我一语闹僵了，友情破裂了。有的孩子为了找别人帮忙写作业，就连哄带骗：你真是好人，活雷锋啊，够哥们意思，好好写，回头请你吃大餐。用这样谄媚的语言达到自己的目的是多么不好的行为啊！

2013 年电视上有这样一个报道：一个老人和一个年轻女子因为上车先后的问题争吵起来。年轻女子语言粗暴尖刻，老人竟心脏病复发，当场被"骂"死了。俗话说：恶语伤人六月寒，语言是有杀伤力的。

在学校，老师总是教育我们说话要文明，举止要优雅，不打架，不骂人。我们在一起学习、生活，难免会有一些摩擦。当出现问题时，不能用说脏话来攻击他人。社会上很多伤人事件都是由出口不逊，互相谩骂导致的严重后果。所以一定要注意文明使用语言，千万不要一不高兴就说脏话，尤其不能骂"妈"这个字眼，因为我们每个人都有妈妈，天底下的妈妈我们都要爱和尊敬。

"祸从口出，病从口入"这是中国文化留下的智慧。注意说文明话，有分寸的说话是我们必修的一门课程。

故事新说

口蜜腹剑

李林甫是唐玄宗时期的宰相。此人若论才艺倒也不错，能书善画。但若论品德，那是坏透了。他忌才害人，凡才能比他强、声望比他高的人，他都不择手段地想方设法给以排斥打击。李林甫和人接触时，外貌上总是露出一副和蔼可亲的样子，嘴里尽说些动听的"善意"话。但实际上，他的为人非常阴险狡猾，常常暗中害人。有一次，他装做诚恳的样子对同僚李适之说："华山出产大量黄金，如果能够开采出来，就可大大增加国家的财富。可惜皇上还不知道。"李适之以为这是真话，连忙跑去建议玄宗快点开采。玄宗一听很高兴，立刻把李林甫找来商议，李林甫却说："这件事我早知道了。华山是帝王'风水'集中的地方，怎么可以随便开采呢？别人劝您开采，恐怕是不怀好意。"玄宗被他这番话所打动，认为他真是一位忠君爱国的臣子，反而对适之大不满意，逐渐对他疏远了。

司马光的《资治通鉴》写道："世谓李林甫'口有蜜，腹有剑'。"这就是口蜜腹剑的来历。

亲子共话

孩子在一岁到两岁半的时候，是语言发展的关键期。这时施以有效的循序引导就会"事半功倍"，使孩子轻松掌握母语。俗话说"语言是思维的外壳，语言是思维的结晶。"如果能尽早掌握语言，对孩子思维发展当然是很有好处的。孩子在刚刚学说话的时候，分不清词语的好坏，特别愿意鹦鹉学舌。有时候父母说脏话，刚会学说话的孩子就忽然冒出一句脏话。有的父母竟拍手叫好，一边拍一边说：宝贝真聪明，会学话了。从而误导孩子。

现在有的父母也比较任性，夫妻之间有点矛盾，气头上的话，不冷静的话都出来了，甚至脏话连篇。孩子听了，很容易在不高兴的时候也说出脏话。因为孩子耳闻目染了大人处理问题的方式，潜移默化地就学会了。人们经常夸孩子有教养，这种教养就是代表父母的培养，也是一个家庭的门风。

在纷繁竞争的现代社会，人与人的交流非常重要。谈吐得体在某种意义上说，往往是通向成功的桥梁。那么，如何培养孩子说话呢？首先，要适时引导孩子甄别四通八达的网络媒体语言，不能人与亦云。一旦发现孩子说一些市面上不堪入耳的"流行语"，就一定要制止。告诉孩子们，说话反映一个人的素质，粗俗、下流的语言不符合学生的身份，也不符合有素质人的身份。其次，在生活中要注意正确指引。例如，孩子"嘴尖舌快"时，就要讲：水深流去慢，贵人语言迟。孩子说话极端时，就要讲：话不可说决，事不可做绝，凡事留三分。孩子说话随便，就要讲：戒轻诺，不能轻易答应别人，轻易许诺。孩子愿意背后说人，就要讲：戒揭短，闲谈莫论人非，静坐常思己过。

如果能时时事事培养孩子谨言慎语、得体大方地说话，必将为孩子日后走向成功打下坚实的基础。

 拓展积累

《小窗幽记》是明代陈继儒所著。其格言玲珑剔透，短小精美，促人警醒，益人心智。书中写道：苍蝇附骥，捷则捷矣，难辞处后之羞。茑萝依松，高则高矣，未免仰板之耻。所以君子宁以风霜自挟，毋为鱼鸟亲人。

意思是说：苍蝇附在千里马的尾巴上，很快就可以到达千里之外，快是快了，但却无法摆脱依附在马屁股上的羞耻；茑萝缠绕着松树往上爬，爬是爬得高了，但却无法避免攀附依赖的羞耻。所以，君子宁愿在风霜雨雪中自力更生，也不愿像缸中鱼，笼中鸟一样依附于人。

第四讲

<ruby>见<rt>jiàn</rt></ruby> <ruby>未<rt>wèi</rt></ruby> <ruby>真<rt>zhēn</rt></ruby>　<ruby>勿<rt>wù</rt></ruby> <ruby>轻<rt>qīng</rt></ruby> <ruby>言<rt>yán</rt></ruby>　<ruby>知<rt>zhī</rt></ruby> <ruby>未<rt>wèi</rt></ruby> <ruby>的<rt>dí</rt></ruby>　<ruby>勿<rt>wù</rt></ruby> <ruby>轻<rt>qīng</rt></ruby> <ruby>传<rt>chuán</rt></ruby>

经典解读

不是亲眼所见到的，不要轻易发表意见；对于事情的真相，没有足够的了解，不要轻易传播。

过去，民间流传着一首打油诗：谗言慎勿听，听之祸殃劫。堂堂七尺躯，莫听三寸舌。舌上有龙泉，杀人不见血。就是说不能听谗言，听了会有祸害的。这里所说的见，不单单指眼睛所见，而是心里真正清楚、明白。眼睛所见的有时候是会出现误解的。可见传统社会对这种乱讲话的人是多么厌恶。

《弟子规》中讲的这种传话的礼仪，我们往往是不太注意的。不是自己亲眼所见的，听别人说×××偷东西了，就开始到处传播。我们自己摔倒的，就说是×××推的。事情没弄清楚，就乱说乱讲，不仅伤害了别人，还自找麻烦。

生活中很多事都不是想象的那么简单，因此不能道听途说。即使亲眼所见的事在没有真正弄清楚时，也不能到处传播。否则，即便是有知识、有名气的人也会因不慎言闹出笑话的。相传苏东坡到王安石府上拜访，发现王安石的书桌上有半首墨迹未干的诗句：西风昨夜过园林，吹落黄花满地金。苏轼暗自好笑，提笔就续了下两句：秋花不比春花落，说与诗人仔细吟。之后的一年秋天，苏轼一早起来，看到地上满是菊花的花瓣。苏轼这才明白，菊花在秋天也会掉花瓣。为此他还特地像王安石道歉。这个例子告诉我们，无论什么人说话都一定要实事求是，否则就容易出错。

在学校，我们经常向老师告状：×××拿我的笔了，×××中午打架了……后来，老师一调查，根本不像我们说的那样。所以在没看见，没掌握确凿的事实之前，如果我们不负责任地乱说话，伤害他人多不好啊！

不是亲眼所见，我们不能轻易说出去；不是把握的事，我们不能轻易传播。遇事要仔细分析观察，少说多看，这是智慧的选择。

故事新说

直不疑辟谣

西汉时期，南阳有个人叫直不疑。此人好学，不图名利，非常忠厚。后来朝廷发现了这个人才，就让他去当了一个官。有人开始嫉妒他，就诽谤这个直不疑，说他和嫂子有不正当的男女关系。直不疑开始还不想去争辩，可是这件事越传越厉害。人们都怀疑直不疑表里不如一。最后直不疑不得不说话了："我连哥哥都没有，哪里来的嫂子啊？"朝廷一查，直不疑果然没有哥哥。这就是非常著名的一个典故，叫"无兄盗嫂"（出自《汉书·直不疑传》）。

我们在现实生活当中，无论遇到什么事情，假如没有确实的证据，都不要轻易地乱讲，也不要轻易地相信。有这样一句谚语，叫"谣言止于智者"。

亲子共话

现代社会信息大爆炸，五花八门的资讯充斥着人们的耳目。对于未成年的孩子来说，当面对各种诱惑的时候，很容易失去正确的判断，不知所措。从小培养孩子诚信的道德观和良好的语言表达习惯，在当今社会至关重要。特别是面对各种各样的谣言，如果不引导孩子正确地分析对待，很可能无意之间就成了一个传播谣言的人了。

还记得 2012 年 12 月 20 日这天吗？人们一传十，十传百，百传千……世界无端的闹起恐慌，认为"世界末日"真的要来临了。一位阿姨，深受"世界末日"的影响，准备了好多生活用品。当 12 月 20 日来临时，心里总是悬着，那天出门，竟出了车祸，受了伤，在医院呆了一个月。可见谣言真的挺可怕的，本来是谣言，传来传去，仿佛就是真的。

所以，培养孩子怎么说话，父母要特别注意。孩子好奇心非常强，父母讲话时，总是竖起耳朵听，在他们心理，父母说的话全对，因为他们还没有明辨的能力。孩子的语言模仿力，记忆力又很强，不知不觉就把父母说的话绘声绘色地传播出去。有时父母聊天，孩子还时不时插嘴。这些，

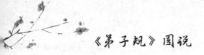

做父母的一定要注意防范，注意引导，注意在生活中培养孩子说话的礼节。

"人非圣贤，孰能无过"。平时言语要宽厚些，一语关乎人的名节，说出的话是要负责任的。

 拓展积累

《战国策·魏策》：庞葱要陪太子到邯郸去做人质，庞葱对魏王说："现在，如果有一个人说大街上有老虎，您相信吗？""魏王说："不相信。"庞葱说："如果是两个人说呢？"魏王说："那我就要疑惑了。"庞葱又说："如果增加到三个人呢，大王相信吗？"魏王说："我相信了。"庞葱说："大街上不会有老虎那是很清楚的，但是三个人说有老虎，就像真有老虎了。如今邯郸离大梁，比我们到街市远得多，而毁谤我的人超过了三个。希望您能明察秋毫。"魏王说："我知道该怎么办。"庞葱告辞而去，而毁谤他的话很快传到魏王那里。后来太子结束了人质的生活，魏王因为别人的诽谤不再见庞葱了。这就是三人成虎的典故。

第五讲

shì fēi yí　wù qīng nuò　gǒu qīng nuò　jìn tuì cuò
事非宜 勿 轻诺 苟 轻诺 进退错

经典解读

　　不合义理的事，不要轻易答应；如果轻易答应别人，做也不是、不做也不是，进入两难的境地。

　　面对一件事，首先看看应不应该做。如果觉得不应该做就不要答应别人。假如不加思考或碍于情面答应别人去做，以后就会陷入两难困境之中：不做没有信用，做了又违反良心，让自己无端烦恼。

　　现在我们的思想比较开放自由，往往不受更多的约束；说话做事比较随便，所以总是后悔。有的孩子动不动就说：星期天我请你们上德克士；明天我给你买个机器人；咱俩今晚去公园滑旱冰；……说完也不放在心上，回家就忘了。时间长了别人再也不相信了，认为都是骗人。

　　我们生活在集体里，同学之间互相帮助是理所当然的。但一定要分清楚是非，不是什么事都要帮。例如，有的同学让我们帮着写作业，明知道这件事不对，但看着他请求的样子不忍心拒绝，于是就答应了。一次、两次……终于感到再这样帮下去，是坑了朋友，良心受到谴责。可是如果不帮，朋友之间就会撕破了脸。于是，我们心烦意乱，不知如何是好。如果把"事非宜，勿轻诺"牢牢记在心上，努力把握这个度，就不会无端引起烦恼了。

　　说话做事一定要经过大脑，在承诺某件事之前，我们一定要仔细思考，不适合做的事或自己没有能力做的事，就不要承诺。

📑 故事新说

华歆逃难

华歆是汉末魏初时名士，曹魏重臣。当时国家大乱，各地战火纷飞，华歆和他的同伴叫王朗一起坐船正准备逃难。这时有一位陌生人突然跑过来要求带上他一起逃跑。华歆很为难，本来船很小，又装了很多东西，实在是容不了他人。况且他们自己还想快点逃走。所以华歆就拒绝了这个人的请求。但是旁边的王朗说："船虽然小了点，但还可以挤一个人，救人行善吧。"华歆这么一听，就没有再反对，于是这个陌生人就上了船。船上多了一个人，船速就慢了。就在这时，后面的追兵赶上来了。王朗慌了，就跟这个陌生人说："我们管不了你了，要么你跳到河里，要么我们靠岸，你自己走。"这时候华歆说："不行，我当初之所以不敢答应他，就是怕后面的追兵赶上来。但是现在我们已经答应他了，就不能因为危难而把他抛下，我们现在必须带着他一起走。"

这个故事在当时也传为美谈，所以被记载到《世说新语》里。

📑 亲子共话

在发展心理学上有一个词叫"延迟满足"，也就是平常所说的忍耐。为了追求更大的目标，获得更大的享受，可以克制自己的欲望，放弃眼前的诱惑。"延迟满足"不是单纯地让孩子学会知识，也不是一味压制孩子的欲望，更不是让孩子"只经历风雨不见彩虹"。它是一种克服当前的困难，力求获得长远利益的能力。美国斯坦福大学心理学教授沃尔特·米歇尔进行了著名的"延迟满足"实验。结果发现：能够控制自己的欲望、学会等待的孩子上高中以后，成绩比不能控制自己的孩子平均高出210分。之所以和父母谈"延迟满足"这个问题，就是想告诉父母：不能轻易就答应孩子各式各样的要求，也就是"勿轻诺"。父母常常会犯这样的错误。孩子说："妈妈给我买最新款的变形金刚。"妈妈马上掏钱说："去买吧。""妈妈别人家的孩子都有手机。""好。"马上选一款送给孩子。"妈，别人家的孩子请客吃汉堡，给我100元，星期天我也请小伙伴们去德克士。""妈……"

父母很怕自己的孩子屈着，很怕自己的孩子比不上别人的孩子。认为孩子学会请客送礼，是一种能耐，心中还有一种喜悦。而在自己心情不好时，无论孩子的要求是否正当，一概不予以理会。殊不知，这种教育方式，会给孩子成长带来种种弊端。等发现孩子注意力不集中，学习三心二意，没有耐心，答应的好却不能做到时，总是埋怨孩子不省心，却不知道是父母随心所欲的教育方式让孩子缺乏克制、忍耐的能力。

所以作为父母要记住：勿轻诺。对孩子合理的要求要让孩子学会适当的等待，对孩子不合理的要求不要纵容孩子。

 ## 拓展积累

魏文侯是战国时期魏国的国君。魏文侯守信，在我国古代传为美谈，而且被载入了法家非常著名的一部著作《韩非子》。一次，魏文侯跟自己猎场的官员约好打猎。到了那天，突然刮起狂风，魏文侯自己驾着马车，顶着大风赶过去，通知管理猎场的官员取消这次打猎活动。

魏文侯在位的时候，受到各国的普遍敬重。其实魏国并不强大，主要是因为魏文侯人格的感召力，让大家特别的敬重他。

第六讲

fán dào zì　zhòng qiě shū　wù jí jí　wù mó hú
凡 道 字　重 且 舒　勿 急 疾　勿 模 糊

经典解读

　　说话时，咬字吐音要清楚响亮舒缓；不能太着急，也不能含糊不清。

　　《弟子规》信这部分的核心内容是围绕人言来谈的，也就是说话的规矩。说话就离不开语言表达。对我们怎样养成恰当的语言表达习惯，古人做了这样规范的要求。

　　生活中，我们讲话往往会有两种毛病：一种是"急疾"，就是讲话讲得很快；另一种是"模糊"，讲得模糊不清。我们在说话的方式上要留心注意，要讲得缓急有度。一个人说话声音要强，要把声音传出去，还要有厚重感。所谓"声如钟""声如磬"都是在夸说话声音跟敲钟、敲磬一样厚重、响亮。还要把话说得舒缓，让别人听得舒服。有的孩子说话一着急就结结巴巴的，有的孩子说话声音小小的，像蚊子嗡嗡的，这些都是不可取的。

　　课堂上老师让我们回答问题，这是老师的提问之恩。当回答问题时，其他同学就需要认真倾听，如果我们的回答让别人听不见，就辜负了老师提问之恩啊，也是对其他没有机会回答问题的同学的不尊重。所以，不管会不会，我们一定要认认真真地回答老师的提问，声音响亮，吐字清楚。这对听你说话的人是一种尊重。

　　说话注意轻重缓急，表达清楚明了，不仅展现了我们的语言能力，也体现了自身的修养。

 故事新说

裴楷救人

西晋的时候，有一个著名的美男子叫裴楷。大家都称呼他为玉人。

裴楷谈吐儒雅，咬字清晰。当时大家为他总结了八个字：左右属目，听者忘倦。意思是他一说话大家都盯着他看，听他说话可以忘记疲劳。可见裴楷说话多么有魅力。凭借他说话的魅力，裴楷曾经刀下救人。

原来，晋武帝登基后，曾经找了一个人来卜算。结果这个人算出来一个字："一"。晋武帝一看，很生气："这不是说我只能当一年的皇帝吗?"于是他就准备把此人拉出去斩了。这个时候，裴楷就在身边，他灵机一动，想起《老子注》中的三句话，于是用很凝重和舒缓的语气说："天得一以清，地得一以宁，侯王得一以为天下贞。"这三句话是说：天得到"一"而清明；地得到"一"而宁静；侯王得到"一"而做了天下的首领。可见"一"是最吉利的数字。裴楷说话吐字清晰，声音响彻整个朝堂。晋武帝一听也转怒为喜，重重赏了那个算卦的人。

裴楷凭借他渊博的学识和清晰的谈吐救了算卦人一命。

亲子共话

脑科学研究认为，儿童成长过程中存在着一系列的关键发展期或敏感阶段，又称学习关键期。抓住儿童的学习关键期，儿童不仅能学的好，还能在特殊能力方面得到发展。大体上说2—3岁是儿童学习口头语言的关键期，4—5岁为学习书面语言的关键期，5—6岁是掌握语言词汇能力的关键期。研究表明，这一时期儿童语言发展呈跃进式状态，所以早期教育是非常必要的。世界著名的《韦氏英语词典》编著者韦伯斯特出生时是一个普普通通的婴儿，不同的是他有一个伟大英明的父亲。在他的家里，父亲只说英语，母亲只说法语，祖父只说德语。另外请了一个北欧人做保姆，约定他只说本国语。这样韦伯斯特从小毫不费力自然而然地掌握了四种语言。后来他到外边与小朋友玩，听到大家只说英语，感到很吃惊。原来他认为每个人说话都像他家似的，说不一样的话。从此，韦伯斯特对语言产生了

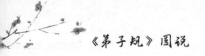

浓厚的兴趣，成为大辞典的编著者。韦伯斯特的事例再次验证了教育在语言学习关键期的重要性。

著名教育家苏霍姆林斯基曾说："语言是智力发展的基础，也是所有知识的宝库。"一般来说，语言发展较好的孩子，往往求知欲强，知识面广，智力发展也比较好。

如何发展孩子的语言表达能力呢？首先，要注意几个关键期的引导。要善于和孩子交谈，天南海北无所不谈。例如，当父母和孩子一起做事情时，可以和孩子一起交流寻求做这件事最好的办法，边做边提问题，不仅可以教会孩子的生活本领，还可以启发孩子表达，开发智力。而不是三句话不离学习成绩，使孩子讨厌与父母交流。其次，要扩大孩子的眼界，丰富孩子的生活。生活是语言的源泉。可以带领孩子参加各种活动，在活动中不断与孩子交流见闻感受，让孩子开拓视野，增长见识，也让孩子明白交流的重要性。另外，要规范孩子的语言表达，使孩子言之有理、言之有物，具备一定的条理性、逻辑性。这些都是发展孩子智力与语言表达能力的有效方法。

做父母的有时候只会埋怨孩子说话声音小，不愿与人交谈，总说半截话，甚至一说话就吞吞吐吐。但却不知道在孩子语言发展的关键期忽略了开发培养。不知是否注意到这样一个现象：凡是表达流畅清晰的孩子，大部分都比较优秀，这种优秀不仅仅表现在成绩上，在办事方面、性格方面、与人交往方面都会比那些表达能力差的孩子略胜一筹。

当然教育也不是绝对的，错过了孩子的关键期，还是可以补偿的，只要有正确的思想引领，什么时候都不晚，只是要经过更大的努力才能有效。明代思想家、学者洪应明说到：幼是定基，少是勤学。

拓展积累

裴秀是西晋时期的著名大臣。他出生于一个官僚贵族家庭，家中常常有客人来访。每次宴请客人时，母亲总是让他端饭送菜，服侍客人。裴秀便把接待客人当成了学习的机会，在接待过程中，总是言语恭敬，举止有礼，并借机和客人交谈几句。客人们见裴秀如此虚心懂礼，也都很喜欢他。由于裴秀具有优雅的谈吐举止，所以他的名声很快就传开了。

第七讲

bǐ shuō cháng　cǐ shuō duǎn　bù guān jǐ　mò xián guǎn
彼 说 长 此 说 短 不 关 己 莫 闲 管

经典解读

有说长的，有说短的；不关系自己的，就不要多管闲事。

古德上说："莫说他人短与长，说来说去白遭殃，若能闭口深藏舌，便是修行第一方。"中华文化讲究中庸，为人处事圆润变通。闲暇时莫论他人非，说话为人得体适度，所以修身养性第一招就是对人对事不要说三道四，不要多管闲事，要一心一意修行。

今天面对这四句话，我们要辩正地理解。《弟子规》作为康熙年间盛行的启蒙教育版本，主要是针对未成年的孩子。这四句话，是希望我们在以学习为主要任务的学生时代，要集中精力专心致志，不为学习之外的杂事分心。前面说过：见未真，勿轻言；知未的，勿轻传。是非之话没有根据，乱讲会惹麻烦。我们现在应当将主要精力应放在学习上，多看书，多讨论与"学习"相关的事，有助于增长知识。

但不是事不关己，高高挂起，这种做法是极其自私的。《弟子规》所讲的"不关已，莫闲管"应该从两方面看，一方面是要心无杂念好好读书。毛泽东为了锻炼自己读书的意志，不为外界干扰，竟到闹市看书，就是为了培养这种"不关己，莫闲管"的学习境界；另一方面是"各人自扫门前雪，莫管他人瓦上霜。"我们应该学会摒弃，学会思考，积极从正的一方汲取营养。

在学校，老师经常听到我们的告状：×××同学说我是要饭的，×××同学说我是小垃圾，×××同学管我叫傻大个……老师就要找"说长道短"的同学教育引导，这让老师多操心呀。

在谈论他人的时候，我们要善于挖掘别人的优点，并学会赞美。总是欣赏别人，就会赢得别人的欣赏。

故事新说

三年不窥园

董仲舒自幼便在多种文化熏陶中成长，为学异常勤奋，数十年如一日，专心攻读，曾"三年不窥园"。

据说董仲舒读起书来废寝忘食。父亲知道后非常担心，为了能让儿子劳逸结合，他决定在书房后面修筑一个花园。

第一年动工，园里阳光明媚、蜂飞蝶舞。姐姐多次邀请董仲舒到园中玩。他摇摇头，继续读孔子的《春秋》，背先生布置的《诗经》。

第二年，小花园建起了假山。邻居、亲戚的孩子纷纷爬到假山上玩。小伙伴们叫他，他动也不动低着头，在竹简上刻写诗文。

第三年，后花园建成了。父母叫董仲舒去玩，他只是点点头，仍埋头学习。中秋节晚上，董仲舒全家在花园中边吃月饼边赏月，可就是不见董仲舒的踪影。原来董仲舒趁家人赏月之机，又找先生研讨诗文去了。

董仲舒三年来，一直孜孜不倦地读书学习，竟没有进园观赏一眼，真正做到了"两耳不闻窗外事，一心只读圣贤书。"后来，他成为汉代思想家、哲学家、政治家、教育家，被誉为儒家大师。

亲子共话

"两耳不闻窗外事，一心只读圣贤书"是古代一部极有影响的蒙学读本《增广贤文》的原句。一种解释是说读书人要少管是非，多钻研学问。也有一种解释是说不被世俗纷杂所扰，只专心读圣贤书。和这句话相反的一副对联更有名：风声雨声读书声，声声入耳；家事国事天下事，事事关心。此联为明东林党领袖顾宪成所撰。顾宪成在无锡创办东林书院，讲学之余，往往评议朝政。后来人们用以提倡"读书不忘救国"，至今仍有积极意义。天下兴亡，匹夫有责，怎能事不关己，高高挂起呢？所以父母在引导孩子学习践行这四句话时一定要辩证地认识和引导。

从小在农村长大的二十世纪六、七十年代出生的父母是否有同感：每年农忙季节过后，妇女们就聚集在一起东家长、西家短地唠个不停，有时候还会因此惹起东家和西家的争吵，而传话者被骂的"狗血喷头"。喜欢说长道短的人，他们的孩子也"嘴尖舌快"，不招人喜欢。有这样一句谚语：利刃割体痕易合，恶语伤人恨难消。愿意说别人是非者，便是是非人。现代社会人际关系非常复杂，从小培养孩子良好的言行举止，将来孩子成为社会人，就能与人和谐相处。所以要让孩子懂得：不要对人对事，随便添油加醋说长道短。虽然谁人背后不说人，谁人背后不被说，但也要尽量培养孩子闲言碎语寡谈的性情，掌握好说话的尺度分寸，为孩子立足社会打好基础。

拓展积累

《孔子家语》中记载：庙堂右阶之前有金人焉，三缄其口，而铭其背曰："古之慎言人也，戒之哉。无多言，多言多败。无多事，多事多患。"说的是孔子崇尚周礼，曾专程到东周都城洛阳考察礼仪制度。当他在参观周王祭先祖的太庙时，看到台阶右侧立着一个金属铸造的人，嘴上被扎了三道封条，在这个金属人的背面，还刻有铭文："这是古代一位说话极其慎重的人，要以之为戒。不要多说话，话多带来坏的事也多！不要多事，事多带来的灾祸也多。"

第八讲

jiàn rén shàn　　jí sī qí　　zòng qù yuǎn　　yǐ jiàn jī

见 人 善　即 思 齐　纵 去 远　以 渐 跻

经典解读

　　见到人家好的地方，马上向人家学习；即使和人家相差很远，也要努力争取，逐步赶上。

　　子曰："见贤思齐焉，见不贤而内自省也。"这是后世儒家修身养德的座右铭。古人说：尺有所短，寸有所长。看待事物，要多发现，多找优点，看看自己有哪些不足，哪些地方需要完善。即使有许多地方不如人家，有许多地方需要完善，也不气馁。要有志向，要立下长久的规划，然后缩小差距，渐渐成为贤人。这四句话讲的是德行方面的追求。

　　现在，人们很少在德行方面比谁的更好，倒是经常在物质生活方面比谁家有钱，谁家有车有房。即使父母夸奖谁家的孩子孝顺，懂事，也不以为然，依旧我行我素。由于现在的孩子都是在父母万般呵护尊宠下长大，所以经常不把别人放在眼里。其实我们要知道每个人身上都有优势和劣势，都不是完美的。要善于学习他人的长处，弥补自己的不足。特别是对优秀的人，更应该把他们作为榜样，定下一个个小目标，通过不懈地努力去完善自己，最终也成为优秀的人。

　　生活中我们经常听到有的孩子说：昨晚我爸领我到五星级的饭店，你去过吗？也有的孩子说：我这个裙子是大牌的，老贵了，你有吗？很少有孩子说：他特别乐于助人，我得和他比；他作文写得棒极了，我得向他学。生活中看到比自己强的，往往会想：他某某方面还不如我呢，好什么好，我不比他差，不稀罕，我如果努力去做，比他还强……这种酸葡萄心理不仅不会使我们进步，而且会渐渐成为心胸狭窄之人。

　　在学校，×××每次考试都是 95 分以上，而自己只有 70 多分，就不愿和人家比，这是不对的。我们要敢于和优秀的同学比。不是非得赶上他，但可以通过努力缩短差距，这次以 75 分为目标，下次是 80 分，然后是 90 分、91 分等，用小目标大方向激励自己不断进步，逐步让自己越来越好。

欣赏赞美别人，不仅让别人快乐，也让自己快乐。也许我们经过努力，与优秀的人仍有一些差距，但只要去追求了，就向更好迈进了一步。

 ## 故事新说

南先生与娃娃鱼

古代有部书叫《说苑》，里面记载了这样一个故事。有一位姓南的先生遇到一位姓程的先生，程先生一看南先生来了，很高兴，就给他煮了一条娃娃鱼。这在今天是绝对不允许的，娃娃鱼是国家保护动物，是不能吃的。南先生就说："吾闻君子不食鲵鱼。"程先生一愣：我好心好意给你煮鱼，你还这样说。于是程先生说："乃君子否，子何事焉？"意思是说：你是君子吗？吃不吃娃娃鱼跟你有什么关系啊。这时南先生讲："吾闻君子上比，所以广德也；下比，所以狭行也；比于善，自进之阶罢了；比于恶，自退之原也。"意思是说：我还不是君子，但是我听说过怎么才能成为君子。君子经常和比他强的人去比，君子的道德水准提高得很快。如果和比他差的人去比，就会越比路越窄。如果我去追求善的，按照好的标准随时去对照、去努力的话，我自己就会进步得很快。如果我经常跟不如我的人比，跟做得不好的人比，那我不是每天都在退步吗？"吾岂敢自以为君子哉？志向之而已"，我哪里敢自认为我是君子啊，只不过我内心向往做一个君子罢了。

亲子共话

达尔文在 19 世纪中，创造了科学的生物进化说，提出了适者生存，劣者淘汰，物竞天择的观点。生存就有竞争，为了不落后，为了追求梦想，为了让孩子有出息，就把这种竞争转换为另一种形式——比。看到别人家的孩子上奥数班了，咱家的孩子不能差，也去。看到别人家的孩子学钢琴，咱家的孩子不能差，也学。看到别人家的孩子带零钱上学，咱家的孩子不能差，也带。为了孩子更好地发展，让孩子学会竞争是正确的。但如何去争去比？争什么？比什么？这才是教育的关键。

如果一味盲目地攀比，就会使孩子迷失方向，像无头的苍蝇一样，东撞西撞。同时也会在不知不觉中给孩子一种心理暗示：我不够好，我怎么都不如别人，别人家的孩子就比我好，伤了孩子的自尊心，易形成自卑心理。

所以要实事求是地比。父母望子成龙心切，但要懂得不是所有的孩子都能成为塔尖，也不是所有的孩子都是通过上大学才能出息。每一个人都有适合自己成长的路径，都有属于自己的人生坐标。从小要培养孩子向前看，向优秀的人学习。不是光比学习，要多方位地看别人家孩子的优点，同时肯定自己孩子的优点，注意教育孩子时的语言。例如，你考了85分，比上一次进步了，再努力达到90分就更好了。你能帮我拿菜了，你是个愿意帮助人的孩子，如果你能像某某小朋友愿意帮助更多的人就更好了。××演讲得多好，得了第一名，虽然你没有参加比赛，但平时要善于和同学交流，上课主动回答问题，学会表达是很重要的……长此以往地和孩子这样交流，孩子就会有正确的认知观。而不能这样说：怎么才考85分，人家小红考100分。你看小军多懂事，谁见谁夸，你一天就知道花钱，一点儿不替别人着想。小丽多厉害又得了演讲第一名，而你几句话都说不明白。这种被符号化的"别人家的孩子"，暴露了不少父母攀比教育的严重问题。

向美好的事物学习，完善自己，成为美好的人，不光是孩子的事，也是父母的事。要正确引导孩子向善向上，才会使孩子更好。

拓展积累

"高山仰止，景行行止"出自《诗经》。司马迁《史记·孔子世家》专门引以赞美孔子："《诗》有之：'高山仰止，景行（háng）行（xíng）止'。虽不能至，然心向往之。"正如汉·郑玄注解说："古人有高德者则慕仰之，有明行者则而行之。"郑玄把"高山"比喻崇高的道德，"仰"是慕仰；"景行"是"明行"，即光明正大的行为，是人们行动的准则。司马迁这句话的意思就是——高尚品德如巍巍高山让人仰慕，光明言行似通天大道使人遵循。虽然不能达到（上面）这样的境界，但心里也知道了努力的方向。

第九讲

jiàn rén è   jí nèi xǐng   yǒu zé gǎi   wú jiā jǐng
见 人 恶 即 内 省 有 则 改 无 加 警

经典解读

看到别人的缺点或不良行为，要先反思自己有没有同样的错误；假如有要及时改正，假如没有要警惕自己将来不要犯同样的错误。

我国传统文化是非常讲究修身养性的。曾子曰：吾日三省吾身。就是一天要对自己进行三次反思。唐太宗李世民曾说过一句经典的名言：以铜为镜可以正衣冠，以史为镜可以知兴替，以人为镜可以知得失。人生百态犹如一面镜子，借助镜子可以反思警戒自己的行为。可见，古代先贤在这方面是有深刻认识的。

金无足赤，人无完人。面对别人的过失，我们不要只一味责怪、鄙视或怨恨，而是要想想自己是否有同样的问题。看到×××对父母大喊大叫，不是笑话他不听话，而是想想自己是否做到"父母教，须敬听；父母责，须顺承。"看到×××随地扔垃圾了，不是只厌恶他不讲文明，而是想想自己是否有过这样的行为。

人非草木，孰能无过。每个人都可能犯这样或那样的过错。我们更是经常犯各种各样的错误。例如，有的同学上学迟到了，站在门口不敢回座，就嘲笑他睡懒觉，还给起外号"懒虫"。却不知反思自己有没有迟到过，如果有一定不要再犯这样的错误；如果没有提醒自己上学不能迟到。又如，看到有的同学拾到东西据为己有，就到处宣扬。却不能想想自己有没有这样的行为，警示自己不属于自己的东西坚决不要。

面对同学犯的各种各样的错误，我们应该怎样做？首先，别忘了我们是一家人，要做到"兄道友，弟道恭"。要主动告诉他这样做不好，然后检查一下自己是否有类似的错误，提醒自己不要犯同样的错误。而不是一味地告状，一味指责，更不能因为同学有这样或那样的毛病而瞧不起他，远

离他，孤立他。应该建立一个反思集子，每天晚上面对我们一天所做的事进行反思，检查一下我们哪些地方好，哪些地方不好。

"三人行，必有我师焉" "择其善者而从，其不善者而改之"。我们要善于像别人学习，要善于反思自己的不足，那么就离古圣先贤不远了。

 故事新说

轮台诏

汉武帝与秦始皇并称为"秦皇汉武"。汉武帝刘彻无疑是一位雄才大略的皇帝。尽管他一生创造了史无前例的丰功伟绩，但整个大汉王朝也潜藏着严重的社会危机。

汉武帝大规模的征战，可以说是穷兵黩武。汉武帝又大兴土木，修建了许多宫室园池。他还巡游无度，每次巡游都滥施赏赐，挥霍无度。此外，汉武帝还宠信方士，迷信鬼神。

汉武帝的这些活动，不仅消耗了大量的人力、物力和财力，增加了人民的负担，而且上行下效，使整个统治集团日趋腐化。

然而，值得庆幸的是，就在这危亡存于旦夕之际，汉武帝及时醒悟，并反省了自己的错误，悬崖勒马，改弦易辙，调整了政策。汉武帝公开向全国发布了著名的《轮台罪己诏》，对自己以往的所作所为深表悔恨。

这份诏书的主要内容是汉武帝承认自己的政策过失。汉武帝作为一代帝王，与其他帝王不同之处是更多地拥有了一份理性和敢于直面现实、勇于承担过失的勇气，故而能"晚而改过，顾托得人"，从而免于亡秦覆辙。

亲子共话

人们常说："见人过失易，不责人过失难"。对别人的过失很容易看到，并且加以指责。但对自己的过失却不愿承担责任，接受批评。《弟子规》所讲的这四句话不是不让人们爱憎分明，也不是不让人们没有明确的是非观念。而是让人们虚心好学，善于反省自己的言行。如果从小引导孩子善于学习别人的长处，正确对待别人的缺点，客观理性地看人看事，就会有一个正确的处世观。

每一位父母都是在生活不断磨砺中成熟起来的。孩子更是在不断做错事的情况下长大的、成功的。不能孩子一犯错误了就大声训斥，甚至打骂。例如，孩子不小心把东西弄坏了，父母不分青红皂白，一阵痛骂。这样的方式，使孩子以后犯错误不敢承认，想尽方法撒谎或找各种借口推脱责任。有一个孩子不小心把台灯碰掉地上了，还没等别人开口问，自己就急忙申辩："不是我弄掉的，是文具盒。""文具盒是谁碰的呢？""是自己碰的"。经过询问，别人才知道他爸爸特别严厉，导致孩子做错事特别害怕，不敢承认因而找出百般理由推卸责任。其实，小孩子弄坏东西是很正常的事，谁小时候没弄坏过几样东西呢？

面对孩子的问题，父母不能没完没了地批评。例如，孩子这次没考好，数落一顿之后仍不罢休。出门时孩子做错了事，就说：学习不行，干什么都不行。孩子洗水果不小心掉在地上了，就说：考试得那点分，洗个水果也洗不明白。这样不仅伤了孩子的自尊心，而且会让孩子觉得自己啥也不行，学习成绩会越来越差。

孩子有过失，父母和孩子应一起分析问题的原因，一起寻找办法解决，而不是一味指责。父母要经常引导孩子学习别人的长处。对于他人的短处，要引导孩子正确对待，不能拿孩子的长处和别人的短处比，也不能拿孩子短处和别人的长处比，要形成一种正确的攀比观。

遇事要让孩子善于反思自己的行为，不能总说别人的不是，多向内看，少向外求，这样才能使自己更加优秀。

拓展积累

曾子曰："吾日三省吾身——为人谋而不忠乎？与朋友交而不信乎？传不习乎？译文：曾子说："我每天多次反省自己的言行，替人家谋划的事不尽心尽力吗？和朋友交往不诚心诚意吗？我从老师那里学到的，有没有时时温习、实践呢？"

第十讲

wéi dé xué　wéi cái yì　bù rú rén　dāng zì lì
唯 德 学　唯 才 艺　不 如 人　当 自 励

经典解读

　　人生最重要的是品德学问，是才能技艺；这方面如果不如别人，就要奋发图强。

　　中国有句成语叫"德才兼备"，德在前，才在后。我国传统文化非常重视一个人的德，学，才，艺，认为这是非常重要的，其它相对而言是次要的，而这几方面，德又居前，可见德行多么的重要。

　　我们非常重视自己的学习和才能、技艺。为了更好地发展，找老师补课，找辅导班学习才艺。这一点非常好，但有的孩子不重视自己的品德。在我国的三不朽中，立德是最重要的。德行就好比大树的根，只有根扎得深，扎得牢，树才能牢固，枝叶繁茂。否则大风吹来，旱涝袭来，树就会折断、枯萎。即便没有这样的自然灾害，根不深，枝叶营养供不上也不会长得很旺。所以德行、学问、才艺都很重要。假如这几方面和别人相比落后，就要努力，发奋追赶，重要的不是结果，而是争取的过程。同时，这四句话也让我们明白，生活中究竟要跟别人比什么。

　　在学习阶段，我们的主要任务就是学习。自己学习不如别人的时候，要看看别人是怎么学习的。自己的能力不如别人，看人家是怎么培养起来的。自己的品质不如别人，看人家是怎么做的，始终把比自己好的人作为榜样。

　　在美好的事物面前，我们一定要低下头，寻找自己的不足，取得更大的进步。

 故事新说

叶天士学医

清代有一个名士叫叶天士。有一次，一位上京赶考的举人，经过苏州时觉得不舒服，就请叶天士去看。那个举人说："我每天都感到口渴，我不停地想喝水，很长时间了。"叶天士给他一检查就说："我劝你别去赴考，你内热太重，得了消渴症，不出百天必不可救。"然而这位赶考的举人坚持去赴考。走到镇江，他碰到一个老和尚，老和尚也懂医术，一看就知道他得了消渴症。于是对他说："你得了这病，只有每天吃梨，口渴了吃梨，饿了也吃梨，坚持吃一百天。"这个举人就真的坚持吃了一百天的梨，病居然好了，而且考中了进士。叶天士看他容光焕发地回来了，觉得很惊讶。这个举人就把自己的奇遇告诉了他。叶天士一听，这个和尚一定有过人之处。于是他就把自己打扮成一个乞丐，改名为张小三，跑到庙里拜这个老和尚为帅。每天起早摸黑，为这个老和尚挑水砍柴。老和尚一看这个小伙子很勤奋，很喜欢他。每当有人来找他看病的时候，他都带着这个张小三。就这样叶天士在庙里呆了三年。有一天老和尚说："你跟了我三年，你现在可以回去了。凭你现在的医术，你已经超过了江南的叶天士了。"叶天士一听，立即下跪拜师："师傅，我就是叶天士。"

亲子共话

由于现在的孩子备受大人的宠爱，抗挫能力很弱。特别是父母片面的教育，导致孩子心胸狭隘、浮躁。学习是为了什么？学什么？是父母急需找准的方向。作为父母心中一定要有一种观念：学习不是为了考大学，挣大钱，过好日子。学习是为了要自己更好的生存，是为了实现自身的价值。台湾著名作家龙应台对她的孩子说："孩子，我要求你读书用功，不是因为我要你跟别人比成绩，而是因为，我希望你将来会拥有选择的权利。选择有意义、有时间的工作，而不是被迫谋生。当你的工作在你心中有意义，你就有成就感。当你的工作给你时间，不剥夺你的生活，你就有尊严。成就感和尊严，带给你快乐。"龙应台的话引发了父母的思考：为什么让孩子

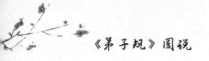

好好读书？

在成长的过程中，单纯的学习时代是必须经过的阶段。如何在这一阶段让孩子健康快乐地成长，顺利或出色地完成任务，需要一些策略。父母不能仅仅为追求分数，就拼命地让孩子学习。为什么要学习？说到底是为了生存。在生存的过程中，创造劳动的价值回报家庭、社会、自然。因为生存离不开家庭、社会和自然。所以要用劳动创造生活，同时进行回馈。为了更好的生存，为了更好的回报，需要好好学习。同时要让孩子懂得，作为一个生命个体，尽可能地把自己的事做好，最大所能地挖掘自身的潜力去工作，从而实现自己的生命价值。

在物质生活极其优越的时代，人们往往把取得金钱的多少作为成功的标志，这是片面狭隘的，在教育孩子的过程中不能忽略重要的德行问题。一个贪得无厌的人即使有了大把大把的金钱，仍然注定结局是失败的。一个事业再出色的人，不能直视自己的问题，人生也是失败的。如果看到别人家的孩子乐于助人，要鼓励自己的孩子也去做；看到别人家的孩子技艺超群，要挖掘自己孩子的潜能，培养一种特长；看到人家的孩子好学不倦，要引导自己孩子也刻苦钻研。要注重引导，不能简单地说教。

在孩子十六年学习的阶段，父母要明确引导孩子在德行、学识、能力方面不断地向上，磨砺出坚强的意志品格。

拓展积累

林散之（1898—1992），当代草圣，生于南京市，自幼喜欢书画，一生不断地在作画、写诗、练书法，直至1972年中日书法交流选拔时一举成名。当时已经75岁了。林散之是大器晚成的典型。也正因为其出大名很晚，数十年寒灯苦学，使之书法能达超凡的极高境界。他对现代中国书法艺术事业的贡献，真可谓功莫大焉。为了纪念这位当代杰出的书法大师、诗人、画家，后人为其建立了纪念馆和艺术馆。

林散之曾说：有德有才会爱才，无德有才会嫉才，有德无才会用才，无德无才会毁才。可见，德行是多么的重要。

第十一讲

ruò yī fu　ruò yǐn shí　bù rú rén　wù shēng qī
若衣服　若饮食　不如人　勿生戚

经典解读

在外表穿着，在饮食方面；不如他人，不要忧虑、伤心。

我国古代是一个身份制社会，是一个等级社会。人的着装和饮食是代表身份和地位的。在古代必须是秀才娘子，才可以穿红裙子。而且只有通过读书，或者通过立功当官，才可以穿绫罗绸缎。所以《弟子规》这样教育是有深意的。像这些代表社会地位的东西，如果比不卜别人，不要在意。需要在意的是德学，才艺，如果不如别人，要努力向上。

现在，物质生活极其丰富，我们也不由自主地追求时髦、名牌。"我爸的车是宝马的""我妈拿的包包是一万元的"……这种物质炫耀让人变得低俗。其实，我们忘了，现在所拥有的一切都不是自己的，而是父母的。只有自己创造的才真正属于自己，所以完全没有必要因为父母而觉得自己高高在上、狂妄自大。

有的同学看自己穿的吃的用的都比不上别的孩子，就觉得自卑，在别人面前抬不起头。某校曾对六年级的孩子进行一次调查，让孩子写出自己最苦恼的事。一个孩子写到：我的苦恼是没有钱，这让我抬不起头来。还有的孩子觉得自己贫穷，父母没有能耐，家里生活困难，还得靠救济生存，就自卑，认为很没面子。其实，我们错了，每一个孩子都一样的。现在暂时外在物质条件不如别人，没有什么可自卑的，因为在老师和家长的眼里，一个孩子的财富是品行好，学习努力。所以吃、穿不如别人没有必要自卑、伤心。只要孝顺父母、尊老爱幼、奋发向上、勤学好问，就是最富有的。

物质总是有极限的，而我们的精神是没有极限的，只有不断地在德学、才艺方面追求完美，才是无比强大和丰富的。

故事新说

阮咸晒衣

阮咸是西晋时期著名的文学家。小时候家里非常贫寒。在魏晋的时候是很讲究吃穿的，那时候的男人出门都要扑粉的。但是，阮咸安贫弱素，在有钱人面前泰然自若，一点都不自卑。古代有一个习俗，就是每年农历的七月初七，各家各户都要晒衣服的，也叫晒箱子底。因为七月七日这天的太阳杀菌的功能最好，所以要把家里的衣服拿出来晒一晒。但很多人家是不晒的，或者挑一些稍微像样的衣服拿出来晒一晒，原因是怕丢脸。阮咸不是，家里有什么衣服，他就晒什么衣服，哪怕都是破衣服。在阮咸看来，晒衣服就是晒衣服，我不和你们比衣服，我要和你们比才华。

于是"阮咸晒衣"就成了千百年来中国人教育孩子的典故：不要因为富贵就看不起人，不要因为贫穷就感到自卑。重要的是，是不是通过努力拥有了才华。

亲子共话

人们常讲："细微之处见教育。"父母不要以为《弟子规》讲的都是些微不足道的小事，现在这方面的问题十分严重。特别是在贵族学校，孩子们比车、比房子，还比父母。有的父母感觉自己不如别人富有，还觉得对不起孩子，让孩子丢脸了，这种想法是极其错误的。从小就要教育引导孩子应该比什么？怎么比？该比的比，不该比的不比，衣食住行这种物质上的享受一定不让孩子过分追求。由俭入奢易，由奢入俭难。人生三十年河东，三十年河西。不能养成孩子奢华的习性。这种物质攀比，只会让孩子变得浮华、贪图享乐。

世事无常难料。因此应该明白，人只有精神无比强大，才能面对任何挫折，最后铸就幸福人生。现在的孩子非常脆弱，不能正视困难，不能经受打击。其实是内心自卑，缺乏自信的表现。现在评价一个人是否成功，无形中跟"车子、房子、年薪"等联系在一起。考上大学也是为了追求有钱的生活，导致孩子内心空虚，一旦学习不好就丧失了信心，失去了动力。

每年高中生都有因高考成绩不理想，万念俱灰，跳楼自杀的。

假如从小就培养孩子在精神方面积极进取，学习成绩是不会差的，即使学习成绩稍逊一筹，也不会自暴自弃，因为他们知道条条大路通罗马。

从小父母就应在吃、穿、住、行方面给予孩子正确的引导教育，从而使孩子对物质生活的需求有正确的认识。

拓展积累

子曰："衣敝缊袍，与衣狐貉〔hé〕者立而不耻者，其由也与？'不忮不求，何用不臧？'"孔子说："穿着破旧的以乱麻为絮的袍子和穿着狐貉皮袍子的人站在一起并不觉得惭愧的人，大概只有子路吧？'不嫉恨别人，不贪求什么，什么行为能不好呢？'"这也是"缊袍不耻"成语的来历。

第十二讲

wén guò nù　　wén yù lè　　sǔn yǒu lái　　yì yǒu què
闻 过 怒　闻 誉 乐　损 友 来　益 友 却

经典解读

假如我们一听到批评就生气，一听到表扬就欢喜；那么，不好的朋友就会接近我们，好的朋友就会远离我们。

我国自古以来都是讲究谦逊和美的。中国第一部古典散文集和最早的历史文献《尚书》中的"满招损，谦受益"，就是说满足已取得的成绩，就会招来损失；时时谦虚并经常感到自己的不足，就能得到好处。

然而我们却难做到谦虚。当别人一夸：看这个孩子口才多好，看这个孩子琴弹得多好，看这个孩子成绩多好，就欢喜得不得了。当别人批评：少吃点，你都那么胖了。我们就会嘴一噘，筷子一摔，到一边生气去了。

在学校，老师一批评就不高兴了，班干部和同学批评时，也总找理由和借口顶撞。高年级的同学在操场欺负低年级小同学被告状了，竟然在放学时堵住小同学质问，甚至用拳头报复。这都是因为我们不能用正确的心理对待批评。别人管我们，向老师反映我们的问题是因为他们在乎我们，希望我们改正错误，让我们做得更好。别人称赞我们高兴是正常的，但不能得意洋洋。别人批评我们的时候不高兴也是正常的，但不能怨恨生气，以为别人看不上我们。每个人只有虚心接受别人的批评，才能不断进步，才能做得更好。

谁都会有错误，有错误能够改就是好孩子。假如顽固不化，不能正视自己的问题，这样，我们的问题就越来越多，一些逢迎讨好的人就会靠近过来。而一些博学多才的人就会远离而去。

虚心接受批评的人，必然会得到别人的尊重和帮助。只喜欢表扬的人，是不会有良师净友的。所以我们为人处世要谦虚。

故事新说

虢国灭亡

古代有一个虢国，有一个整天只爱听好话的国君。这位国君身边围满了阿谀奉承的小人。虢国要灭亡了，一群损友作鸟兽散，各自逃窜。最后国君跟着一个车夫逃了出去。这个车夫赶着马车，载着国君逃到荒郊野外。国君又饿又渴，车夫就赶紧取来车上的食品袋，让国君吃。国君酒足饭饱以后问这个车夫："你哪里弄来这些东西啊?"车夫答道："国君，我事先准备好的。"国君很奇怪："你怎么会事先准备好呢?"车夫说："我是特意替大王准备的，以备在逃亡的路上充饥。"国王说："你早就知道我会有逃亡这一天啊?"车夫说："是的。"国君说："既然这样，你为什么不早点告诉我?"车夫说："您只喜欢听奉承的话，听不进去别人提意见的话，我一个车夫，哪敢跟您提意见。"国君听到这里，指着那个车夫大骂："你这混蛋，这番话为什么不早告诉我。"这个车夫感到国君死到临头还不知悔改。于是说："大王息怒，我说错了。"过了一段时间，国君昏昏沉沉地靠着车夫的腿睡着了。车夫在旁边找了一块石头垫在国君的脑袋下，自己一个人走了。后来这个国王在野外被野兽吃掉了。

亲子共话

人一生下来，先天就具有一种强烈的自我为尊的意识，认为自己是"猴王"，是最重要的，是最强的，是不容置疑的一号人物，这就是人人都有的猴王心理。当人们把自己当成是最重要的人或自认为是最强者时，就会表现出喜悦、安慰、高兴的情绪。相反，当人们不把自己当成最重要的人，就会表现出伤心、不安、烦躁等情绪。所以每个人都喜欢被人夸奖、认可，不喜欢被批评指责，这是正常的心理现象。

从古至今，没有一个十全十美的人。歌德说：十全十美是上天的大度，而要达到十全十美的愿望，则是人类的尺度。从小就要理性地培养孩子客观地认识自我和世界。现在的孩子智力开发的都比较早，比较聪明。周围的人不断重复这样的赞美：这孩子真聪明；这孩子是画画的天才；这孩子

伶牙俐齿……久而久之，孩子们在成长过程中，就容不得别人批评，不能虚心向别人学习，更不能沉静下来反思自己。听到别人被夸奖的时候，会生气，甚至忌妒且有报复的心理倾向，容不得别人的好。

所以，父母要懂得适当的表扬和批评孩子。月满则亏，水满则溢。科学的评价会使孩子产生不断要完善的心理，对孩子毕生发展是有影响的。例如，孩子今天考了100分，要这样反馈：宝贝真棒，还要努力呦，这100分只能说明这一段学习是成功的，下一阶段还要加油！让孩子明确这100分只是这一阶段的结果，而不代表最终结果。然而我们有时候却这样反馈：真的吗？我的宝贝太厉害了，想要什么奖励，尽管说。这样会误导了孩子这100分就是结果，会使孩子得意忘形。

当孩子犯错误不能正确接受指正时，要善于引导，告诉孩子每个人都是在问题中长大的，有问题是正常的，人人都会犯错误，只要善于反思自己的不足，就会少犯错误。要特别注意对孩子表扬要适度，对孩子批评也要讲究策略，不能刺伤孩子的自尊心。例如，孩子上课不专心听讲了，先给孩子讲小猫钓鱼的故事，让孩子自己说小猫为什么没钓到鱼，然后讲三心二意不仅会使自己成绩不好，而且是对老师的不尊重，对父母不孝顺，还会影响别人。同时还要在平时注意培养孩子做事专心。孩子学习时，不要玩电脑，看电视。要陪孩子一起学习，还可以买关于孩子注意力方面的辅导书和孩子一起看。利用各种小活动培养孩子的注意力。不能总说孩子这也不行，那也不行。或是直接命令不许这样，不许那样。教育不是随心所欲的，需要方法引导，否则是失效的。

如果父母注意培养孩子正确面对表扬和批评，那么孩子一定会成为优秀的人。物以类聚，人以群分。优秀孩子身边的朋友当然都是优秀的人。这对孩子一生都有重要的影响。

拓展积累

孔子曰："益者三友，损者三友。友直，友谅，友多闻，益矣。友便辟，友善柔，友便佞，损矣。"孔子说："有益的朋友有三种，有害的朋友有三种。与正直的人交朋友，与诚信（谅，诚信）的人交朋友，与知识广博的人交朋友，是有益的。与谄媚逢迎的人交朋友，与表面奉承而背后诽谤人的人交朋友，与善于花言巧语的人交朋友，是有害的。"

第十三讲

wén yù kǒng　　wén guò xīn　　zhí liàng shì　　jiàn xiāng qīn
闻誉恐　闻过欣　直谅士　渐相亲

经典解读

听到别人赞美就诚惶诚恐，听到别人指出过失就欣然接受；这样正直、宽厚的朋友，就会慢慢走近你。

这一讲仍然是培养成我们谦虚好学的品质。在古装电视剧里经常看到至高无上的皇帝能够居安思危，悦纳群臣的进谏，朝廷上下便一片祥和，国家也强盛繁荣。相反皇上只顾眼前的荣华享乐，听不进去群臣的进言，朝廷上下便充满尔谀我诈，国家也日渐衰退，直至亡朝。这是人类生存发展之道。

生活中，听到别人夸奖：这个孩子太聪明，一学就会，将来肯定能考上北大、清华。这时，我们就要冷静地想想自己真的有那么大的本事嘛？如果我们得意忘形，久而久之，别人的夸奖便会使我们迷失方向。就像古代的方仲永，在神童的啧啧称赞中，成为平庸之人。

在学校别人批评我们：作为一名班干部，连自己都管不好，怎么还去管别人呢？此时我们不应该这样想：班干部那么容易当吗？老师都管不好，我能管好吗？真是费力不讨好。而是应该感到欣喜：作为班干部我很荣幸，更荣幸的是还有人这样提醒我，我一定会努力的。无论在课上课下，得到老师的表扬都是幸福的事。在得到荣誉时，要感谢父母的养育之恩，老师的培养之恩，自然给予之恩。同时提醒自己要不断努力，保持这种好成绩。受到批评，要感到欢喜，说明别人还很在乎自己，一定要珍惜这份感情，努力弥补自己的不足。

正确地对待表扬与批评，正直的朋友就会渐渐接近我们，对我们的学习和生活都将产生深远的影响。

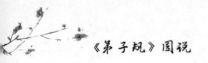

故事新说

拒 绝 奉 承

宋璟是唐朝武则天时期的著名大臣，以刚正不阿著称。有一天，一个人转交给宋璟一篇文章，并对他说："写文章的人很有才学。"宋璟是一个爱才之人，马上就读起这篇文章来，开始时他一边读一边赞叹："不错，真是不错！应该重用。"可是读着读着，宋璟的眉头皱了起来，原来这个人为巴结宋璟，在文章中对他大加吹捧，这让宋璟很生气。后来，宋璟对送文章的人说："这个人的文章不错，但品行不端，想靠巴结来升官，重用他对国家绝对没有好处。"因此就没有推荐这个人做官。

亲子共话

"三十年河东三十年河西"是一句民间谚语。相传唐朝著名大将军郭子仪之孙由于挥霍无度家产败尽，沿街乞讨来到河西庄。他忽然想起了奶妈，便去寻访，问了很多人，可是人们都说不知道。天快黑时走来一个农夫，他上前一打听竟然是自己奶妈的儿子。到人家家里一看，粮囤座座，牛马成群。他就问："你家那么有钱，为何还要自己劳作？"乳母的儿子就说："家产再大，也会吃空。家母在世时，领我们创业，才有此家业。勤俭持家，乐趣无穷啊！"郭孙听后很惭愧。这主人不忘旧情，便让郭孙在家管账，无奈他对管账一窍不通，主人不禁叹息到："真是三十年河东享不尽荣华宝贵，三十年河西寄人篱下。"

这句谚语见证了世事变化无常。

所以从小培养孩子宠辱不惊、谦虚谨慎地做人做事，无疑是人生的一种较高境界。要始终保持一种平和的心境，并不很容易。在成功面前怎么能不兴奋呢？在失败面前怎么能不沮丧呢？关键是怎么引导孩子在成功之后不骄不躁，在失败之后不气不馁。这就要冷静客观地对待他人的表扬和批评。对他人的称赞，要让孩子知道自己的优势，增强自信。同时要用发展变化的眼光引导孩子看自己，看他人，看世界。世界是无穷大，宇宙永远有人类无法知道的秘密，知识是无穷无尽的，只有不断进步，才能与时俱进。对他人的批评指正，要让孩子明白一个道理：要懂得感谢，感谢他人对我们的负责，如果有错不批评那就是对我们漠不关心。即使他人批评的不对，父母要引导孩子心中存在这样一个念头：谢谢提醒，自己可不要犯这样的错误啊。

如果教育孩子树立这样一种人生观，孩子一定会成为谦谦君子，一定会吸引像他一样优秀的朋友。大家互相影响帮助，共同成长发展。

拓展积累

孟子曰："子路，人告之以有过，则喜；禹闻善言，则拜。"孟子说："子路，人家把他的过错告诉他，就很高兴；大禹，听到有益的话，就给人家行礼。"这也是成语"闻过则喜"的出处。

孔子也说："合乎情理的话，能不照着做吗？改了就很可贵！恭维自己的话听了能不高兴吗？贵在要对这些话加以分析！听到别人恭维自己只知道高兴而不加以分析，对别人批评自己表面上说改正，实际上却还老样子照旧，我不知道对这种人该怎么办了！"

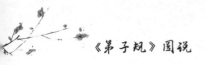

第十四讲

wú xīn fēi　míng wéi cuò　yǒu xīn fēi　míng wéi è
无 心 非　名 为 错　有 心 非　名 为 恶

经典解读

　　无心做了一件不对的事，这叫做错；如果已经知道这件事是不对的，还去做，这就叫做恶。

　　人非圣贤，孰能无过。我们不是圣人，作为凡夫俗子怎么能不犯错？古人在这方面的认识非常深刻。一个人是不可能不犯错误的，能不断反思改正错误的行为，是了不起的。从古至今，犯错误是正常的。但如果明知是错误的事还去做，这种行为令人厌恶。

　　从小到大，我们会不断地出现这样或那样的问题。例如，贪玩作业没写好；与小朋友打架；擅自动用别人的玩具；过马路闯红灯……其实，所有这些问题都是成长中的正常现象。很多过失并不是有意的。例如，只是出于喜爱，悄悄地把小朋友的东西拿回家玩。只是出于逞能，把别人的书包藏起来。为了省事，拿着答案就抄……这些问题都是缺乏深刻的认识，在不知不觉间犯的错误。其实犯错误并不可怕，只要改了，就是好孩子。如果我们知道拿别人的东西是不对的还拿；知道欺负别人是不对的还欺负；知道聚众斗殴是不对的还做；知道跟别人要钱是不对的行为还要……这就是坏孩子啦。

　　"长善而救失也"。在学校，老师要帮助我们不断地改正毛病，成为一个善良的人。所以，不要怕犯错。特别是有些事情，我们也分辨不出对与错。例如，因为好奇，偷偷抽了几口烟，被同学告诉老师后，总觉得在同学面前抬不起头来。其实完全没有必要，因为我们是无意间做错了事。假如我们知道学生抽烟是不良行为，不符合学校的规定和学生的身份还抽，并且偷家长的钱想方设法背着父母和学校抽，甚至屡教不改，这才是不对的。

不知者不怪。明知故犯，有意做错事的行为，我们一定要杜绝。

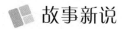 故事新说

澄子丢衣

《吕氏春秋》里有这样的一个小故事。宋国有个叫澄子的人，他丢了一件黑色的衣服，就到路上去寻找。他看见从远处来了一位女士，也穿了一件黑衣服，就拉住人家不放，要拿走人家的衣服。那个被他拖住的女士说："您也许确实丢了一件衣服，但这件黑衣服是我自己做的。"澄子说："我丢了一件黑衣服，而你现在穿的也是一件黑衣服，你赶快把衣服还给我，何况我丢的是件夹衣，你穿的是件单衣，你还占便宜了呢。"

这个故事说明什么？本来不小心丢了一件衣服是"无心非"，只不过是个小小的错了。看见路上的一个人也穿了一件黑衣服，就认定是自己丢的非要问人家要，还可以算"无心非"。但是等人家告诉你这不是你的衣服，而且你自己也已经发现了，你的是夹衣，这件是单衣，居然还去要，这就是恶。

亲子共话

"不知者不怪"这句话父母都懂，但在生活中却往往缺乏这种认识，不能包容、宽恕他人的无意间犯下的过失。领着孩子过马路，前面三人并排走，无形中挡住了去路，就冲着人家喊：让开，让开，不长眼睛呀。上公交车找好位置，恰好有事离座，旁边的人以为没人就坐上去了。便脸一拉说：让开，让开，这是我的座位，谁让你坐了。在不以为然间，父母这种愿意追究别人毛病的做法示范给了孩子，使孩子在与人相处时也愿意挑错，渐渐便容易形成做事狭隘的性格特点。

伴随着孩子成长的问题，父母总爱给孩子贴上坏孩子的标签，从而使孩子惧怕犯错误，面对错误就千方百计地编造各种理由掩饰问题。如果这时掉以轻心就会被孩子蒙骗过去。久而久之，孩子就养成撒谎、不负责的习惯。等父母发现时，再纠正，就太难了。

当孩子知道这样做事不对还去做，作为父母就不能轻描淡写地教育批

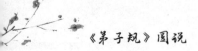

评，一定要给孩子讲清楚：为什么这样的事不能做？这样做对自己、对别人造成什么样的危害？应该怎样做？要让孩子懂得这样做如果不改就是恶习，如果重复犯这样的错误，将来就会成为人见人恶的人，这就是多么可怕的事。

任何事情都要让孩子知其然，还要知其所以然，才能达到教育的目的。

 ## 拓展积累

人非圣贤，孰能无过．过而能改，善莫大焉。出自《左传》，意思是说一般人不是圣人和贤人谁能不犯错？错了能够改正，没有比这更好的了。

春秋时期，晋灵公十分残暴，滥杀无辜，大臣赵盾和士季进宫劝谏，晋灵公态度冷淡，不情愿地认错。士季说："人谁无过，过而能改，善莫大焉。"晋灵公根本听不进，于是派人暗杀赵盾。人们奋起反抗，赵穿将穷凶极恶的晋灵公杀死。

第十五讲

guò néng gǎi　guī yú wú　tǎng yǎn shì　zēng yī gū
过 能 改 归 于 无　倘 掩 饰　增 一 辜

经典解读

　　犯了错误能改正，过错越来越少，最后就不犯错误了；如果犯了错误不承认，找出许多借口辩解，就会增加自己的过错。

　　古人认为做错的事就像金属一样不容易挽回，因为已经做了不能重新再做，所以是"金"字旁。但古人又在旁边加了一个"昔"字，意思是错误是过去时，重要的是通过错误吸取教训，由少犯到不犯错误。古希腊哲学家伊壁鸠鲁有一句名言：认识错误是拯救自己的第一步。

　　随着经济的高速发展，应接不暇的新事物接踵而至，我们极易犯这样或那样的错误。例如，网络游戏让我们痴迷，以至逃课上网吧；跟同学要钱；看到社会小青年聚众斗殴很"酷"，自己也在学校"立棍"欺负他人……这些错误看似让人气愤不已，但如果能充分认识它的危害，并努力改过自新，这些错误就都不是问题。在新生事物面前，往往很难把握分寸，走了一些弯路，犯了一些过失，这是不足为奇的，只要能知错能改，就好。

　　倘若我们犯了错误就狡辩，找各种各样的理由推却责任，瞎编乱造，往他人身上推诿，这就非常不好了。例如，踢球不小心把邻居家的玻璃打碎了，妈妈问："怎么回事？"急忙申辩："不是我踢的，是小刚。"妈妈说："邻居看见是你啊。"又狡辩说："是小刚推我一把，否则我也不会踢碎玻璃，都怨小刚。"其实这都是不对的。做错事时，我们不应该找因由掩饰，而应积极承担后果，用实际行为弥补错误。并且警戒自己要吸取教训，避免再出现类似的问题。俗话说："一句谎话千句补"，折腾到头来还是水落石出，悔之不及。

　　有的同学犯了错误总找理由推卸责任，澄清自己。例如，上下楼跑蹿被值周生发现，怕扣分、被批评，就央求值周生不要记名，还说自己没跑，

是后面推的。校服没穿找借口：洗了。作业没完成找借口：作业本落家了。不爱劳动没值日，找借口：起来晚了……别看这些小事，如果总是不在意自己的所作所为，并且寻找理由掩盖自己的问题和责任，那么心灵就会扭曲，将来面对工作、家庭就会缺乏责任感，不能担当，遇到困难挫折很容易被击垮。

在问题面前，我们要多在自己身上找原因，并且不断改进，做个知错就改的好孩子。

 故事新说

周处除三害

周处原是东吴义兴（今江苏宜兴县）人，他的父亲很早就死了，自小没人管束，动不动就挥拳打人，百姓都害怕他。

义兴邻近的南山有一只猛虎，经常出来伤害百姓和家畜。当地的长桥下，有一条大蛟，出没无常。义兴人把周处和白额虎、大蛟联系起来，称为义兴"三害"。这"三害"之中，最使百姓感到头痛的还是周处。

有一次，周处在外面看见人们都闷闷不乐，找了一个老年人问："今年收成挺不错，为什么大伙那样愁眉苦脸呢？"老人没好气地回答："三害还没有除掉，怎么能高兴得起来！"周处第一次听到"三害"这个名称，就问："你指的是什么三害。"老人说："白额虎，蛟，加上你，不就是三害吗？"周处吃了一惊。他万万没想到自己在老百姓心中已成了"一害"，决心把白额虎和大蛟除掉。

周处终于把白额虎和蛟除掉后回到家里，方才知道他离家三天后，人们以为他死去，都非常高兴。这件事使他认识到，自己平时的行为被人们痛恨到什么程度了。他痛下决心，离开家乡到吴郡找老师学习。打那以后，周处一面刻苦读书，一面注意自己的品德修养。他勤奋好学的精神受到大家的称赞，后来成为晋朝的大臣。

亲子共话

云南研究家庭教育的学者曾汝弟说：儿童犯错误的原因及错误的性质

主要有三种：一是由于认识率低，分不清是非而犯的认识性错误。二是由于不良习惯而形成的习惯性错误。三是由于一定年龄阶段的生理、心理特点引起的年龄性错误。例如，看见别的同学拿人家的东西，自己也去拿；在家吃饭时总顾自己，参加聚会时会把好吃的都挪到自己面前，不让就哭起来。这就是认识性错误。随手扔垃圾，这就是习惯性错误。早恋，吸烟，留长头发就是年龄性错误。所以，要认识到孩子犯错误是正常的，不犯错的孩子是没有的。孩子是一个成长中的人，孩子不犯错误恐怕难成长。孩子需要错误帮助他成长，多给孩子尝试完善的机会，让他学会积极进取。

《弟子规》中的《信》这一讲到此结束了。如果说慎行是《谨》的核心部分，主要培养孩子良好的行为习惯。那么，慎言是《信》这部分的核心内容，主要培养孩子良好的语言习惯。从诚实守信的言语习惯到咬文嚼字的说话习惯再到人生信义，循循善诱地向孩子阐明信的重要性，更进一步地在谨言慎行方面给予指引。"信"的背后是一种慎重，踏实，负责任的态度，是一个人立身之本，为人处世的基本准则。

拓展积累

"好学近乎知，力行近乎仁，知耻近乎勇"。这是儒家对知、仁、勇"三大德"的一种阐发。"知耻近乎勇"的意思是说一个人只有懂得羞耻，才能自省自勉，奋发图强。有羞耻心的人，才能勇敢地面对自己的错误，战胜自我，这是"勇"的表现。常怀一颗羞耻之心，不仅可正身，养浩然之气，而且知进取，成千秋伟业。孟子曰："人不可以无耻，无耻之耻，无耻矣。"知人者智，自知者明嘛。

下　篇

fàn ài zhòng
《泛爱众》

凡是人　皆须爱　天同覆　地同载

行高者　名自高　人所重　非貌高

才大者　望自大　人所服　非言大

己有能　勿自私　人所能　勿轻訾

勿谄富　勿骄贫　勿厌故　勿喜新

人不闲　勿事搅　人不安　勿话扰

人有短　切莫揭　人有私　切莫说

道人善　即是善　人知之　愈思勉

扬人恶　即是恶　疾之甚　祸且作

善相劝　德皆建　过不规　道两亏

凡取与　贵分晓　与宜多　取宜少

将加人　先问己　己不欲　即速已

恩欲报　怨欲忘　抱怨短　报恩长

待婢仆　身贵端　虽贵端　慈而宽

shì fú rén　xīn bù rán　　lǐ fú rén　　fāng wú yán
势 服 人　心 不 然　　理 服 人　　方 无 言

　　"泛爱众"就是以博大的爱对待一切众生。三国时期曹植曰：长者能博爱，天下寄其身。就是说有道德的人只要有爱众人之心，就可以行遍天下。博爱是以爱为基础，包括爱人民、爱集体、爱祖国、爱生命、爱人类的生存环境、爱大自然、爱一切真善美的事物。爱是人类生存的纽带，追求真善美永远是昨天、今天、未来社会的主流，也是人类社会生存的根。爱可以穿越时空，在各个领域内延续。爱人，爱自然，爱天地间的生灵，生命将在任何时候都不会消失，因为爱可以传递，爱可以创造。

　　《泛爱众》共60句，先总述博爱的精神，再到如何善待众生，陶冶性情，怡养心智，培养爱的博大胸怀。

第一讲

fán shì rén   jiē xū ài   tiān tóng fù   dì tóng zài
凡 是 人　皆 须 爱　天 同 覆　地 同 载

经典解读

只要是人，不分族群、人种、信仰，都需要相亲相爱；我们共享一片蓝天，共居一片大地，更要互相关爱。

我国传统文化的主流是儒家文化，而儒家的创立者孔子将"仁"作为最高的道德和价值标准。那么什么叫仁？简单地说，仁者，爱人也，就是要去爱人。同时对与人类共同生活的万物，也强调要有爱心的。中国文化的最高境界是天人合一。就是人类与动物、植物、宇宙是一体的，要互相依赖共生共存，这就需要一种大爱思想。

现在也经常听到大爱这个词，什么是大爱？就是心中有他人，有世间万物。生活中，那些清洁工、蹬板的，不能歧视；还有乞讨者、残疾人也不能歧视……一句话，无论是什么样的人，无论是做什么事的，都要爱戴尊重。同时，珍爱身边一切事物。例如，桌椅板凳、花花草草、山山水水、天上的老鹰、地上的小虫、林中的虎豹……都要爱。因为他们与人类一样共同生活在这个地球上。

在学校，长相各异、性格不同，学习成绩也有高低，家庭条件不同的我们聚集在一起，要互相关心。条件不好的，不要嫌弃；学习不好的，不要嫌弃；调皮捣蛋的，不要嫌弃……而且应该走近他们，鼓励他们，帮助他们。

世间的一切都是大自然给予的，爱大自然，爱人类，我们与万物友好相处，就是大爱。

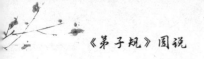

故事新说

秦先生放鹿

鲁国有个国君去打猎，他捉到了一只小鹿。就派一个姓秦的臣子把这只小鹿带回去，准备晚上杀了吃。姓秦的臣子走在路上，发现一只母鹿一直跟着他，而且不停地在叫。秦先生想：这只小鹿一定是这头母鹿的孩子。他不忍心小鹿被杀掉。于是就把这只小鹿放了。国君打完猎回来，问道："我的鹿呢？"秦先生说："回去的路上，小鹿的妈妈一直跟在后面啼叫，我实在不忍心，就私自把小鹿给放了。"国君很生气，本来满怀欣喜地准备回来享受猎物，而秦先生竟然给放了。国君随即就把他赶出了鲁国。

一年以后，国君想给自己的儿子找一位老师。这个时候他想到了一年前被赶走的秦先生，就派人恭恭敬敬把秦先生请回来。身边的人不理解，就问道："大王，这个人不是原来得罪过您吗？您现在怎么又请他回来当公子的老师？"国君说："秦先生连一只小鹿都不忍心杀死，何况是对人呢？请这样一个心里充满爱的人来教我的儿子我才放心啊。"

亲子共话

现在人们居住的地球并不是很和平，世界上依然爆发着战争。但无论怎样，追求和平美好的生活是世界上每个人的心愿。人类共同居住在地球这个大家园，就应该不分彼此，相互尊重和爱护，而且也要一起保护这个大家园。

只有遵循自然之道：与自然和谐相处，有效利用，合理开发，并加以珍惜，才能与自然同生同存。否则就会频繁地爆发水灾、火灾、震灾等自然灾害。与世界人民友好往来，在科学、教育、经济、军事等各个领域相互学习合作，取长补短，促进人类社会不断发展。如果为自己利益无端发起战争，侵略他国或为自己权益歧视、打压、制裁他国，最终都是自食其果。

英国的汤恩比教授预言：拯救21世纪的是中国的大乘佛法与孔孟学说。而大乘佛法与孔孟学说主张的思想就是仁爱。只有仁爱才能减免自然和社会灾难。那么如何培养这种仁爱呢？

首先，要让孩子懂得珍惜。孩子们正处于生活无忧，物质较为丰富的时代，没有经过挨饿、挨冻，所需东西应有尽有，所以不懂得珍惜物品，笔说没就没，本说撕就撕，衣服丢了也不找，东西旧了就扔，随意浪费水、电资源。其实，这也不能完全怪孩子，我们自身又何尝不是，孩子是父母的复制品。所以要让孩子懂得珍惜，就得从父母做起。孩子只有懂得珍惜，才会去爱惜物品，产生爱心。

其次，要培养孩子感恩的心。孩子是在家庭极度宠爱的环境中成长的，如果不能适时引导孩子孝顺长辈、尊重他人、回报社会，孩子的自私自利，目中无人，任意妄为的通病就会愈演愈厉，最后会因此害了孩子一生。作为孩子的第一任老师——父母，要让孩子知道：生命是父母给予的，父母用一种无私的爱孕育了他们的生命，要感恩父母。大自然给予了生命的食粮，要感恩自然。社会这个大环境给予生命的成长，要感恩社会。

俗话说：种瓜得瓜，种豆得豆，在孩子的心田种下爱的种子，孩子就会拥有爱。只有内心充满爱的孩子，才会得到爱。正像孟子说的：爱人者，人恒爱之。那么，爱物者，物恒爱之，为此人们将拥有无穷的财富。

拓展积累

《礼记·礼运》开头部分里的一段话："大道之行也，天下为公，选贤与能，讲信修睦。故人不独亲其亲，不独子其子，使老有所终，壮有所用，幼有所长，鳏、寡、孤、独、废疾者皆有所养，男有分，女有归。"

这里告诉人们，天下为世人所共有，人们不只以自己的亲人为亲人，不只以自己的子女为子女，能推延仁爱，使所有老人都得以安享天年，壮年人都能贡献才力，儿童都能得到良好的教育健康成长，鳏寡孤独以及残废疾病的人都能得到丰厚的供养，男人都有事做，女人都有归宿。主旨是阐明儒家理想中的"大同"社会的基本特征。

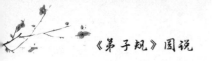
第二讲

xíng gāo zhě　míng zì gāo　rén suǒ zhòng　fēi mào gāo
行 高 者　名 自 高　人 所 重　非 貌 高

经典解读

德行高尚的人，自然就有很高的名望；人们所敬重的是他高尚的品行，而不是容貌是否出众。

"人不可貌相，海水不可斗量"。指不能以貌取人，就像海水不能用斗来量一样。孔子曰：以容取人乎，失之子羽！这里的子羽即是澹台灭明，是孔子七十二贤人之一。孔子见他长相丑陋，认为没多大才能。后来，澹台灭明往南游学到吴地。跟从他学习的有三百多人，他有一套教学管理制度，影响甚大，是当时儒家在南方的一个有影响的学派，其才干和品德传遍了各诸侯国。因此，孔子发出这样的感慨。

从古至今，评价一个人的根本，是内在的品行，而不是外表。所以我们要通过学习，反思，践行，成为尊老爱幼，积极向上……具有内在美的人。只要不断地去追求这些美好的品质，完善自己，慢慢就会成为品行高尚的人，这时候就会享有很高的名气。黄凤、高雨欣等十一位 2013 最美孝心少年，他们非常贫穷，没有一件像样的衣服。但他们对父母孝顺，具有克服困难的勇气，坚韧不拔的毅力，积极乐观的态度，刻苦学习的精神，让所有的人敬佩。当然不是说外表不重要就可以邋邋遢遢、仪表不整。社会在发展，一个人的穿着打扮也代表着一种文化。这里只是告诉人们，尤其是十几岁的孩子不要刻意追求外表的时尚，彰显所谓的个性。

班级中，条件好的同学穿的用的吃的都是名牌，有时让我们非常羡慕。但真正让人羡慕的不是那些有钱的同学，而是那些学习好、品德好的同学。就像班级中的小干部，不仅学习好，而且乐于奉献，乐于服务，勇于担当，处处都努力做得更好。他们自然而然在我们心中有权威，有地位。

只有具备心灵美的人，才会受到他人的敬佩和重视。

故事新说

晏子使楚

春秋时期，齐王派晏子出使楚国。晏子个子非常矮，长相普通，甚至有些猥琐。楚王准备侮辱一下晏婴，在城墙下面开了一个非常小的门，规定他只能从这个地方进来。晏子不卑不亢地说："这哪里是人走的门啊？这是狗洞啊！如果我访问的是狗国，那我就走狗洞。"楚王一听，那我们楚国不就成了狗国了吗？只好打开大门请晏子进去。晏子拜见楚王。楚王说："齐国没有人可派吗？竟派您做使臣。"晏子回答说："齐国首都临淄有七千多户人家，展开衣袖可以遮天蔽日，挥洒汗水就像天下雨一样，人挨着人，肩并着肩，脚尖碰着脚跟，怎么能说齐国没有人呢？"楚王说："既然这样，为什么派你这样一个人来做使臣呢？"晏子回答说："齐国派遣使臣，各有各的出使对象，贤明的人就派遣他出使贤明的国家，无能的人就派遣他出使无能的国家，我是最无能的人，所以就只好出使楚国了。"楚王一听，对晏子肃然起敬。

亲子共话

中国人有一种英雄情怀，人们心目中的英雄，伟人好像神一样，十全十美，没有缺点。因此使人们感到英雄太遥远，让人望尘莫及。其实父母在教育引导孩子时，不要夸大英雄，应该实事求是地让孩子认识到，英雄也是从一个普通人一点点做起，把一件件平凡的事做到最好，才成为英雄。那些闻名世界的，对人类做出卓越贡献之人也是如此。从而使孩子感到离英雄伟人很近，通过努力也能达到。

另外，在孩子穿着打扮方面，不要把孩子打扮得太另类或打扮得花枝招展，以防不经意间让孩子养成一种崇尚外表的心理。虽然外在的打扮也代表学问、修养，但过于华丽的外表总会给一种奢侈，浮夸之感。节俭是人类美好的品质。从小就注意塑造孩子心灵之美，长大了孩子就不会因生活条件不好而自卑，甚至为了享乐，去偷去抢。教育孩子要趁早，在孩子世界观、价值观没有形成之前，让孩子对美有正确的认识，渐渐长大后，

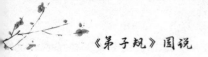

对社会存在的种种诱惑，就会有一定的抵抗力。

　　只有内心无比强大的人，才能战胜生活中各种各样的挫折，这种内心强大就需要有内在之美。这样的人生观、价值观就会使孩子生活得踏实、幸福。

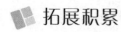 **拓展积累**

　　哀骀它（生卒年待考），卫国人。春秋时期著名的鲁国大夫。传说哀骀它的相貌丑陋至极，即貌恶，而且跛脚驼背。鲁哀公好奇，召而观之，果然其以恶骇天下。但鲁哀公并不以其面貌恶相而嫌弃他，反而授以国政，结果在哀骀它的治理下，四个来月政教大兴，社会风气大大改观。鲁哀公问孔子，孔子曰："德者，成和之修也。德不形者，物不能离也。"所谓德，就是事得以成功、物得以顺和的最高修养。德不外露，外物自然就不能离开他了。

第三讲

cái dà zhě　wàng zì dà　rén suǒ fú　fēi yán dà
才大者　望自大　人所服　非言大

经典解读

有才华的人，声望和威望自然就会大；人们所佩服的，不是那些骄傲自满、夸大其词的人。

北宋年间著名学者汪洙所写的《神童诗》是一篇影响广泛的启蒙读物。文中"万般皆下品，唯有读书高"至今耳熟能详。这句话说的是：学做任何东西都是低俗的，只有读书才是上乘的品味。这是古人传达的一种精神：要好好读书，读书才能让自己拥有才学，在社会有威望。《弟子规》这四句话不仅告诉我们读书长才学，还传递一种处事态度，真正有才华的人，要懂得谦逊，不能傲物，应把他人放在眼里，这也是"泛爱众"大爱精神所倡导的一面。

现在，社会各种培训班的成立，使课余生活变得"多姿多彩"，让我们各方面的潜能得以发展，特长深化彰显，才华得以展示，逐渐变得小有名声。这时候，就容易不把别人放在眼里，有一种高高在上的感觉，这是不对的。真正有才华的人，并不炫耀。那些不可一世、盛气凌人的人，不仅得不到别人的敬佩，而且还会令人讨厌。

人的差异性有时是来源于遗传因素，有的人天生就拥有音乐、绘画、书法等天赋。所以班级中有的同学擅长唱歌，有的同学擅长画画，有的同学擅长写字……我们非常羡慕这些有特长的同学，佩服他们的才华，甚至还是他们的小粉丝。但如果他们在我们面前总吹牛，说大话，不把我们放在眼里，我们还能服他们吗？班干部如果不能以身作则，对我们耀武扬威，我们还能服他吗？……所以，无论有了哪方面的才华，都不能骄傲。就算在各种考试中、各种竞赛中取得了名次，也不要觉得自己有何了不起。我们取得的荣誉源于老师、父母的培育，源于社会的发展，大家的帮助。

所以，无论有多大的才华，都不能觉得自己有多了不起，每一个人都有值得尊重的地方，这就是大爱。

 故事新说

杨修之死

杨修，东汉末年的文学家。杨修学问渊博，极聪慧，任丞相府主簿。

曹操聚集军队想要进兵正犹豫不决时，厨师进鸡汤。曹操见碗中有鸡肋。正沉吟间，手下夏侯惇问行军口号。曹操随口答道：鸡肋！鸡肋！

杨修见传"鸡肋"二字，便让随行士兵收拾行装，准备撤兵。有人报告给夏侯惇。夏侯惇大吃一惊，于是问道："您为何收拾行装？"杨修说："从今夜的号令来看，便可以知道魏王不久便要退兵回都。鸡肋，吃起来没有肉，丢了又可惜。如今进兵不能胜利，退兵让人耻笑，在这里没有益处，来日必然班师回朝。因此收拾行装，免得临走时慌乱。"

曹操知道后大怒道："你怎么敢乱我军心！"便将杨修推出去斩了。

原来杨修依仗自己的才能而对自己的行为不加约束，屡次犯了曹操的大忌。曹操害怕有人暗中谋害自己，常吩咐侍卫们说："我梦中好杀人，我睡着的时候，你们切勿靠近我！"有一天晚上，曹操在帐中睡觉，被子落到了地上，近侍慌忙取被为他覆盖。曹操立即跳起来拔剑把他杀了，然后继续上床睡觉。半夜起来的时候，假装吃惊地问："是谁杀了我的侍卫？"大家都以实相告。曹操痛哭，命人厚葬近侍。人们都以为曹操果真是在梦中杀人，惟有杨修知道了他的意图，下葬时叹惜地说："不是丞相在梦中，是你在梦中呀！"曹操听到后非常厌恶杨修。

杨修恃才自傲，过于自负，断送了自己的性命。

亲子共话

现代社会，追求多元化，这是社会的一种进步。但如果取得身份，地位，财富之后就总觉得出人头地，高人一等，处处唯我独尊或独妄不已，这样不仅让人非议，而且会惹火上身，像前面讲到的杨修，还有现在的那些落马官员就是见证。

现在的孩子都比较聪明，开放的教育环境使孩子能无所不知，无所不能，特别是先进、科学的教育方式，使孩子能从小就表现出种种才华，很多方面，超越父母。因此，正确引导孩子认识自己的优越，尤其显得重要。如果总陶醉在孩子彰显的种种才能上，再加上孩子喜欢"显摆""逞能"的心理特点，就会让孩子忘乎所以，久而久之养成好高骛远，异想天开，目空一切的性格，想要纠正异常困难。

所以从小就应注意培养孩子，无论取得如何优异的成绩，无论表现如何引人注目，始终要有一种定力：每个人都有自己优势的一面，我还需要完善。

拓展积累

杜审言（约645—约708），唐代诗人，是大诗人杜甫的祖父，少时与李峤、崔融、苏味道齐名，称"文章四友"。他们都大力创作律诗，是唐代"近体诗"的奠基人。根据《新唐书·杜审言传》的记载，"恃才高，以傲世见疾。"意思是，他自恃才华超人，把谁都不瞧在眼里，还经常说大话，遭人忌恨。

杜审言非常有才华，但是问题就在于，这个人才大话也大，故他在历史上的名气远不如杜甫。

第四讲

jǐ yǒu néng　wù zì sī　rén suǒ néng　wù qīng zǐ
己有能　勿自私　人所能　勿轻訾

经典解读

　　自己有才能，不要自私；别人有才能，不要贬低。

　　孔子的《论语》中讲，"天仁者，己欲立而立人，己欲达而达人"。一个仁爱的人，自己有所成就，也要让别人有成就；自己闻名天下，也要让别人闻名天下。这才是君子之道，这就是古人倡导的大爱思想。

　　经常听到大人评价我们自私自利。除了我们多是独生子的这种优越，还与生活的环境有关。以前我们住在平房，东家跑跑，西家串串，和左邻右舍来往密切，相处的其乐融融。现在，家家都住楼房，门挨门相互都不认识。这种成长环境很容易让有的孩子形成冷漠的性情。

　　在校园里，也经常会发生这样的事：别人走到我们身旁。请求帮助解决一道难题，恰好我们正想出去玩，于是就说：没空找别人吧。或者拿过题看了几眼说道：这么简单还不会，真笨。在运动会上，自己班级的同学跑了倒数第一，就埋怨同学不行。别的班级的同学跑了第一，就说人家玩赖，提前跑了。这种事在学校生活中时有发生。有这样的心理也不足为奇，因为我们还不懂得有才能时，要用自己的才能帮助别人；别人有才能时，要欣赏学习；对不如自己的人要鼓励。现在，我们已明白了这些道理，那就努力去做吧。

　　在生活中我们践行爱，就是有爱的人。

 故事新说

大公无私

　　春秋的时候，晋悼公向自己的大夫祁黄羊问道："你看看谁能够去管理南阳啊。"祁黄羊回答："解狐。"晋悼公觉得很奇怪："解狐不是你的仇人吗？你怎么推荐他啊。"祁黄羊说："国君，您问的是谁能够去管理南阳，您没有问我的仇人是谁啊。"不久，悼公又去问祁黄羊："现在军队缺个头，我要找一个人来管理军队，你看谁行？"祁黄羊说："祁午啊。"晋悼公说："祁午不是你的儿子吗？"祁黄羊说："对啊，您问我谁能当军事长官啊，没问我谁是我儿子啊。"祁黄羊这种坦荡的心胸令世人赞叹不已。

亲子共话

　　自私是一种普遍的心理特征，是一种本能的欲望。人有许多需求，如生理的需求、物质的需求、精神的需求、社会的需求等。需求是人的行为的原始推动力，人的许多行为就是为了满足需求。但是，需求要受到社会规范、道德伦理、法律法令的制约，不顾社会历史条件的要求，一味想满足自己各种私欲的人就是具有自私心理的人。没有一个人不希望自己好，与自己关系密切的人和事都好。那种处处以自我为重，不顾及他人感受，在利益面前千方百计争取，甚至侵占别人的利益时还心安理得，这就是自私自利的表现。自己好了，不愿与别人分享，还笑人家。看见别人比自己好，却嗤之以鼻。这就是人们常说的"笑人无，恨人有"的心理。这样的心理是非常可怕的。

　　因此，父母要懂得从小让孩子学会分享自己的快乐，分享别人的成功，克服自私的心理。特别对"笑人无，恨人有"这种酸葡萄心理，要合理引导。某种程度上讲，酸葡萄心理是心理化防御机制的一种表现，是自卫本能。看别人比自己强，就想有什么了不起的，我不稀罕。看别人比自己差就感到很满足，其实这种思维为的是弥补的心理落差，让心理平衡，有这种心理也是合情合理的。但关键是不能任由这种嫉妒和自私的心理泛滥，应该正确适时引导。北京大学心理学系某研究生，在学校认知心理学实验

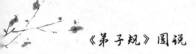

室的电脑上收到美国密执安大学教育学院发给她带有全额奖学金的录取通知书。这个电子邮件当时暂存在某同学的电子信箱里。此后，该研究生等正式通知，仍杳无音信。她托美国的朋友去密执安大学查询，反馈的消息令她感到蹊跷而吃惊：密执安大学收到一封署名她的拒绝该校邀请的电子邮件，因此该校已将原准备给她的奖学金转给了他人。该研究生知道这是某同学所为，于是向法院起诉。某同学在证据面前不得不承认。后来某同学在美国丹佛大学获得了奖学金，但其的不道德行为，使丹佛大学取消了学籍。从此某同学永远被拒绝在美国大学之外。可见嫉妒和自私多么可怕。面对自己的才华，不能盲目骄傲，也不能自私自利，学会与他人交流分享劳动成果。面对别人的才华，不能忌妒，妄加评论，要善于学习。孩子的人生观、价值观不是长大后才去塑造，而应从小培养。

父母要懂得教子之道，这样孩子才能更好地把握自己的人生。

 ## 拓展积累

公孙龙（前320年—前250年），战国时期赵国人，曾经做过平原君的门客，名家的代表人物，其主要著作为《公孙龙子》，提出了"白马非马"等论点，即白马不是普通所说的马。相传他收了一个嗓门很大的弟子，其他的弟子都瞧不起这个人，认为嗓门大叫什么技能。有一次，公孙龙到燕国去见燕王，这位弟子靠大嗓门使公孙龙一行人上了船，没有耽误跟燕王的见面。这时的弟子才认识到，大嗓门真的是一种本领。

第五讲

wù chǎn fù　wù jiāo pín　wù yàn gù　wù xǐ xīn
勿 谄 富 勿 骄 贫 勿 厌 故 勿 喜 新

经典解读

　　不要看到别人有钱就去讨好，不要看到别人贫穷，就觉得自己了不起；不要讨厌原来的东西，不要因为是新的东西，就欢喜得不得了。

　　不能否认，在我国的历史上，可以发现很多嫌贫爱富、喜新厌旧的人。最有名的贪官就是和珅，他不甘心过贫穷日子，极力巴结皇上，收受贿赂，贪赃枉法，最后被处死。陈世美喜新厌旧，贪图富贵，谋杀自己的结发患难之妻，最后被大青天包拯斩了。大哲学家庄子，曾对一个忽然有了一百辆车子出使秦国巴结国君的姓曹的人说道：你给秦王舔过痔疮吧？不然怎么会有那么多车子？我国古代社会是非常瞧不起这种人的。

　　现在，有的孩子家里条件特别好，有人就特别羡慕，甚至愿意跟在他身后讨好。有的孩子家里生活很贫困，有人就显摆自己的条件好，嘲笑人家。特别是对新鲜、时尚事物的无度追捧，对自己原来东西的无情抛弃较普遍。例如，有新的衣服了，旧的就随手一扔；有新玩具了，旧的就丢弃了；有新朋友了，原来的就冷落了；不管自己缺不缺文具，发现自己喜欢的就买。其实，东西都是为人服务的，不能用了，也应感谢它们的奉献。《弟子规》这四句话不是不让我们去追求创造新的事物，而是希望我们不能过于追求物质的享受，要珍惜曾经拥有的和现在拥有的。

　　从出生到大学毕业，学习生涯是十六年，这十六年是我们不断积累知识与培养能力的时期。将来，我们拥有的知识和能力就会厚积薄发，变为财富。所以这一阶段，我们无需去羡慕其他同学的富有，也无需因为自己贫穷而自卑。学生时代大家一切都是平等的。

　　敢于摒弃原来的，创造新的事物，是进步的表现。但不能嫌弃旧的、原来的。只有这样，我们的爱心才会更浓厚一些。

📖 故事新说

宋弘拒亲

宋弘是东汉时非常有名的司空，一个职位非常高的官。第一是由于他很有才华，第二是他相貌堂堂。光武帝刘秀的姐姐湖阳公主丧偶再嫁。光武帝很关心自己的姐姐，准备为她再找一个丈夫，于是就去探探她的口气："您看满朝文武，中意哪个人呢？"湖阳公主说："宋公（就是宋弘）容貌威严，而且非常有大德，我看朝廷里的臣子没有一个赶得上他的。"光武帝一听心里已经明白了。然后他就去找宋弘。此时宋弘已经有夫人了。光武帝就跟他说："俗话说，做了官以后，你就可以把贫贱时候的朋友给换掉了；有了钱，你就可以把你穷苦时候的妻子给换了，这是很符合人情的。"这时宋弘说了一句流传至今的千古名言，他说："臣闻贫贱之交不可忘，糟糠之妻不下堂。"意思是说富贵时不要忘记贫困时的朋友，不要抛弃共同患难过的妻子。

宋弘的这种正直，不畏强权的品质使光武帝刘秀非常佩服。

📖 亲子共话

嫌贫爱富，喜新厌旧是人们普通的一种心理现象，没有人喜欢贫穷，没有人不喜欢新鲜的东西。在孩子们单纯的世界里，更是毫不掩饰自己对新东西的喜爱，希望什么都有。还记得孩子两、三岁时如果大人要他手里的东西，他会死死地用手攥着。如此小的孩子就明白这是属于我的东西，不能给别人，就有了自我意识。所以在遇到事情时，人们的第一反应一定是关注自己的感受。喜欢美好的让人感觉舒服的事物是正常的内心感受。但对贫与富、新与旧却要正确培养孩子的看法。例如逛街时，看见一名乞丐，孩子可能会说："妈妈，你看他多脏，真恶心人。"这时，做父母的不能说："嗯，太脏了，快走。"而应适时引导："是啊，很脏。"但同时又要激发孩子的同情心而说："可他也不希望这样啊。"这样既肯定孩子说的是事实，同时引发孩子一些思考或有了进一步谈话的机会：既然他不希望这样，那为什么会变成这样？……这样孩子看问题就易形成多角度的视角，对问题就容易进行深入分析，同时又培养孩子以宽容之心看待周围的事物。

当孩子非常羡慕同学家富有的生活时，父母就应抓住时机教育孩子说："是啊，这种生活的确不错，所以要努力创造。不过有一点，现在这个孩子的富有并不是他的，而是他父母的。所以，虽然我们贫穷，这仅仅体现在我们吃的穿的用的不好，然而你们的起点都是相同的，你们真正拥有的不是父母给的生活，而是自身的能力与学识。"这样既引导孩子不能盲目追求财富，又能让孩子有信心去争取。

现在，人们特别追求赶时髦，别人有车自己也要买，别人有苹果手机自己也要有，别人捧星自己也随和。甚至不考虑自己经济上是否能承担，硬撑，只为面子。现在，人们浪费东西也特别严重，浪费现象已成为国人的一大问题。不是提倡还过那种节衣缩食的苦日子，而是要知道珍惜物品。曾看到一些媒体报道：为了买一款手机，孩子竟残忍地将双亲药死；为了得到金钱，有的学生不惜向国外泄露国家机密。这些问题都与教育有关，如果从小就教育孩子正确对待金钱，正确对待物品，孩子就不会出现上述的问题。

爱的思想就是存在万事万物中，在一次次抓住时机的教育中渐行渐成的。

拓展积累

子贡曰："贫而无谄，富而无骄，何如？"子曰："可也。未若贫而乐，富而好礼者也。"在子贡看来，"贫而无谄，富而无骄"已经是难能可贵的风范了，孔子却认为仅仅如此还不够，最好是能做到"贫而乐富而好礼"，也就是贫穷但依然快乐，富贵且崇尚礼义。这当然是很高的要求了，但并非做不到。"贫而乐"是在贫困中保持良好的心态，并不代表拒绝财富，而"富而好礼"的态度则有助于那些富人获得更多人的尊重。这是孔子留给后人的巨大精神财富。

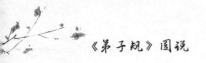
第六讲

rén bù xián　　wù shì jiǎo　　rén bù ān　　wù huà rǎo

人不闲　勿事搅　人不安　勿话扰

经典解读

别人正忙着，不要去打扰；别人心神不宁，不要闲言碎语干扰。

《红楼梦》里有一副对联："世事洞明皆学问，人情练达即文章。"意思是学问、文章并不只在书本中，也在于人情世故中。这四句话表面上看是怎样通晓人情世故，但深层次却包含着处处为他人着想的思想。

前面已经讲过，言语在孔门四科中仅次于"德行"。如果说前面五讲是从思想上培养人们的爱心，那么从第六讲就开始在言语和行为方面培养这种仁慈之心。与人相处，应随时注意自己的言行，不要影响别人的正常生活与工作。别人正忙着，不要把自己的事放在先，让人家先答对你；别人情绪不佳，想一个人静一会儿，就不要看不到火候，上前磨磨叽叽地劝说。孔子两千年前就知道做事要为他人着想并传授后人，由此体谅别人，宣扬大爱思想。

现在，我们极易出现这样的问题：妈妈正与别人交谈，我们就一下子跑过去，让妈妈给买玩具。妈妈说等一会都不行，站在那哭天抹泪的。妈妈在厨房里忙得团团转，我们就一边看电视，一边大声嚷道：妈，给我拿瓶水。妈，我饿了……

校园内外，经常上演一个又一个镜头。

镜头一：两个老师正在讲话，一个同学忙三迭四地跑来说：老师我想进教室拿钱买雪糕。

镜头二：课堂上老师正在讲课，有的同学不停地接话；有的同学正在回答问题，别的同学却一个劲地抢答。

镜头三：中午老师正在办公室里休息，门已锁上，还不停地敲门。

镜头四：一个同学趴在桌子上谁也不理，并表态不要打扰他，这时他的好朋友走来，跟他念念叨叨，这个同学忽然站起来气呼呼地走了……

这些都是生活中发生过的事例。从某种程度上说，现在我们太缺乏礼节教育，根本不知道"人不闲，勿事搅；人不安，勿话扰"的礼仪。

遇事我们能站在别人的立场，不随意打断别人，不随意麻烦别人，能够体谅别人的心思，不去一味地干预，这也是爱的表现。

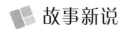 ## 故事新说

不合时宜

三国时，魏明帝最疼爱的一个女儿死了，魏明帝很悲痛。决定厚葬女儿，并且表示要亲自送葬。这时有一位姓杨的大臣进谏说："皇上，您这样做不妥，过去先皇和太后去世的时候，您都没有亲自去送葬，而现在女儿死了，您却要亲自去，这个与礼法不合。"照理说，这位大臣说得没有错，这是符合当时社会礼仪的。但是，问题在于他没有看场合，当时魏明帝已经悲痛欲绝了，他找一个机会提醒魏明帝可以，要讲究一些策略，不能硬顶着对方做。最终魏明帝不仅没有听进去他的意见，还把他赶出了朝廷。

这就是好心没好报，实际上完全没必要这样，有时候遇事也要揣摩对方的心里，达到目的要找到适合的时机。

亲子共话

20 世纪 70 年代的人一定有过这样的心理：老师是绝对的权威，孩子们简直把老师当作不食人间烟火的神仙，从不敢进老师的办公室。过家家游戏就玩"当老师"，觉得老师是天底下最厉害的人。然而现在的孩子，没有了这种敬畏心理，处处表现自我。进老师办公室，毫不客气地打断老师与他人的谈话，说自己的事。大人正在聊天，孩子不停地在旁边插言。让人总感觉现在的孩子缺乏教养。其实这是孩子对人对事缺乏敬畏心理。

心理学家认为敬畏是一种具有自我超越的情绪，它能使人怀着喜悦的心情欣赏周围的事物和生活，它是人们道德和精神追求的力量。《追寻生命的意义》的作者弗兰克尔曾作为集中营的长期囚徒，几乎丧失了一切。他在书中有过这样一段描写："随着内心世界生活渐趋深入，囚犯们还前所未

有地感受到了艺术和大自然的魅力，有时竟使他们忘记了自己的可怕处境。在从奥斯威辛去往巴伐利亚一所集中营的途中，我们隔着囚车小窗的铁栅栏，眺望落日余晖映红萨尔茨堡，我们为久未领略的大自然之美所深深陶醉。"正是这种对艺术和自然的敬畏，才使人们面对苦难的生活仍不失希望。正是由于丧失了对自然的敬畏，人类才毫无节制的向大自然索取，同时也遭受了大自然的一次次惩罚；正是由于丧失了对生命的敬畏，当今社会才频频出现了朱令事件、黄洋事件。培养敬畏不仅对个人身心有好处，对整个社会也有积极的意义。从小就应该培养孩子的敬畏之心，告诉孩子应对生命、自然和宗教常怀敬畏之心。为人处事表现出彬彬有礼的举止，其实就是对人对事的敬重，就像房玄龄一样，不凡的礼仪举止赢得了唐太宗的瞩目，最终成为宰相。

在培养孩子爱心时，还要注意引导孩子做事的分寸，不是一味的帮助就是最好的"救急"。只有在思想上，观念上去改变一个人，才能从根本上解决问题。从这一点来说，人们有时好心好意去帮助别人，结果还落个好心没好报。所以父母从小适时地在"人不安，勿话扰"方面引导孩子体察别人的真正需求，才是真正的帮助。

拓展积累

察言观色，这个成语出自《论语·颜渊》，指观察别人的言行，观看别人的脸色，形容揣摩他人心思。

一次，孔子的学生子张问老师怎样才可叫通达。孔子没直接回答，而是先反问子张所说的"通达"是什么意思。子张说："在邦必闻，在家必闻。"意思是说在朝廷里必定有名声，在家也有名声。孔子道："是闻也，非达也。夫达也者，质直而好义，察言而观色。虑以下人，在邦必达，在家必达。"意思是说，仅有名声，并不是通达。真正的通达是：品质正直，懂礼义；善于观察别人讲话的脸色；常考虑如何谦恭待人。这种人在朝廷必定通达，在家里也必定通达。"察言观色"，形容观察别人说什么话时脸上流露出什么气色，以决定自己该怎样行动。

第七讲

rén yǒu duǎn　qiè mò jiē　rén yǒu sī　qiè mò shuō
人 有 短　切 莫 揭　人 有 私　切 莫 说

经典解读

别人的短处，一定不要揭穿；别人的私密，一定不要乱说。

中国的四书之一《中庸》是一部处世哲学。何谓中庸，中庸之道的主题思想是教育人们共创"太平和合"境界。古人认为：人的自然禀赋叫做"性"，顺着本性行事叫做"道"，按照"道"的原则修养叫做"教"。喜怒哀乐没有表现出来的时候，叫做"中"；表现出来以后符合节度，叫做"和"。"和"，是大家遵循的原则，达到"中和"的境界，天地便各在其位了，万物便生长繁育了。一句话，做事要注意适度。

《弟子规》这里面的短指的是我们自身存在的一些不足，私密指的是隐蔽不为人知的事情。例如，别人长得矮，我们就不要说你怎么长的，像个矬子似的；别人穿得不好，我们就不要说你家怎么那么穷，像个要饭的，这就是揭短。刨根到底问别人的钱是怎么来的，偷看别人的日记，这就叫揭秘。

这里不是提倡要包庇别人的缺点，而是要适时注意保护别人。人不可能是完美的，每个人都有一些不足，但不要当众说出别人的不是，同时还要注意保护别人的隐私。别人不愿意说出的事，不要随随便便曝光。像今天很多明星的个人秘密，被媒体、网友拍来传去的，这就非常不道德，也容易沾上麻烦。现在人们都会玩微信，很多人就在微信散布一些消息，弄得人心惶惶，社会不安，严重的还要受到法律的制裁。

校园内，三三两两的同学围在一起嘀嘀咕咕地说着什么，只见一个小男孩忽然哭了，原来是同学拿他背后梳着的小辫子说事。一个说：你是小女孩，干脆穿裙子吧。一个说：丢不丢人，男孩还扎着辫子。一个说：你去跟小女孩玩吧……

其实这就叫揭短，当众拿别人取笑。这种行为是不对的。别人为什么梳个小辫子，肯定是有原因的，怎么能拿这说事呢？对人不揭短，但也不是护短。对他人的一些问题可以好心提醒，策略地帮助。例如，衣服穿的不得体了，私下里告诉他说怎么打扮，而不能当众说人家土气。

爱别人就要从对方的角度考虑问题处理问题，我们要善于保护他人的隐私，这也是大爱思想。

 ## 故事新说

王羲之诈睡

王羲之小时候，大将军王敦非常喜欢他，经常带他在自己的帐中睡觉。有一次王敦先起床了，过了一会儿，王敦的参军钱凤进来。二人屏退他人共商叛逆的计谋，都忘了王羲之还在帐子里。此时王羲之已经醒了，听到了他们的密谋，知道自己听了他们的密谋一定会被杀掉。于是故意流口水弄脏头脸和被褥，装出一副熟睡的样子。王敦和钱凤讨论事情到一半，方才想起王羲之还在床上睡着，两人都大惊失色说："不得不除掉他。"等到打开床帐，却发现王羲之脸上被褥上到处是流出的口水，确信他睡得正熟，于是王羲之保住了性命。

亲子共话

未经同意，不私看他人的信件或日记；不私自闯入他人住宅；不私自发布和传播他人的隐私。从小父母就要给孩子讲这样的道理。据说在龙的喉部以下，约距离一尺的部位上有块"逆鳞"，如果谁不小心触摸到这一部位，必定会被激怒的龙所杀。人身上也有类似龙那样的特别敏感、特别忌讳的"逆鳞"存在，就是人们所说的"痛处"，是一个人的缺点和耻辱的记忆。如果你总是以揭他人之短来证明自己所长从而获得心理上的满足，那只能对你有害无益。

古人云，来说是非者，便是是非人。无论是人之短也好，人之私也罢，人之短私都衔接着人的尊严。

在"彼说长，此说短"一讲中，从诚信方面，已谈到说长道短的问题。

这里《弟子规》是从博爱的思想出发来传递一种为人处事的态度。

每个人都有自己的短板，同样也都有独特的长板。决定人的价值的是长板，不是短板。有这样一个现象：往一个木桶里倒水，决定能装多少水的是木桶竖着的长板，不是木桶底的短板。所以人类要互相爱护，而不要拿别人痛处、短处说事，更不能利用别人短处。在孩子面前不要总谈论张家、李家的私事或是望风捕影之事，这容易影响孩子。但不是说要严格按这个规矩照本宣科地说话办事，而是适度说话做事。特别是在网络、媒体特别发达的时代，各种信息蜂拥而至，如果从小不培养这样处事的智慧，到处乱说就会麻烦不断。

看到别人的不足，适时引导孩子说：他也不想这样，一定是有很多原因的。例如，肥胖儿客观上有遗传因素，主观上可能在吃东西方面不够节制，或与父母从小在饮食方面没有科学搭配有关。遇到他人的隐私问题，例如，有人犯法了，适当告诉孩子，咱们千万不要去做坏事，做坏事最终一定要受到法律的制裁。咱们也不要到处传播别人做的坏事，多宣扬好事。

试想，遇事这样教导孩子，在复杂的人和事面前，孩子就知道该如何妥善处理，既保全自己，也是对他人的一种尊重。

拓展积累

《菜根谭》为明朝道家隐士洪应明所写，是以处世思想为主的格言式小品文集。采用语录体，秉承道家文化以道为底本，糅合了儒家的中庸思想。从结构上，《菜根谭》文辞优美，对仗工整，含义深远，耐人寻味，是一部有益于人们陶冶情操、磨炼意志、奋发向上的通俗读物。

《菜根谭》不责人小过，不发人阴私，不念人旧恶。三者可以养德，亦可以远害。

第八讲

dào rén shàn jí shì shàn rén zhī zhī yù sī miǎn
道 人 善 即 是 善 人 知 之 愈 思 勉

经典解读

　　称赞和传播别人美好的行为，本身就是美；别人知道了，会不断地勉励自己去做这样的好事。

　　《中庸》里讲道：隐恶而扬善。就是别人不好的不要到处说，别人好的要努力地传播。人之初，性本善，每个人都喜欢追求真善美的事物。当做了好事不断被人们宣扬时，既得到了赞美，又满足了心理需求，就会更加努力去做。虽然这个好事不是自己做的，但去传播，这种行为是多么令人称道。

　　社会各种媒体每天不断地传播来自五湖四海的信息。作为大众媒体，有责任和义务让社会充满正能量，让真善永驻人间。传播见义勇为与歹徒搏斗的大学生的事迹；传播扬州一中学生不小心刮到一辆奥迪车后，留下了联系方式，勇于承担责任的故事；传播古往开来充满正义的大事小事……这些有影响性的社会报道是一种扬善之举。

　　如何扬善呢？要善于发现身边的美。我们逛街时发现四岁左右的小朋友搀扶一位老爷爷走路；看到×××同学从不乱丢垃圾，哪怕一根雪糕棍，也要扔到垃圾桶里；发现邻居阿姨总是照顾对面的孤寡老人……这些折射出人性真善美的平凡小事，我们要给身边的人讲，这就是扬善。每年的3月5日是伟大领袖毛主席发出向雷锋同志学习号召的纪念日。提起雷锋，就想到好人好事。有的孩子说我也想捡钱交公，可是我没捡到；有的孩子说我也想帮老爷爷推车，可是我没遇到……其实好事何止这些，看到别人取得好成绩就祝贺他真行，看到别人做事努力就夸他真上进，看到别人工作负责就夸他有责任心……这种赞扬美的行为就是在做好事。

　　只是我们往往看不到这种美，或者对这种善良美好的行为不以为然。

在学校，看到值周生中午顶着烈日监督同学出入校园，并没有感谢之意，相反有的孩子想办法溜出去。看到×××同学捡拾操场的垃圾，不为所动，相反还觉得真傻……所以只有能感受美，才能传播美，让那些具有美的人得到赞赏，就会让更多的人践行美。

爱别人，赞美别人，同时我们也会得到爱的回报。

 ## 故事新说

淳于恭之爱

淳于恭是东汉末年的一个仁爱之人，一生清静不慕虚名。他的家有山田，也有果树。当时闹饥荒，经常有人去他家的田地偷摘果树和偷割稻禾。对于这些偷盗之人，淳于恭反而采取宽容善待的态度。当看到有人偷采果实时，他就去安慰、帮助他们采摘，并让偷果实的人把果子带走；当他看到有人偷偷到他家田里割庄稼，担心小偷遇见他会感到羞愧，就趴伏在草丛中，等到割庄稼的人从容离去再站起来。淳于恭的高尚行为，使村落里的人深受感化，后来，偷盗的事情也就很少见了。

同时，在他的引导下，村民们也抛弃了在战乱中生命难保、不愿意耕种的情绪。因为当时村民认为战乱不止，什么时候死都不知道，所以也就放弃了耕种。淳于恭对乡人说："纵我不得，它人何伤！"意思是：就是到时自己死了，得不到，那留给别人享用，又有什么关系呢！

淳于恭病逝后，朝廷在他的家乡刻碑，以表彰他的作为。

亲子共话

前苏联著名教育实践家和教育理论家苏霍姆林斯基曾说："善良的情感是良好行为的肥沃土壤。"可如今，父母们十分重视孩子的身体健康和智力发展，却极少关注孩子是否具有关心别人、乐于助人这种善良的情感。因此感到孩子越来越自我了，越来越目中无人，缺乏一种热情和信念。如何把孩子培养成善良的人？在这一讲中给出了很好的方法：那就是要经常发现美并且善于宣传美。这种行为不仅让他人得到赞赏，而且是自己善良、美的表现。心理学家研究结果表明，赞美是人的心理需要，它能让人们在

自我需要方面得到满足。如果老师经常去表扬那些保护环境对人有礼貌、乐于助人的孩子，并用适当的方式给予激励，校园内这样的孩子就会越来越多。研究结果表明儿童的动作、语言、技能及行为习惯、品质等的形成和发展都离不开模仿。模仿他人是小学生重要的学习形式之一。所以要引导孩子去感受美，就要从小培养孩子的善良之心。怎么做呢？哈佛大学的理查德·韦斯布尔德提出很好的建议。

首先，父母要科学地引导孩子关心他人。孩子们需要学会平衡自己的需求与别人的需求。例如，孩子退出了一项比赛，就应该引导他想想自己的退出对团队的影响，鼓励他在放弃之前努力解决存在的问题。不要对孩子说："只要你开心就好。"而要说："最重要的是责任。"

其次，努力制造机会让孩子学会关心和感谢别人。研究表明，习惯于感谢别人的人往往更热心，更宽容，更具同情心和包容心，他们往往也更加快乐和健康。怎样做？让表示感谢成为常规。无论别人帮助是大是小，都要说声：谢谢。

最后，还要注意扩大子女关心的范围。几乎所有孩子都关心小范围的家人和朋友。父母的挑战是帮助孩子学会关心这个圈子以外的人。孩子们需要学会关注身边的人，同时也要看到全局。在全球化的世界里，孩子还需关注生活在不同文化和群体中的人。

拓展积累

子曰："舜其大知也与！舜好问而好察迩言，隐恶而扬善，执其两端，用其中于民。其斯以为舜乎！"孔子说："舜可真是具有大智慧的人啊！他喜欢向人问问题，又善于分析别人话语里的含义。隐藏人家的坏处，宣扬人家的好处。过与不及两端的意见他都掌握，采纳适中的用于老百姓。这就是舜之所以为舜的地方吧！"

第九讲

yáng rén è　jí shì è　jí zhī shèn　huò qiě zuò
扬 人 恶　即 是 恶　疾 之 甚　祸 且 作

经典解读

　　到处宣扬别人的缺点或过失，这就是不好的行为；如果指责批评太过了，还会给自己招来灾祸。

　　古人讲："口为祸福之门。"认为人所招来的祸端是因为没有掌控好"口"这扇门。所以传统社会希望孩子从小养成谨言慎行的习惯，管好自己的嘴，不要去惹事。在传统观念里，特别忌讳扬人恶，认为说人家的不好，就是一种恶行。其实，到处乱说别人的缺点，而且当成一种乐事，甚至有幸灾乐祸的嫌疑，无论传统社会还是当今社会，都是不提倡的。

　　现实生活中会出现许多不应该发生的事情，特别是在相对透明的网络时代，各种各样的事情不断曝光。什么高三学生因高考失利跳楼自杀；什么教师因处罚学生不利被开除；×××学生的爸爸偷东西被警察逮捕……这些都属于不好的事。当听到这些事情时，要有恻隐之心：这样的结局太让人心痛了；要有一种是非观：这样的事情一定不能去做，还要避免添油加醋到处乱讲。对于恶人，一定要惩戒，要敢于批评、反对，但不是凭主观臆造事实传播。

　　在学校，×××同学捡到钱自己留了；上课时偷拿同桌的笔了；写作业时偷看前面同学的答案了……这些时常发生在学习生活中的事，不要大惊小怪的，也不要到处讲。其实，在我们成长的过程中总会犯这样或那样的错误，犯了错误要帮助同学及时改正，而不是到处宣扬错误。

　　这里不是让我们绝口不提别人的不是，而是告诫我们不要以讲别人的不是为乐，为痛快。

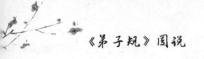 故事新说

滥言舌枯

民间编了一个这样的故事。从前有个人叫祝期生，这个人特别愿意说别人的坏话，以说别人的坏话、传播别人的坏事为最大的乐趣。他如果遇到那些相貌丑陋的人，就不断地讥讽人家；如果碰见相貌俊美的，也要去诋毁人家。遇到笨的就欺负人家，遇到聪明的就挤对人家；遇到穷的就瞧不起人家，遇到富有的人就诽谤人家；看到人家奢侈他要骂，看到人家节约他也要骂。看到人家说好话，祝期生就说：哎，只是嘴上说说，他心里不是这么想的。如果有人在做好事，祝期生就说：哎，怪了，他既然做了这么一件好事，那件好事他为什么不做呢？他就是这样一个让人很讨厌的人，一辈子就过这个日子，到处乱讲。到了晚年，祝期生得了一种病，舌头发黄，必须用针去刺这个舌头，挤出一碗血才能康复。最后他的舌头枯掉了，人就死了。

亲子共话

国家政治越来越透明，能比较客观、公开、透明地报道一些事实，特别是对一些违法乱纪的曝光率明显增加。在为国家的自由、民主、透明叫好时，社会各种背离人性的事情也让人不禁发问：这个社会怎么了？还敢相信别人了吗？《弟子规》在这里给了人们很好的指引。

《弟子规》来源于儒家的学说，儒家学说两大核心要点：仁礼合一，即凡而圣。圣人境界就是人性在不离凡俗世界的礼仪实践中。"仁"的内在情感与"礼"的外在行为合而为一，就是道德实践整个过程的完成，这是一核心。"即凡而圣"是第二核心，也就是"极高明而道中庸"。"极高明而道中庸"是《中庸》里的一句名言，意思是圣人之道，虽然高明远大，但实践起来却不离乎百姓日用。那么从这里就可以理解"扬人恶，即是恶；疾之甚，祸且作"，就包含了这个"极高明而道中庸"的哲学思想。这里不是培养明哲保身的态度，而是告诫人们凡事都要有"度"，过之不犹。孔子主张"以直报怨"，用正直刚正不阿的作风，去面对不对的人或事。对一

些丑恶的现象要敢于抨击这样才能扬善抑恶，但不以传播假恶丑为乐事，不津津乐道以社会负面的事为满足，否则就会惹祸上身。

所以，当我们的孩子在家以一种"幸灾乐祸"的语气汇报学校，×××被老师批评了，×××被扣分了，×××欺负别人被家长打了……作为父母，此时一定要善于做引导，要告诉孩子他们这种行为是不对的，是伤害别人的，一定不要做。同时告诉孩子，这些孩子一定出于什么原因做了错事，也一定很后悔，要帮助他们改正错误。这样教育不仅使孩子能分清是与非，而且还不能让孩子到处说别人的不是。孩子就是孩子，他们做事全凭真性情，根本不知道怎么看待、处理一些事。这时父母的引导就显得极其重要。同时，父母自己也要注意面对种种丑陋的社会现象，不能不加分析地到处宣扬，甚至添枝加叶，以发泄心中的不满情绪。有的媒介负面报道的案例特别频繁，极大地影响了人们的心理健康。所以对孩子的教育问题，一定要适度引领，理性分析，不能随邦唱影，随心所欲。

浪子回头金不换，这个典故都知道，就是要从大爱出发识人识事。让不好的人变好，让好人更好。

拓展积累

《菜根谭》告诫人们攻人之恶毋太严，要思其堪受。《菜根谭》中说："指责别人的不良行径时，不要太严厉，要考虑人家心理上是否承受得住。"

《朱子童蒙须知》凡闻人所为不善，下至婢仆违过，宜且包藏，不应便尔声言。当相告语，使其知改。《朱子童蒙须知》中教育孩子："凡听到别人做事有不好的地方，下至仆人们的违过，适当替他们掩饰，不要随意去说它。对于他人的过错，最好是跟他本人直说或委婉地说，使其知道后改正。"

第十讲

shàn xiāng quàn　　dé jiē jiàn　　guò bù guī　　dào liǎng kuī

善 相 劝　德 皆 建　过 不 规　道 两 亏

经典解读

　　与人相处时，要互相提醒，劝人向善，这样对大家建立良好的德行都有好处；如果看到别人有过失，却不去劝诫，这样对两个人都不好。

　　这四句话实际上是讲如何与人交往的，人和人之间要扬善抑恶。大家都去做善事，传递美好的行为；对于一些问题，互相规劝，不淡然视之。古人做事是非常讲究"扬善于公堂，归过于私事"的策略，就是对于一些好人好事在公开的场合要大肆传播；对于一些过错，要顾及一下别人的感受，要私下劝告。目的就是希望大家不断完善自己，让世界更美好。

　　生活中，当我们与家人、朋友、同学相处时，会发现父母、朋友、同学有许多问题。例如，发现父母随手丢垃圾，要告诉父母这是不对的；发现同学骂人，要告诉他这是不文明的；发现朋友贪小便宜，要告诉他不能这么做。不要视而不见。

　　在校园内，同学之间经常发生矛盾。有时候，玩着玩着就打起来。这时我们不要害怕惹事就躲开，最好能制止他们，然后劝大家好好相处，珍惜友谊。如果做不到这些，就想办法通知老师，请老师帮忙。这样做就能避免双方受到更大的伤害。

　　如果发现别人有不好的行为不去劝诫，任其所为，会使他们错上加错，也表明我们在品德方面也是有欠缺的，因为人要有正气。

　　努力地规劝有问题的人好好改过，努力地规劝他人成为善良的人，这是多么爱人的表现啊！

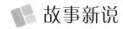 故事新说

管宁讲学

管宁，三国时期著名隐士。他自幼好学，饱读经书，一生不慕名利，是管仲的后人，与平原华歆、邴原称为一条龙。华歆为龙头，邴原为龙腹，管宁为龙尾。一生讲学，影响甚广，曾多次婉拒朝廷官聘。

管宁所居住的地方有一口井，来挑水的人很多，每天吵吵嚷嚷。有时人们为争水而吵起来。管宁为此事很忧虑。后来他买来很多水桶，为挑水的人们准备的。来取水的人们知道是管宁所做的，都非常感动。往日因为水而争吵的人更加内疚，从此，相互谦让，再也没有出现纷争。

邻居有头牛，时常破坏村民及管宁的粮田。一日，这头牛又在管宁田地啃吃庄稼。管宁见后，将牛牵至树下拴好，割草打水喂养牛。牛的主人看见了觉得十分羞愧，以后再未把牛放到田边。

由于管宁的言传身教，讲诗书，陈俎豆，饬威仪，明礼让。人人守礼谦让，户户和睦相处，此风在辽东渐而相传，管宁在百姓中声望日高。

亲子共话

"善相劝，德皆建；过不规，道两亏"这四句话与"人有短，切莫揭；人有私，切莫说"看起来好像有矛盾，其实不然。前四句是培养人们的浩然正气，后四句是涵养人们的性情。当周围的人做错了事，不能采取明哲保身的态度，而是想办法让他们认识错误，去做好人。而"人有短，切莫揭；人有私，切莫说"是提醒人们不要说长道短。

从小，就要培养孩子的善良、正直、责任感。不能事不关己高高挂起，或者是求保全、弃正义，但要注意方式。《了凡四训》讲到：判断正确之后才去劝，不然是非没弄清楚，适得其反。另外还要看这件事自己是否有能力解决好。做什么事，即便是好事，也要考虑周全，不能只凭义气和勇气。这样，孩子做事就不会片面、冲动，遇事都能斟酌再三。

虽然媒体不断曝光市民面对不法分子无动于衷，对跌倒求助的人漠然回避，但仍不要一味地给孩子灌输世界很可怕，不能相信别人了，不能做

好事了的观念。正确的做法是父母要理智地告诉孩子，面对这些情况，首先要判断真假；其次要看自己是否有能力帮助他人；如果不能，换一种方式，比如打电话给警察叔叔让他们处理。如果一味地让孩子回避，保护自己，孩子不仅会变得自私自利，而且极易缺失安全感，怀疑一切，最终导致心理障碍。

总之，面对生活中发现的各类各样的事，父母在教育孩子的时候一定要注意科学引导，使孩子身心健康发展。

■ 拓展积累

善举需要滋养，滋养它的一个重要方法就是荣誉、奖励和补偿。早在两千多年前孔子就讲过这个道理，他说："见义不为，无勇也。"同时反对盲目行善取义的做法。子贡在国外赎回一个鲁国的奴隶，却不按鲁国法律规定领取国家补偿，孔子批评他说："夫圣人之举事，可以移风易俗，而教导可施于百姓，非独适己之行也。今鲁国富者寡而贫者多，取其金则无损于行，不取其金，则不复赎人矣。"意思是，如果大家都学你这样，那就有很多人做不到，鲁国设法赎回在国外的奴隶，这一计划也就落空了。相反，一次子路救起一名落水者，落水者谢他一头牛，子路接受了，孔子很高兴，说，鲁国这种见义勇为者日后就会多起来。这可以认为是行之以善与善得以行的辩证法。

第十一讲

fán qǔ yǔ guì fēn xiǎo yǔ yí duō qǔ yí shǎo
凡取与 贵分晓 与宜多 取宜少

经典解读

　　凡是涉及到拿和给的，一定要弄得明明白白；给别人的时候多一点，拿进的时候，少一点无妨。

　　古人讲："取予不可苟且"，"取予有节，出入有时。"就是拿进什么东西，给出什么东西，都不能随随便便，苟苟且且，要光明正大，有节有度。古人是几代同堂，在财物分配方面如果不均衡，势必会造成矛盾。但天下没有绝对的公平。所以古人特别讲究礼让的行为，处处体谅，处处相让。给别人尽量多一点，留给自己尽量少一点。这样大家互敬互爱，和和气气，天下太平。

　　生活中会经常遇到给和拿的问题。父母给我们需要的东西，我们也会把东西分给同学、朋友。怎么给？怎么拿？我们并不清楚。《弟子规》这四句明确地告诉我们，拿和给一定要分辨的清清楚楚，给别人的适宜多一点，取回的适宜少一点。然而生活中我们恰恰是拿回来的多，给别人的少。

　　在学校，老师在分餐时，恰巧赶上菜少，我们是不是担心分不到呢？有这样一件事：在一次实践课上，老师让大家每人到讲桌上拿一个苹果。同学们拿苹果时，有的同学挑选大的、好的，有的同学随便拿走一个。到了王悦时，她发现盘子里的苹果只剩4个，而她是最后的五名同学之一，于是她悄悄躲在一边，让后面的同学拿。老师默默地注视着所发生的一切。苹果都分完时，老师说："这堂课测试结束了，获得第一名的是王悦同学。"同学们一下子怔住了。老师奖励王悦同学一个最大的金色的苹果。因为王悦同学把拿的机会给了别人，她得到是大家的尊重和敬佩。这种精神财富是物质无法给予的。

　　此时，我们不禁思考：给比拿得到的更多、更重要。

◼ 故事新说

刘宠掷钱

汉代一位名叫刘宠的人，因为仁爱惠民，被吏民爱戴。母亲患病，他弃官回家。百姓送他，连道路也堵塞了，车子都不能前进。他曾四次升迁担任豫章太守，又三次升迁担任会稽太守。

一次，刘宠被上级调任。山阴县有五六个老人，听说刘宠要走了，都来相送，每人拿着百钱，送给刘宠。刘宠安慰他们说："各位长者何必这样呢？"老人回答说："别的太守在任时，派官吏到民间搜求财物，白天黑夜不断。有时狗叫通宵，百姓不得安宁。自从您到任以来，夜里听不见狗叫声，百姓看不到官吏抢劫财物。我们逢此太平盛世真的很感激您呀！现在听说您要离我们而去，因此我们特意来奉送。"刘宠说："这钱我不能收。"但老人非要他收，刘宠盛情难却，于是就收下了。

出了会稽郡时，刘宠将这包钱投到了江中。于是，大家都传说这段河水从今往后特别的清澈，这条江就是今天的钱清江。

◼ 亲子共话

孔子讲人性本善，荀子讲人性本恶。其实人性中有善有恶，关键是怎么扬善抑恶。人是比较自我的，都希望自己更好，家人、亲戚、朋友更好，凡是跟自己有关的事物，都希望好。有利于自己的东西越多越好。这是人正常的思维，也符合人性。

但怎么看待取与舍的问题，就需要进一步思考了。人的欲望无穷大，正因为如此，多少有才华的人走向欲望的深渊不能自拔，枉费一生。多少经历风风雨雨走向权力巅峰的领导触犯法律，桎梏铁窗，成为阶下囚。

现在的孩子独生子女居多，缺乏与兄弟姐妹分享的成长经历；如果再缺乏正确的引导，就会比较自私。如何让孩子的心胸开阔，不仅让自己生活快乐，而且让周围的人感觉温暖。这就需要正确培养孩子拿与给的人生观。君子生财，取之有道。首先，拿要光明正大地拿，用自己勤劳的双手去创造，获得财富，体现人生的价值。不义之财不可取。所以当孩子拿了别人的东西或拾到财物时，应教育孩子这不属于我们，要送还。

其次，要灌输孩子一种思想：对知识要无止境地摄取，对物质要学会满足。当孩子羡慕别人的华衣、豪车时，要引导孩子衣服是保暖的，车是方便出行的，不是比贵重好看的。

再次，要让孩子明白，给予是快乐的，同时又是得到的。当给别人的时候，赢得的是尊重和感恩，这就是最大的回报。用伟人的事例和生活中的故事来熏陶孩子，像伟大作家高尔基的故事：给比拿快乐。季羡林老先生的：自己的花是给别人看的……

如果都能这样培养孩子人生的价值观，孩子生活将是快乐的，踏实的。当然不是希望孩子都成为清心寡欲之人，经济基础决定上层建筑。社会需要下一代去开拓、进取，需要他们有更高更远的追求。如果孩子们能正确看待物质财富，在得到的时候知道给予，造福他人和社会，这就是生命的价值。

拓展积累

《东观汉记》记载：东汉时期，在洛阳的太学里有一位名叫甄宇的太学博士。当时每年腊月，皇上都会下诏赏赐每位博士一只羊。羊有大有小，有肥有瘦。分羊时大家商量说打算把羊杀掉，平均分配羊肉。甄宇说："不能这样做。"又有人建议用抓阄的办法来分羊。甄宇认为这种斤斤计较的分羊方式太可笑了。于是走到羊群中，首先挑出了一只最小最瘦的羊，牵着就走了。那些博士们一看，都不好意思再争什么了，纷纷不论肥瘦，各自牵羊走人，羊很快就被分光了。

一次，光武帝视察太学，想召会甄宇，直接询问"瘦羊博士"在哪里。自此，京师洛阳的人们就以"瘦羊博士"来称呼甄宇。这也是成语"瘦羊博士"的出处。

第十二讲

jiāng jiā rén   xiān wèn jǐ   jǐ bù yù   jí sù yǐ
将 加 人　先 问 己　己 不 欲　即 速 已

经典解读

在要求别人做事时，先看看自己能否按要求达到；如果自己做不到，那就马上停止。

这四句话概括起来理解就是：己所不欲，勿施于人。这是孔子的名言，意思是自己不想要的结果或不情愿被这样对待，就不要使得别人遭受这样的结果和这样的对待。这句话是处理人际关系的重要原则，指人应当把对待自身的行为作为参照物对待他人，通俗理解就是：自己做不到，便不能要求别人做到。这里面包含着一种品质：能体谅别人，站在对方角度思考，这也是大爱的体现。

现在，人们好像对别人要求很严格，对自己比较宽容。经常听见大人告诉我们，不要玩电脑，好好写作业，而他们在电脑前不是看电影，斗地主，就是玩游戏，一坐就一天。告诉我们不要闯红灯，他们却对红灯视而不见。

在学校班干部不让我们说话，自己却随便说。久而久之，班干部发号施令，我们并不在乎，不好的行为不仅没有得到有效的制止，而且还逐渐形成。所以，当我们要求别人怎么做的时候，自己一定先做到，如果自己做不到，就不能要求别人做到。如果不喜欢被别人指责，就不要总指责别人。当出现问题时，不要一味地抱怨他人，而是多理解，多包容。例如，×××同学在比赛中输了，班级因此没拿到名次。这时，我们应该安慰他，给他信心，而不是怪罪他。乘车时，车晚点了，不要抱怨不止。想想，谁都不是故意耽搁时间的。

总之，在处理生活的各种事情时，我们要推己及人，关注自己，更要关注他人。

 故事新说

曹操毁信

东汉末年，曹操在和袁绍作战时，处于下风，他的许多部下对胜利没有信心，都和袁绍暗中联络，以防后路。后来官渡之战后，曹操打败了袁绍，从袁绍那里缴获了这些书信，曹操看也不看，就让人烧毁了。有人问曹操，为什么不查查是哪些人和袁绍勾结。曹操说："这些跟我打仗的人谁没有家庭儿女，谁在绝望时也会找出路。当时，我也没有信心，何况他们？所以不能去追问了。"

曹操在这里遵循了推己及人的原则。

亲子共话

"以恕己之心恕人，则全交，以责人之心责己，则寡过。"这句话是说对别人要宽容，对自己要严格。如果能做到这两点，真可谓圣贤。"己所不欲，勿施于人"就处处体现着这种宽容，是人与人交往的黄金法则。可见这句话所包含的处事原则有多么重要。

现在的孩子总要求别人如何如何，很少想到自己该如何如何。总希望别人给自己多一点，对自己好一点，很少想到要给别人多一点，对别人好一点。当父母因某事耽搁接孩子晚了一会，孩子噘着嘴第一句话是说："怎么才来啊！我都等老长时间了。"逛街回来，没有买到孩子喜欢的东西，孩子就会又哭又闹。东西被小朋友弄坏了，不依不饶。这样的场景在生活中随处可见。其实，这些都是与父母的教育有关，当孩子埋怨父母来晚时，要和他讲为什么来晚了，父母来晚时那种焦急的心理也要讲给孩子们听，同时还要告诉孩子面对这种"意外"事情应该如何做：要耐心等待，要想爸妈一定有原因，他们也一定很着急。东西被弄坏了，告诉孩子对方不是故意的，假如把别人的东西弄坏了，是不是很怕被纠缠，批评。那就要体谅对方。

面对生活中孩子们出现的各类事情，要注意多引导孩子从对方角度出发看问题，培养孩子宽容大器的胸怀。同时，一定要注意以身作则，要求

孩子做到的，父母必须做到，否则，令而无从。

 拓展积累

　　子贡问曰："有一言而可以终身行之者乎?"子曰："其恕乎! 己所不欲，勿施于人。"子贡问老师孔子："有没有一个字可以终身受用的?"孔子说："那大概就是'恕'字吧! 自己不想要的，也不要施加给别人。"

　　仅仅一个"恕"字就可以终身受用，可见这个字太重要了!"恕"字从其字形上看，是"如心"，也就是"如自己的心"，是把别人的心和自己的心来比较，用自己的心去体会别人的心。

第十三讲

ēn yù bào　　yuàn yù wàng　　bào yuàn duǎn　　bào ēn cháng
恩 欲 报　怨 欲 忘　抱 怨 短　报 恩 长

经典解读

对我们有帮助的要回报，对我们有怨恨的要忘记；怨恨是一时的，回报是永远的。

有恩必报，这是中国的传统文化。古人讲，滴水之恩当涌泉相报。古人教人向善，讲"善有善报。"教育人要感恩，讲"受人之恩，当以回报。"这是做人的本性，是一个人基本的良心。这就是告诉我们人要懂得感恩，做人要多怀感恩之心。

当我们享受大自然阳光雨露时，要感恩自然，珍惜保护好人类共同的大家园。当我们得到社会提供的各种服务时，要心生感激，好好工作回报社会。当我们得到家人、他人的关心时，要心存感恩，善待他人。这种感恩的情怀是需要一生一世拥有的。

而当遇到不如意的事，例如，坐车时，被人挤倒了；跑步时，被前面的人绊倒了；帮助朋友劝架，反遭唾骂……我们当时可能是非常气愤的，但过去了就要渐渐学会忘记，既然已成为事实，抱怨也不能让这件事不发生。只要对方道歉了，知道错了，就可以了。

上学时，没顾上吃早餐，当同学把一块面包递过来时，我们要心存感恩；钢笔坏了，同学送上一支钢笔，要心存感激；本子掉了，同学帮助捡起来，要心存感激……学会感激，让我们内心充满温度。

人的心就那么一点儿地方，要装着美好的事物，要给它输送营养，至于一些不好的事情就让它们随风逝去。这样，我们该多么快乐幸福。

 **故事新说**

瓜地之争

魏国边境靠近楚国的地方有一个小县，一个姓宋的大夫被派往这个小县去做县令。

在两国交界地方居住的村民们都喜欢种瓜。这一年春天，两国的村民又都播种下了瓜种。

不巧，这年春天天气干旱，魏国的一些村民担心这样旱下去会影响收成，就每天晚上到地里挑水浇瓜。瓜苗长势明显好起来。

楚国的村民一看到魏国村民种的瓜长得又快又好，非常嫉妒，有些人晚间便潜到魏国村民的瓜地里踩瓜秧。魏国的村民非常生气，也要到楚国的地里去踩瓜秧。

宋县令知道后耐心劝导村民说："如果你们一定要去，也没有什么错。去了之后，最多只是解解心头之恨。可是，他们也不会善罢甘休，如此下去，双方互相破坏，谁都不会得到一个瓜的收获。所以你们不如每天晚上去帮他们浇地，结果怎样？你们自己就会看到。"

于是，村民们按照宋县令的意思去做。楚国的村民发现魏国村民不但不记恨，反而天天帮他们浇瓜，惭愧得无地自容。

这件事后来被楚国边境的县令知道了，便将此事上报楚王。楚王原本对魏国虎视眈眈，听了此事，深受触动，甚觉不安。于是，主动与魏国和好，并送去很多礼物，对魏国有如此好的官员和国民表示赞赏。

亲子共话

据资料调查显示70%的小学生以为父母的付出是天经地义，没什么过意不去的。孩子们认为父母的付出是理所当然的，无需回报。所以当父母给了孩子无尽的爱，收获的却是孩子的冷漠与自私，让人感到吃惊与心寒。

为什么父母把一切都给了孩子，他们还不满足，不求进取。殊不知，正是因为父母的爱导致孩子不懂得感恩，只一味索取。老人常说这样一句话：穷人家的孩子早当家。但这句话对现在一些家庭贫困的孩子来说好像已失去了意义。对于国家的帮扶、社会各界爱心人士的奉献，很多受赠的孩子不领情不道谢，并且认为这是应该的，不能把这份爱化为力量。

曾看到这样一则报道：著名歌手丛飞节衣缩食为贫困学生捐款300万元，而他在重病时却无人援助。一对老夫妇遇到一个买不到车票回家过圣诞节的年轻人，便邀请年轻人共度节日，遭到推辞后，老夫妇竟把车借给年轻人开，但年轻人从此杳无音讯，再也没有回来。

感恩是什么？《现代汉语词典》的解释是："对别人所给的帮助表示感谢，是对他人帮助的回报。"每个人都生活在群体社会中，没有一个人能不依靠别人的帮助独自生活下去。人和人之间是需要互相帮助的。对别人的付出要努力回报，这个社会才能健康发展。否则人人都只为我，人人都自私、冷漠，这个社会该多么可怕。

那么，如何培养孩子感恩？首先，要让孩子学会说谢谢，即使是面对父母所做的一切也要适时地说声谢谢。其次，父母培养孩子的一份感恩，其实也是在培养孩子的一份责任。当孩子在社会、家庭、学校沐浴下渐渐长大时，就要让他们学会做些力所能及的事作为回报，这也是孩子应尽的责任。再次，利用各种节假日让孩子对社会、家人、他人表达一份感谢。例如，植树节带领孩子种一棵树，教师节和孩子一起为老师做贺卡，清明节带上孩子一起祭祖……自然而然就培养了孩子一颗感恩的心。

总之，父母要想把孩子培养成为什么样的人，自己首先必须是什么样的人。否则，这种教育就是无效的。

拓展积累

"知恩图报""滴水之恩当涌泉相报"一直被认为是中华民族引以为美的传统道德观。成语"结草衔环"的典故不仅包含成就这种美德的两个感人至深的故事，还告诉人们"善有善报"是亘古不变的天理。结草与衔环都是古代报恩的传说：前者出自《左传》，讲一个士大夫将其父的爱妾另行嫁人，不使殉葬，爱妾已死去的父亲为替女儿报恩，将地上野草缠成乱结，绊倒恩人的敌人；后者见于《后汉书·杨震传》，讲有个儿童挽救了一只受困黄雀的性命，黄雀衔来白环四枚，声言此环可保恩人世代身居高位。后将二典故合成一句，比喻受人恩惠，定当厚报，生死不渝。

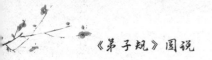
第十四讲

dài bì pú　shēn guì duān　suī guì duān　cí ér kuān
待 婢 仆　身 贵 端　虽 贵 端　慈 而 宽

经典解读

　　对待婢女仆人，主人要以端庄的品行态度让他敬畏；虽然主人地位高贵让人尊敬，但对待仆人要仁慈宽厚。

　　古代为官和有钱的人家都有一些仆人侍候主人。一般来说，仆人的地位很低下，特别是婢女在古代地位有时甚至比不上一口牲畜，可以任主人买卖，没有人权。但古人倡导即便这些做奴役的仆人，对待他们也不要随随便便、品行不端，要有一种主人的威严。这种威严不是摆架子，对下人吆三喝四，而是一种尊重。要善待这些仆人，对他们宽厚仁慈。

　　其实，这四句话拿到当今社会仍很有教育意义。现在，没有婢仆的称谓，家里雇用的一些做活的人都称为保姆，家政嫂或钟点工等。我们有些父瞧不起这些人，一味要求他们做事，对他们做的事百般挑剔。甚至不尊重他们的人格。这些都是不应该的。他们是靠自己劳动生活的人，我们要敬重。例如，学习累了需要喝杯水，如果阿姨休息了就不要喊。如果阿姨还没有休息，就说："阿姨，可以帮我倒杯水喝吗？"当需要阿姨帮助时，我们要说"请"或询问阿姨可不可以。对于这些佣人，我们和父母一样都是主人，要宽厚仁慈地对待他们，因为他们和我们一样都是有尊严的人。

　　学校经常雇用一些叔叔阿姨清洁校内的环境卫生，保护我们的安全。虽然他们不是老师，但他们是长辈，也和老师一样是为我们服务的人，因此也要尊重他们，主动问好，主动帮他们做些力所能及的事。

　　善待他人是多好的品质啊！

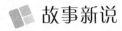

故事新说

寒冬熬粥

在古代，地位等级观念是很严重的。但有一个善待婢仆的故事，被大家传为佳话。

在宋朝时，有个诗人叫杨万里，一生主张抗金，是著名的诗人。他的夫人罗氏对待婢仆就是"身贵端"还"慈而宽"。每年寒冬腊月，每天很早起来，为仆人先熬一锅热粥，让仆人吃完后，才吩咐仆人干活。一直坚持到七十多岁。杨万里不解，有一次忍不住问她为什么这么做。她回答说："仆人也都是有爹娘的，他们也是别人家的孩子啊！大冷的天，我要让他们喝碗热粥暖和之后再去干活。"

非常难得的是，杨夫人一生共有七个孩子，四个儿子和三个女儿全部由自己奶大。在那时，有权有势的官员都是要雇奶妈的，可她却坚持自己喂养。她说："看不了那些奶妈饿着自己的孩子去奶别人的孩子！"杨夫人在八十岁时，随做官的儿子住在一起，她坚持种麻纺织，亲手给儿子做衣服。她这样的行为一时被传为美谈。

亲子共话

孔子曰：其身正，不令而行；其身不正，虽令不从。无论是做领导还是做父母，首要的是自己的品行要端庄。如果不注意自己的言行举止，一味地发号施令，要下属或他人服从是不可能的，即便表面听从了，内心也是不敬重的。所以作为父母，要有榜样的作用。对待家里的保姆或地位低等的人，要端正自己的品行，让人敬重。同时，要仁慈地对待这些人。人们经常说：劳动最光荣。凡是自食其力的劳动者，每个人都要怀着一颗敬重的心对待他们。都是一样的人，只是分工不同而已，靠双手创造劳动价值就值得尊重。父母要有这样的思想观念，才能正确地引导孩子如何待人。

《菜根谭》中说：富贵人家应待人宽容厚道，如果对人猜忌苛刻，那么即使是身处富贵，其行径却等同于贫贱无知的人！如何能享受富贵生活。

从小要培养孩子厚道的品质，孩子长大之后才能够安安稳稳地做人做

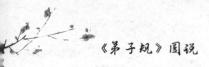

事。无论是为民为官，善待一切万物，就会达到爱人（物）者，人（物）恒爱之，敬人（物）者，人（物）恒敬之。

 ## 拓展积累

　　程颐《上谷郡君家传》中讲到：治家有法，不严而整。不喜笞扑奴婢，视小臧获如儿女。诸子或加呵责，必戒之曰："贵贱虽殊，人则一也。"

　　讲的是北宋著名的理学家程颢和程颐兄第出身于名门望族，从二程的高祖开始，一直到曾祖，祖父，父亲，都是北宋中央或地方高官。二程的母亲侯氏也是大家闺秀出身。程颐在给他母亲做传时说，他母亲治家有方，不严厉而上下做事秩序井然。她不喜欢鞭打奴婢，尤其把小奴婢当作自己的儿女一样对待。儿子们有时呵斥责备他们，母亲必定告诫说："仆人和我们虽然不一样，但同样是人。"

第十五讲

shì fú rén　xīn bù rán　lǐ fú rén　fāng wú yán
势 服 人　心 不 然　理 服 人　方 无 言

经典解读

如果依仗权财、势力压制别人，人家口服心不服；如果用道理去说服别人，人家才会心悦诚服。

《孟子·公孙丑上》中有这样的一段话：以力服人者，非心服也，力不赡也；以德服人者，中心悦而诚服也，如七十子之服孔子也。意思是说，用武力使人屈服，并不是真的让别人真心服气，只是力量不足罢了！用德行使人佩服，大家都真心诚意地服气，就像孔门七十二贤佩服孔子一样。中国五千年辉煌的传统文化都与道德有关，中华文化就是道德文化。《史记》有言："恃德者昌，恃力者亡。"历史的事实证明，以德服人者能够长治久安，以力服人者只能得逞于一时，滥用暴力的人或政权违反天道，必然短命而加速走向灭亡。不管是古代还是近代，都要把理作为主旨，坚持"以理服人"。

有权有势的人，如果靠权力和金钱压人一等，对手下的人喝来喝去，不能尊重，手下人即使表面唯命是从，奴颜婢膝，却记恨在心。社会上有的人仗着家里有权有势为非作歹，不务正业，游手好闲，其实是被人从心里瞧不起。而靠自己劳动做事的人，无论从事什么工作，都会得到别人的尊重。

在学校，班干部有时"滥用职权"，对同学动手动脚，动不动就大声呵斥，处处觉得高人一等，处处显示威风。其实同学们表面听从，心里不服，甚至当面就顶撞你，让你无地自容。想用班干部的权力管制同学是不可取的。作为班干部，一定要自己先做好。要求同学做的自己先做到。同学有毛病了，要心平气和地指出问题并积极帮助改正。这样久而久之，同学便会信赖你，尊敬你，服从你。

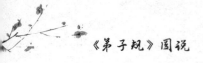

《泛爱众》这一讲就结束了。这部分落脚点仍然在于博爱，只有爱每个人，一视同仁待人，不分贵贱贫穷，违背了这个理就谈不上博爱。特别是靠权势压服别人，没有人真正服气，总有一天要反抗。只有对任何人都讲事实摆道理，才能得到别人的心。历史上周朝因为施行仁政，周公制礼作乐，所以周朝维持了八百多年。《三国演义》中的诸葛亮以超人的智慧和忍耐力对南方的蛮夷孟获七擒七纵，最终使其口服心服，彻底清除了蜀国在南方的隐患。反观秦朝用武力统一天下后，不施仁政，焚书坑儒，十几年就灭亡了。在正确的道上行走，以理服人才是道理。

真理面前人人平等，这就是大爱！

 ## 故事新说

负荆请罪

战国时期，赵国的蔺相如几次凭着自己的大智大勇，挫败骄横的秦王，因此赵王很是器重蔺相如，一下子将他提拔为上卿，位在老将军廉颇之上。

廉颇见蔺相如官位比自己还高，很不服气。他到处扬言说："我为赵国出生入死，有攻城夺地的大功。而这个蔺相如只是凭着鼓动三寸不烂之舌，就能位在我之上，以后我再见到蔺相如，一定要当着众人的面羞辱他。"

蔺相如听说后，总是处处躲开廉颇。蔺相如的随从们见主人对廉颇一让再让，很不理解。蔺相如知道后，把他们找来问道："你们看，秦王厉害还是廉颇厉害？"随从们齐声说："廉颇哪能跟秦王相比！"蔺相如说："我连威震天下的秦王都不怕，怎么会怕廉将军呢？我之所以不跟廉将军发生冲突，是以国家利益为重啊！你们想，秦国之所以不敢侵犯赵国，不就是因为赵国有我和廉将军两个人吗？如果我们两个人互相争斗，那就好比两虎相斗，结果必有一伤，赵国的力量被削弱，赵国就危险了。所以我不计较廉将军，是为了赵国啊！"

后来这些话传到廉颇那里，廉颇大受感动。于是脱光了上身，背着荆条，亲自到蔺相如府上请罪。蔺相如赶紧挽起老将军。从此后，廉颇和蔺相如两个人，将相团结，一心为国，建立了生死不渝的友情。

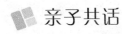 亲子共话

　　父母在教育孩子的过程中，总是希望孩子将来不是当官就是发财。坦率地说，这是每个父母的心思。当官就有权，发财就有钱。朝廷里有人好办事，一人得道，鸡犬升天，生活中确实有这种现象。但物极必反，多行不义必自毙。美国前总统克林顿因为"拉链门事件"差点被弹劾。震惊海内外的朴槿惠案件不得不引起人们的反思：希望孩子不是当官就是发财对吗？我们还经常听到"财大气粗"这个词和"有钱能使鬼推磨"这条谚语。钱确实能做很多事，与人交往时让自己底气很足。但总是因为有钱摆架子，瞧不起人。或吃喝嫖赌过着奢靡的生活，是不被人尊重的，甚至憎恶至极。当官也好，有钱也罢，必须站得住理，按常理做事，不违背这个理。而所谓的理，就是富不骄，贫不谄。得势时不张狂，失意时不颓废。与人为善，尊重他人，做事有度，方可赢得人心。如果是做官会官运亨通，如果是做生意的，会富甲天下。因此，做父母的应该希望孩子将来不管是为官还是为商，都先要做好人，厚德载物。那样利己、利人、利家、利国。

　　古人曰：以利交者，利尽而交疏；以势交者，势倾而交绝；以色交者，花落而爱渝；以道交者，天荒而地老。故只有真理才可永恒。

　　《泛爱众》这一篇最后以这四句话而结束，意在告诫后人：亘古不变的理才是人们遵循的道。爱别人，与万事万物和谐相处，这就是"泛爱众"的精髓。

拓展积累

　　孟子曰："君之视臣如手足，则臣视君如腹心；君之视臣如犬马，则臣视君如国人；君之视臣如土芥，则臣视君如寇仇。"就是说："如果领导把下属当作手足一样珍惜，下属就会把领导当成心腹一样爱戴；如果领导把下属当成犬马一类的工具使用，下属就会把领导当成路人一样看待，没有情谊可言；如果领导把下属当成垃圾路边草一样不放在眼里，下属就会把领导当成敌人一样仇视。"

《亲仁》
qīn rén

tóng shì rén	lèi bù qí	liú sú zhòng	rén zhě xī
同 是 人	类 不 齐	流 俗 众	仁 者 希

guǒ rén zhě	rén duō wèi	yán bù huì	sè bù mèi
果 仁 者	人 多 畏	言 不 讳	色 不 媚

néng qīn rén	wú xiàn hǎo	dé rì jìn	guò rì shǎo
能 亲 仁	无 限 好	德 日 进	过 日 少

bù qīn rén	wú xiàn hài	xiǎo rén jìn	bǎi shì huài
不 亲 仁	无 限 害	小 人 进	百 事 坏

"亲仁"，仁是会意字，两人才可以称为仁，仁者就是心中有他人者。亲仁就是靠近这样的人。旧时民间多设"天地君亲师"牌位进行供奉。拜天拜地，拜君拜父母亲，还要拜老师。人间大道必靠师而传承，无师则人道衰，师的作用等同于天地。三人行必有我师焉，我们要亲近良师，还要亲近益友。何为益友，孔子说了，友直、友谅、友多闻，益矣。也就是说，正直、宽容、博学多才的人是益友。反之，友便辟，友善柔，友便佞，损矣。不务正业的，喜欢溜须拍马，说话花言巧语的人是损友。可不要小看了老祖宗总结的经验，近墨者黑，近朱者赤。我国最古老最原始的一部哲学大书《易经》中说，方以类聚，物以群分。亲近我们的老师，结交益友，亲近每一个仁义的人，自己就变得宽宏大度，识大体，顾大局，心中装着别人，有责任感，成为仁德之人。

《亲仁》共16句，是《弟子规》最少的部分。从正反两方面讲述了要亲近贤德的人，不断地指引我们日趋完善，成为高尚的人。

第一讲

tóng shì rén lèi bù qí liú sú zhòng rén zhě xī
同 是 人　类 不 齐　流 俗 众　仁 者 希

经典解读

我们都是人，但人和人之间却是有差距的；俗气的人是大多数，品行高尚的人却是少数的。

仁是懦家学说的核心，对中华文化和社会的发展产生了重大影响。仁的核心是爱人，就是人们互存，互助，互爱的意思。《弟子规》亲仁这部分讲的这个仁是指具体的人，是指有仁德的人。要亲近这样的人，有意识地让孩子从小亲近有仁德的人，提升精神素养。

在孔子的眼里有仁德的人只有三个。一个是微子，在商朝亡国之后主动投降周朝，被周天子封在商朝的发祥地商丘，国号宋，把祖宗的血脉保留下来。一个是箕子，看不惯商纣王的残暴，隐居在箕山。后来被纣王囚禁起来，为此构想出伟大思想——洪范九筹。一个是比干，连续三天给纣王提意见且不怕死。曾说："主过不谏非忠也，畏死不言非勇也，过则谏不用则死。"最后被纣王杀害了。可见在古代社会真正能做到孔子所提到的仁，确实是有非同寻常的仁德之举。

《孟母三迁》的故事我们都知道，一个人的成长环境对生长有很大的影响。同样，一生中接触什么人，与什么人交往也是至关重要的。在这一讲中《弟子规》主要是让我们认清什么样的人有仁德的品质。当然像孔子所说的三个仁者，有它的历史性，特定性。生活中要多向伟人名人学习，还要向从媒体和生活中听到或看到具有正能量的人学习。对于箕子、比干的行为我们都容易理解，但对于微子，是否有疑问呢？

宋朝爱国将领文天祥誓死不投降，最有名的两句诗：人生自古谁无死，留取丹青照汗青。这种为国为君肝胆相照的英雄气概，从古至今都具有高风亮节，撼动人心的浩然正气。像微子这样俯首称臣的人怎么也被称为稀

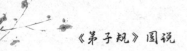

少具有仁德的人哪？孔子认为能把祖宗的血脉保留下来是非常大的事，微子的行为保全了商朝的这支血脉，这就是至上的仁德。

圣人看人看事的全面性、多面性，体现了一种仁爱思想。

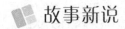 ## 故事新说

文王施仁

周代史书上记载：文王有一次在野外行走，见到一些枯骨散落于田野间，未被掩埋，便叫左右随行人员去把枯骨埋掉。随行的左右说："这也不知是谁家的尸骨，大概已经无主了。"周文王说道："天子有天下，就是天下的主；诸侯有一国，就是一国的主。这些枯骨暴露于我周国之野，我是周王，当然是这枯骨的家主，自然应该由我负责掩埋。"左右听此一说，便赶紧去将枯骨掩埋了。

天下的诸侯闻听周文王能行如此仁德，都说："西伯对于死人尸骨尚且如此恩德普施，更何况对于活着的人了。"

周文王在位 50 年，是中国历史上一代明君，内圣外王的典范。

亲子共话

我们在前面"益者三友""损者三友"里面重点讲了孩子要与什么人交往，阐明了朋友对孩子的影响。亲仁这部分又进一步"从什么样的人是"仁"，亲近这样"仁"人又有什么重要意义？怎样识人、做人？这一讲主要从识人方面认识仁人。

父母要善于从小引导孩子识人。因为这个社会大家有些浮躁了，都在为名利追逐奔波，在攀比中迷失自我。孩子们极易被周围随邦唱影的氛围感染。例如，班级中有个孩子把在学校同学喝剩的空瓶拿回家，准备让妈妈攒着卖钱，同学们都嘲笑他小气、丢脸。当孩子们回家跟父母谈起此事时，父母是否听听而已？其实此时是最好的教育时机。当孩子对问题停在表面或随众情况下，正确的教育将会使孩子一生受益。首先，肯定这个孩子是一个孝顺、懂事、能为家着想的好孩子；又是一个不怕别人嘲笑，做自己事情的勇敢的孩子。然后，再告诉孩子在学校要多与这样的孩子接触，

向他学习。这时，孩子自然对好人有了初步的认识，遇事就不会人云亦云。长久以往，孩子自然会"亲仁"，同样成为有好品质的人。

社会上经常出现坑，蒙，拐，骗之事，青少年极易上当受骗。除了要教给孩子一些必要的日常生活常识之外，从小善于引导孩子识人尤显重要。特别是将来走上社会，结识什么人，与什么人交往将会影响孩子的家庭和事业。所以，父母在明确什么是仁人志士的前提下，要有意识地让孩子与这样的人亲近，为孩子的成长提供和谐美好的环境。

拓展积累

《资治通鉴》记载："辛未，帝亲录系囚，见应死者，闵之，纵使归家，期以来秋来就死。仍敕天下死囚，皆纵遣，使至期来诣京师。"讲的是贞观六年（633 年）的腊月，接近年关，唐太宗李世民放死囚犯回家过年的事。此后，唐太宗还放出宫女三千余，令之"任求伉俪"，让她们去寻找自己的幸福，自行组建家庭。白居易有诗歌颂唐太宗德政："怨女三千出后宫，死囚四百来归狱。"这样的仁德之举，体现了唐太宗李世民施行仁政，爱民亲民。贞观年间最少的时候据说全国只有十几个死囚，那时全国人口至少有千万。

第二讲

guǒ rén zhě rén duō wèi yán bù huì sè bù mèi
果仁者 人多畏 言不讳 色不媚

经典解读

真正有仁德的人，大家都敬畏他；这样的人说话正直，不会去谄媚巴结别人。

孔子认为：人之生也直，罔之生也幸而免。意思是说一个人的生存是由于正直，而不正直的人也能生存，那只是它侥幸躲避灾难罢了。孔子又曰：以直报怨。就是用原则、正直、刚正不阿的态度对待仇怨。由此可见孔子非常在意一个人的正直，只有具有这种敢于有勇气挑战权贵的正直品性的人才是仁者，别人才会敬畏。

结合当今时代来看，这种"言不讳，色不媚"的人依然令人敬畏。虽然现在人们口口声声讲权，讲钱，但追求真善美的是人类社会的永恒。无论在电视剧里，还是生活中，那些为人正直，敢于向权威说"不"，敢于坚持正义的人永远受尊重和钦佩。

古往今来，这样的人举不胜举。历史上的魏征，他的为官之道就是敢于坚持真理，犯言直谏，被唐太宗称为是一面可以知得失的镜子。还有赫赫有名的包拯为了正义敢杀驸马；清官海瑞不谋私利，不谄媚权贵，一生为官刚正不阿，不畏邪恶遂有"海青天"之誉。

名垂青史，受人景仰的人，就是因为他们具有仁者的浩然正气。

故事新说

晏子赎人

《晏子春秋》里面有一个很有趣的故事，可以用来诠释《弟子规》里的这段话。晏子出使晋国，到了一个叫中牟的地方，看见路边有一个人戴着一顶破帽子，反穿着破衣服，背着一捆柴火在路边休息。一看就是干苦力活的人，晏子却判断这个人是个君子，就走过去和他攀谈起来。原来这个人叫越石父，是这里一户人家的奴仆，之所以在路边这样蹲着，是为了见到了齐国的使者，回齐国去。

晏子不正好是齐国的使者吗？于是花钱把越石父赎回去了。晏子请越石父上自己的马车，一起回到了齐国。马车到了齐国，来到了晏子的家，晏子忘了和越石父打招呼，径直回到家里。越石父非常生气，在院子里大喊，强烈要求和晏子断交。晏子就派人来问越石父："我跟你可没什么交往啊，你做了三年的奴仆，我好心好意把你赎了出来，为什么突然要和我绝交？你把道理说给我听听。"越石父说："真正的君子不会因为对别人有功就轻视人家，假如你晏子是君子是仁者，就不能因为帮助我而瞧不起我。同样一个君子仁者，也不会因为受了你的恩，就自己瞧不起自己，贬低自己。"

派去的人跟晏子转述了这个话以后，晏子就从屋里跑出来，恭恭敬敬地和越石父相见。后来，这两个人成为莫逆之交，在史籍上留下了这一段记载。

亲子共话

人们在夸奖别人的时候，有时会说他八面玲珑，来往于上级下级之间游刃有余，让人叹服。从一方面来说，这也是一种与人交往的能力。但如果是借助花言巧语，见风使舵，阿谀奉承而四通八达，无论他身居何等要职，拥有多少财富，人们心里总是鄙视他。人间正道是沧桑，培养孩子为人正直才是立足社会之本。

无论将来做多大的官，有多少钱，都要有一种德行的根。这种根扎的深，官才能做得稳，财富才能守得住。"富贵传家不过三代，道德传家十代以上。"《孝经》曰：在上不骄，高而不危；制节谨度，满而不溢。这样才能守住财富，守住地位为人民更好地服务。

清朝最有影响的著名儒家大师曾国藩，及其四兄弟家族，绵延至今190余年，有名望的人才240余人，没出一个纨绔子弟。如此昌盛兴旺之家，古今中外皆属罕见，原因在于曾国藩教子有方。

现在父母越来越感到生活好了，但孩子却不好管了。主要原因是不懂教育，不知给孩子什么，只会邯郸学步，趋之若鹜。看人家孩子补什么就给自己的孩子补什么？看人家的孩子学什么就让自己的孩子也学什么？只知道知识的重要，却不知能够让知识发挥最大价值的是孩子的德行。对到底要培养什么样的孩子，做什么样的人，并没有清晰的目标。不如学学《曾国藩家训》，看看曾国藩怎样从勤，孝、俭、仁、恒、谦这六个字教育子女，从而使曾家辈辈出英才。在教育，文化，科学工作等方面饮誉五洲四海，为人类的文明进步事业做出了不可磨灭的贡献。

要培养好孩子，父母首先要具备一定的德行和修养，这样才能正确引导孩子。

拓展积累

《晏子春秋》是我国第一部短篇小说集，是记载春秋时期（前770—前476年）齐国政治家晏婴言行的一部历史典籍，用史料和民间传说汇编而成。书中记载了很多晏婴劝告君主勤政、不要贪图享乐、以及爱护百姓、任用贤能和虚心纳谏的事例，成为后世人学习的榜样。晏婴自身也非常节俭，备受后世统治者崇敬。历任齐灵公、庄公、景公三朝，辅政长达40余年。以有政治远见、外交才能和作风朴素闻名诸侯。孔丘曾赞曰："救民百姓而不夸，行补三君而不有，晏子果君子也！"司马迁非常推崇晏婴，将其比为管仲。

第三讲

néng qīn rén wú xiàn hǎo dé rì jìn guò rì shǎo
能 亲 仁 无 限 好 德 日 进 过 日 少

经典解读

　　如果我们能亲近仁德的人，就会得到无限的好处；品德修养不断提升，过错不断减少。

　　儒家思想维护"礼治"，提倡"德治"，重视"仁治"。这种思想对封建社会影响很大，被封建统治者长期奉为正统思想。仁爱思想是孔子思想的集中体现。仁是一种普遍的爱。孔子认为能将心比心，推己及人，是行仁政的方法。孔子教导弟子要"泛爱众"，这当然是最自然最广大的爱，他要求人们爱身边的人，亲近那些贤德的人。

　　人生是漫长的，从婴儿、儿童、少年，到青年，中年，老年。从成长意义上来说，要经过一个个成长期，每个成长期都会出现各种各样的问题。如果我们每一个成长期都能与有仁爱之心的人交往，即便会出现许多问题，也会得到爱的呵护，正确的引导，不会受到冷漠、嘲讽、鄙视、放弃和打压。像前面讲到的"孟母三迁"的故事，面对孟子的逃学、顽劣，母亲选择有仁德之人的住处，使孟子每天熏习这种品行，终于使孟子逐渐改正陋习，方为儒家大师。

　　现在，我们有些孩子总迷恋网吧，沉迷于虚拟世界寻求刺激与满足，与吃喝玩乐、打架斗殴的朋友在一起玩耍，寻求一种所谓的自由和义气，不知不觉中受到影响，就会成为不学无术、游手好闲之人，一生无为。

　　古人云：近墨者黑，近朱者赤。所以我们要与班级中刻苦学习的同学在一起，不知不觉也努力学习了；与乐于助人的同学在一起，不知不觉也帮助别人了……与具有好品行的人在一起，即便并不是有心学习，但久而久之就会在不知不觉中受到人家好的品质的影响。在与这样的人交往相处中，自身的毛病没有滋养的土壤，就会渐渐自行消退。

管鲍之交的故事很感人。管仲与鲍叔牙做生意时，总多拿一部分，鲍叔牙并没有觉得他贪而是体谅他穷。管仲战场脱逃，鲍叔牙认为管仲家有老母需要侍奉。后来，齐桓公启用鲍叔牙做宰相，鲍叔牙推荐管仲来做。管仲感叹地说："生我父母，知我鲍叔牙者。"鲍叔牙这种将心比心，处处体谅管仲，成就了春秋史上赫赫有名的一代名相——管仲。

亲近什么样的人，与什么人结交很重要。

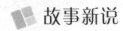 故事新说

太公垂钓

太公姓姜名尚，又名吕尚，是辅佐周文王、周武王灭商的功臣。他在没有得到文王重用的时候，隐居在陕西渭水边一个地方。

太公常溪旁垂钓。一般人钓鱼，都是用弯钩。但太公的钓钩是直的，上面不挂鱼饵，也不沉到水里，并且离水面三尺高。他一边高高举起钓竿，一边自言自语道："不想活的鱼儿呀，你们愿意的话，就自己上钩吧！"

太公奇特的钓鱼方法，终于传到了周文王姬昌那里。姬昌知道后，派一名士兵去叫他来。但太公并不理睬这个士兵，只顾自己钓鱼，并自言自语道："钓啊，钓啊，鱼儿不上钩，虾儿来胡闹！"

姬昌听了士兵的禀报后，改派一名官员去请太公来。可是太公依然不搭理，边钓边说："钓啊，钓啊，大鱼不上钩，小鱼别胡闹！"

姬昌这才意识到，这个钓者必是位贤才，要亲自去请他才对。于是他吃了三天素，洗了澡，换了衣服，带着厚礼，前往溪边去聘请太公。太公见他诚心诚意来聘请自己，便答应为他效力。

后来，姜尚辅佐文王，兴邦立国，还帮助文王的儿子武王姬发，灭掉了商朝，被武王封于齐地，实现了自己建功立业的愿望。

亲子共话

人们都希望孩子能结交仁人志士，希望孩子一生有贵人相助，这一点毫不疑问。但怎么才能使孩子愿意亲近这些贤人，这就需要父母用心培养。

首先，要营造一个和谐健康的成长环境，就像孟母一样，注重孩子的

成长环境。时代造英雄，乱世出豪杰，说的就是这个理。一是自身要有这个观念，尽量多带孩子出入高雅、健康的场所。比如健身馆、科技馆、文艺馆……二是在家里父母双方互敬互爱、孝双亲、勤持家，营造家庭温馨幸福的氛围。

其次，从小对孩子所交的朋友要注意观察，善于引导。例如：孩子结交了一个很有仗义感的朋友，但这个孩子学习不上进。这时作为父母一是要考虑自己孩子的感受，不能立刻阻止孩子与之交往，要心平气和地与孩子交流：×××真不错，热心肠，有侠士的范儿，但他不愿学习，把兴趣和精力都放在结交朋友上，你可要多帮助他，学生不学习哪成啊。二是要时刻关注孩子是否受到影响，如果有影响，就一定要加强引导，正确对待，从而使孩子建立明确的交友观。

再次，父母在赞赏别的孩子时一定要注意，不要总拿别的孩子优点与自己孩子的缺点比，这样容易使孩子产生忌妒心理，也会在以后的交友过程中排斥这类人。父母若想让孩子自发结交优秀的朋友，应该以孩子更加容易接受的方式说出，如列举出两个人的优缺点，点出可以互相学习的地方，这样孩子就会在平等的基础上欣然接受这类朋友。"三人行，必有我师焉"，一起玩的孩子里面必然会有最优秀的，要善于引导孩子学习每个人的长处。这样还用顾虑孩子不亲近有仁德的人吗？

拓展积累

孔子曰：与善人居，如入芝兰之室，久而不闻其香，即与之化矣。与不善人居，如入鲍鱼之肆，久而不闻其臭，亦与之化矣。丹之所藏者赤，漆之所藏者黑，是以君子必慎其所处者焉。

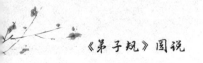
第四讲

bù qīn rén wú xiàn hài xiǎo rén jìn bǎi shì huài
不亲仁 无限害 小人进 百事坏

经典解读

如果我们不亲近品质好的人，就会有很多坏处；不好的人乘虚而入，很多事就做不好。

古人特别强调"近朱者赤，近墨者黑"。这句话原意是靠着朱砂的变红，靠着墨的变黑。引申为接近好人可以使人变好，接近坏人使人变坏。实际上也就是"蓬生麻中，不扶自直；白沙在涅，与之俱黑"的意思。

我们经常听到或看到这样的事，本来说话挺正常的孩子，跟别人学结巴，原来只是想学着玩，觉得可笑。谁知学着学着竟真的结巴了。本来不想上网吧，跟经常上网吧的孩子在一起，刚开始只是玩一玩，玩着玩着就上瘾了。所以，这里再一次重申跟什么人在一起很重要。老人常说；守着什么人就学什么人。因此，要亲近仁者，远离小人。所谓的小人就是追求自身利益，不顾及他人的人。经常与这样的人交往，即使我们不想学坏，也会慢慢被不良恶习侵入，神不知鬼不觉就变坏了，当自己发觉时，已经晚了。

《亲仁》这一讲到此就结束了，虽然仅仅有四讲，但在《信》交友的基础上又深入地引导我们识人，做人；亲仁，学仁；从而成为仁人志士。

明辨是非，远离小人，亲近仁人志士对我们的一生都有影响。

故事新说

霸主饿死

齐桓公是春秋五霸的第一霸主，他对中原文化的保留，对华夏文明的发展和形成都做出了重大的贡献。但是盛极一时的齐桓公在晚年却变得骄傲自大，听邪信馋，最终落得个被手下人活活饿死的结果。

饿死桓公的人正是他宠信的臣子易牙。有一天齐桓公对易牙说："天下肉我都吃过，只有人肉我没吃，这人肉也不知道啥味啊？"说者无心听者有意。这易牙回去就把小儿子下锅蒸了，第二天送一块送给齐桓公，桓公感动不已。这样的大臣，为了满足君王的要求，把自己儿子杀掉，齐桓公能不宠信吗？所以更加宠信易牙。公元前 645 年管仲患了重病，马上就要去世。齐桓公问管仲，将来谁接你的班？管仲告诫说，千万不要让易牙接班。但桓公却当作了耳边风。管仲病逝后，齐桓公重用了易牙、开方、竖刁等小人。两年后，齐桓公病重，易牙、竖刁见齐桓公将不久于人世，就堵塞宫门，假传君命，不许任何人进去，致使齐桓公最终活活饿死。齐桓公死后，宫中大乱，公子们为争夺王位勾结党羽互相残杀，齐桓公的尸体在床上六七十天无人收殓，以致腐烂生蛆，惨不忍睹。

亲子共话

"亲附善友，如雾露中行，虽不湿衣，时时有润"这是古人说的话。意在启迪人们结交品质优秀的人。在上一讲已经谈到如何引导孩子亲近优秀之人。这一讲是对上一讲的补充，是讲如果不亲近优秀之人，会有无限的害处。

某校一个男孩，在二年级的时候接近一些非常顽劣的孩子。半年后父母发现这个男孩变了，不像以前那么懂事，听话了。经常说脏话，愿意与人打斗，也找不出原因。过了好长一段时间才找出结果，原来是因为结交了这些顽劣的孩子。之后，父母就开始"改造"他。由于方法不是很恰当，用管、堵的方式，不让他出去玩，上下学接送。孩子失去了自由的空间，导致这个男孩性格孤独，不愿意与人交流了。可见，接触不良的人对自身的伤害与影响是多么大呀。

孩子经常与说脏话的人在一起，就会出言不逊；经常与爱打架的人在一起，就会寻衅滋事；与愿意上网吧的人在一起，就会沉迷网络荒废了学业……所以父母一定要善于引导孩子不亲近这样的人。但孩子毕竟自控能力差，这就需要父母善于观察，留心孩子，平时多与孩子交流，了解孩子思想生活的动向。二是多与老师沟通，随时掌握孩子在学校期间的情况，看看平时孩子都与什么样的同学在一起玩。三是发现问题，不是束缚孩子与这些同学交往，或是大肆贬斥这些同学种种不良行为，而是注意和孩子沟通。例如，可以问孩子，你觉得×××同学怎么样？孩子说了一大堆好处之后。再说：我发现他一个问题，特别愿说脏话，不知道是不是这样？如果孩子说是，那么父母就要适时指出说脏话是不好的言行，不能学。如果孩子说不是，不要以为孩子在包庇，孩子看事与大人是有差距的，这时要试着引导孩子"无加警"。以此类推，不管孩子与什么的同学接触，父母切忌直接阻挡，而要提高孩子的认识，统一思想，自主管理。最后还要善于让孩子走近优秀同学，不妨请这样的同学到家中小聚，营造他们亲密接触的空间，渐渐成为朋友。

总之，亲仁这都分四讲都是围绕着亲近仁人志士，远离小人来展开的。亲贤臣，远小人，这是古代名君看重的治国遗训。对今天为官者及各行各业的领导者也具有借鉴的意义，对结交朋友也很重要。

拓展积累

《朱子治家格言》又称《治家格言》《朱子家训》，为清代学者朱柏庐所著，是我国古代的家教名篇。全文仅五百多字，却以警句、箴言的形式讲述了许多为人处世、修身治家的道理。

《朱子治家格言》说：狎昵恶少，久必受其累；屈志老成，急则可相依。意思是亲近品行恶劣的年轻人，时间长了必定会受他们的牵累；结交规矩稳重的人，到了急难之时就可以依靠他们。

yú lì xué wén
《余力学文》

bù lì xíng　dàn xué wén　zhǎng fú huá　chéng hé rén
不力行　但学文　长浮华　成何人

dàn lì xíng　bù xué wén　rèn jǐ jiàn　mèi lǐ zhēn
但力行　不学文　任己见　昧理真

dú shū fǎ　yǒu sān dào　xīn yǎn kǒu　xìn jiē yào
读书法　有三到　心眼口　信皆要

fāng dú cǐ　wù mù bǐ　cǐ wèi zhōng　bǐ wù qǐ
方读此　勿慕彼　此未终　彼勿起

kuān wéi xiàn　jǐn yòng gōng　gōng fū dào　zhì sè tōng
宽为限　紧用功　工夫到　滞塞通

xīn yǒu yí　suí zhá jì　jiù rén wèn　qiú què yì
心有疑　随札记　就人问　求确义

fáng shì qīng　qiáng bì jìng　jǐ àn jié　bǐ yàn zhèng
房室清　墙壁净　几案洁　笔砚正

mò mó piān　xīn bù duān　zì bù jìng　xīn xiān bìng
墨磨偏　心不端　字不敬　心先病

liè diǎn jí　yǒu dìng chù　dú kàn bì　huán yuán chù
列典籍　有定处　读看毕　还原处

suī yǒu jí　juàn shù qí　yǒu quē huài　jiù bǔ zhī
虽有急　卷束齐　有缺坏　就补之

fēi shèng shū　bǐng wù shì　bì cōng míng　huài xīn zhì
非圣书　屏勿视　蔽聪明　坏心志

wù zì bào　wù zì qì　shèng yǔ xián　kě xùn zhì
勿自暴　勿自弃　圣与贤　可驯致

　　《余力学文》就是在明白了《弟子规》以上所说的做人之道后，遵循这样的自然之道去践行，再去学习文化知识。如果说前六部分是讲做人之道，那么《余力学文》讲的是做学问之道。遵循人的成长规律，如果拥有

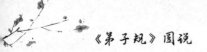

做人做事的好习惯，做学问怎能不成功？《弟子规》所讲的学问包括"礼、乐、射、御、书、数。"礼指的是礼仪，礼是维持人与人之间正常交往的道德规范。乐是音乐，是唯一没有国界的语言。射指的是体育锻炼，身体是本钱嘛。御指的是生存技能，这是人的基本能力。书用现代的思想解释就是文科类的知识，数就是理科类的知识。

具备了基本素质与能力，再学文就会水到渠成。学文就是学文化，文化就是用各种知识点化我们，让我们更好地解悟人生。科学巨人爱因斯坦说：什么是知识？知识就是把学过的东西全忘了，剩下的就是知识。剩下的是什么？剩下的就是习惯和能力。

《余力学文》共48句，先辩证地讲明"力行"和"学文"的关系，再到学习习惯的引导，培养人们良好的学习态度以及对知识的恭敬之心。最后用"勿自暴，勿自弃；圣与贤，可驯致"作为《弟子规》全文的收笔，意在无论做人做事，还是读书做学问，只要坚持不懈，遵循自然之道，拥有良好的品性，乐观豁达地去面对，就会渐渐成为贤能之人。

第一讲

bù lì xíng　dàn xué wén　zhǎng fú huá　chéng hé rén
不 力 行　但 学 文　长 浮 华　成 何 人

经典解读

　　不去把学到的知识，做人的品德落实到实践中，只是为学知识而学习；那么就会使自己浮华不实，不能成为真正的人才。

　　我国传统文化历来都非常看重教育和学习。"万般皆下品，唯有读书高""学而优则仕"，说的就是知识有多么重要。古人是通过科举考试一步步高升的。正式的科举考试分为三级：乡试，会试，殿试。乡试为省一级考试，考试合格者为举人；会试是举人在京城参加的全国统一考试，考试合格者为进士；殿试是由皇帝亲自主持的进士考试。经过层层考试，一番煎熬、磨砺，只为有朝一日金榜题名，功成名就。所谓"朝为田舍郎，暮登天子堂"正是这一现象的写照。

　　现在，我们的教育体制已经相当完善。我们一般需用十六年来进行系统的学习。这是相当长的时间，差不多占人的生命的五分之一。社会重视我们读书，家长重视我们读书，我们自己也重视读书。但读书有什么意义？往往还弄不清楚。其实只有把所学的知识内化为各种各样的能力，能够在社会中生存，为社会创造一定的价值，才是真正的读书。例如，学语文可以与人沟通；学数学可以会算数；学英语可以走向世界；学音乐可以感受美的旋律；学品德可以追求真善美……

　　总之，学习的目的是为了学以致用。然而，现实中有一种倾向，就是只重视书本知识，忽略实践体验运用。学习中，我们一遇到生活拓展题目，就不愿意做，认为不考试，没有用。实践是检验真理的唯一标准，知识只有应用在实践中，才有它的价值。例如，看到一处风景，就能运用所学的语文知识用语言把它描述出来；看到一则英文广告就能把它翻译出来；拿100元钱知道怎样合理地支配；帮妈妈做家务知道是自己的责任……如果所

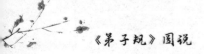

学的知识不能很好地应用，只能显示百八十分的分数，却不能显示知识的价值。懂了却不做，无疑是伪知识。如果懂得如何做却不去做，那么懂得的道理又有什么用呢？仅仅是说话的巨人，行动的矮人。懂了却不会应用，无疑是书呆子。那么所学的知识只会伪装外表，不会真正地拥有，也不会创造价值。

所以这一章第一讲就重点阐述了学以致用、学贵力行的重要性。

 故事新说

纸上谈兵

战国时期赵国有一个大将叫赵奢，赵奢有个儿子叫赵括。赵括熟读兵书，张口洋洋洒洒，非常善于讨论兵事，没有人说得过他，因此他很骄傲。实际上，他没有当过一天兵，他也没有打过一场仗。他自以为读了很多兵书，就认为天下无敌。赵奢对自己的儿子很了解，对儿子很是担忧，认为他只不过是纸上谈兵。赵奢希望将来赵国不要用赵括为将。

公元前259年秦军又来进攻赵国，而且用了反间计，派了很多人悄悄地溜进赵国，散布一种谣言，说秦军其实最害怕赵奢的儿子赵括，这个人了不起，秦国打不过他。赵王听了这个话以后，就任命赵括为大将，结果赵括只会纸上谈兵，只会学文不会力行，打了一场败仗，40多万名赵军士兵被秦国歼灭殆尽，而赵括本人也被秦军的弩箭射死。

亲子共话

理论与实践的统一，是马克思主义最基本的原则。人们对知识重视的程度与古人相比，过犹不及。古人重视读书，更重视修身养性，因此出现许多圣人、贤人、名人、志人。而如今，学生们读书好像都是为了考100分、90分。当各种各样大大小小的考试压得孩子喘不过气时，伴随而来的是厌学，逃学，辍学。其实孩子们出现种种厌学状态与现行教育体制有关；高考卷面成绩成为孩子求学的指挥棒；与父母的教育观念有关；认为学习好什么都好，忽略品行教育，导致孩子知识与行为不统一、不和谐。教育不是简单的书本知识，它更需要实践，实践是检验真理的唯一标准。亲身

体验后的记忆更为强烈，感受也更深刻，所以实践是一种积极有效的教育方式。只有孩子亲身体验了，才会得出自己的体会，从而将书本知识转化为自己的能力和经验。

教育家洛克强调，儿童学习中的两个习惯至关重要。一是热爱求知，二是实地观察和亲身体验。例如，带孩子旅游，可以问孩子需要做好哪些准备工作？带 2000 元够吗？怎样更方便节省呢……这些问题囊括了数学方面的知识，且有一些思想品德教育：不浪费啦、爱护公共财物啦、不丢垃圾啦、文明出行啦……还可以让孩子每天写随感，语文能力也得到培养。孩子在各种各样的活动中，身体、智力因素，协调、实际生活等各种能力都会得到长足的发展。在活动中，孩子会产生对环境的控制感，会因为成功产生自信，并且激发孩子的学习兴趣。适当放手，让孩子自己参加实践，真正感受生活，在生活中生成思想，形成良好的人生态度，比通过父母和老师传授知识更为重要，也更受用。

由于教育体制存在的问题，也由于父母在教育观念上存在的问题，几乎每一年高考成绩发布的当天都有学生自杀，而且高材生杀人事件国内国外都有发生。就身边的孩子来说，不学无术、沾染各种恶习的也比比皆是。即使优秀的孩子，也缺乏一种高尚的抱负，很少想到为国为民做贡献，对人生的价值"拔剑四顾心茫然"。所以一旦自己小目标已达到，就开始享乐。也曾听到清华北大的高材生毕业找不到工作，杀猪卖豆腐。书本知识学习是人类文化传承的最重要的载体，不学习，不阅读大量的书本怎能厚积而薄发，知识的重要性是毋庸置疑的。关键是学习知识的同时，要知行合一，不是为知识而学习知识，而是要学以致用，学贵力行。

■ 拓展积累

南宋朱熹编注《四书集注》中的《论语集注》曰："未有余力而学文，则文灭其质；有余力而不学文，则质胜而野。"说的是本质的东西还没有能力学好，就来追求外在的装饰，就会让人感到浮华的装饰掩盖了其质朴的内容；当有了内在修养，而不去追求外在的装饰，就会只有本性质朴而外表粗糙。故内在的知识和外在的行为应合二为一。

第二讲

dàn lì xíng　bù xué wén　rèn jǐ jiàn　mèi lǐ zhēn
但力行　不学文　任己见　昧理真

经典解读

如果只是一味地做，而不去多读书，那么就会变得自以为是，刚愎自用，违背了真理。

古人看问题确实注重全面性、客观性。宋代大理学家朱熹说："愚谓力行而不学文，则无以考圣贤之成法，识事理之当然，而所行或出于私意，非但失之于野而已。"意思是说，如果你一味只是在做，在实践中培养、锻炼自己的好行为，但不去读书。那么你就无法知道历代名人达士有哪些人生经验和精神指引，就不会认识到事物的规律，你的行为有时候难免是出自一己之见，未免狭隘，目光短浅，不能高瞻远瞩。所以在实践中学习，在学习中实践，这才是学习的真理。

知识是无穷无尽的、浩瀚无边的，不能学了些知识就认为自己很了不起，目空一切。只有海纳百川，博采众长，才能鹏程万里，才能在生活中游刃有余。一些同学在班级中是佼佼者，一旦走出班级学校，遭受挫折就丧失信心，无法承受。其实就是我们在认识上存在偏见，总得在别人前面才能平衡，殊不知人生是变化发展的，"山外山，人外人"。只要我们主观努力了，结果就应顺其自然，这是大自然生存的法则。

如果广涉书籍，学习前人总结的经验，当生活中发生类似的事情时，汲取这种思想精华，学会客观辩论地看问题，就不会遇事钻牛角尖，堵死胡同。古人讲：知书达理。只有多读书，遇事才会通达理，化难为易。要广泛地读书，不要只认为数、语、英有用。科学、品德、生活、社会实践等书也要认真学，认真读。曾经发生的某校女孩被绑架的事情，就因为课堂上老师讲了遇险如何自救，这个女孩被绑架时不动声色等待时机终于逃脱。如果只是一味地害怕，惊恐乱喊，可能就被杀害了。曾看到这样的故事：一条蛇爬到女主人的脚上，她不动声色让仆人在阳台上放一杯牛奶，因为她知道蛇喜欢喝牛奶，蛇闻到牛奶味就会爬走。如果她不知道蛇的这个特点即使她很镇静，也会不知所措的。

无论是在书本上，还是在生活中，我们都要善于学习，只有这样才会有更多的智慧解决成长中遇到的问题。

故事新说

吕蒙读书

吕蒙是三国时东吴将领，英勇善战。

吕蒙十五六岁即从军打仗，没读过什么书，也没什么学问。为此，鲁肃很看不起他。吕蒙虽然自认低人一等，但也不爱读书。

有一次，孙权对吕蒙说："你现在很年轻，应该多读些史书、兵书，懂的知识多了，才能不断进步。"吕蒙一听，忙说："我带兵打仗忙得很，哪有时间学习呀！"孙权听了就批评他："你这样就不对了。我主管国家大事，难道你比我还忙吗？我每天还要抽出时间来读书，从中获取了很多东西。汉光武帝带兵打仗，依然手不释卷，你为什么就不能刻苦读书呢？"吕蒙听了孙权的话十分惭愧，从此后开始发愤读书。功夫不负苦心人，渐渐地，吕蒙掌握的知识越来越多，能力也不断提高，官职也不断上升。

一次，鲁肃前去拜会吕蒙，吕蒙给鲁肃献上五条计策，见解独到精妙。鲁肃听罢又惊又喜，赞叹道："真没想到，你的才智进步得如此之快，远非从前的'吴下阿蒙'了！"吕蒙笑道："士别三日，即刮目相待。"

吕蒙通过努力学习和实战，终成一代名将而享誉天下。后来"士别三日，刮目相看"成为一句成语，吕蒙读书的故事被人广为传颂。

亲子共话

三百六十行，行行出状元。父母都懂得这个道理，所以在孩子学习出现不尽如人意的状况时，经常用此话聊以自慰。的确，每个人的人生是不一样的，即便有的孩子在学习上吃力，但他心灵手巧，也许将来会成为一个好木匠。虽然有的孩子数学总不及格，但他文笔好，也许将来会成为一

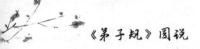

个大作家……所有这些，前提都是要接受正常的教育，在正常学习的过程中长知识，长能力。父母要知道孩子的优势在哪，不足在哪，怎样扬长避短。有的父母对孩子不负责任，缺乏正确的教育引导，当孩子对学习失去信心时，吆三喝四一阵子后，就放弃了，任孩子自暴自弃。结果孩子初中都不能毕业，整天游手好闲，还美其名曰：三百六十行，行行出状元。殊不知孩子的前途就因为父母的愚昧而夭折。

"知识能改变命运"，这句话虽存在一定的偏见，但确实有一定的道理。知识越渊博，创造的个人价值和社会价值相对来说就越大。所以，父母要全面地培养孩子。除了教育孩子要好好学习书本知识外，还要适时引导孩子多读课外书。这一点必须从小培养，让孩子知道，知识是无止境的，活到老学到老。还要有意识地培养孩子向身边的人学习，特别是注意学习实践经验。经常听到这样一些话：姜还是老的辣，我走过的路胜过你走过的桥，我吃的盐比你吃的饭还多等，这些都充分说明了经验的重要性。

要学会与孩子交流生活中发生的一些具有教育意义的事情，把正确的见解讲给孩子，使孩子得到一定的启发。例如不少罪犯的各种能力相当强，但为什么最终受到法律的严惩，在铁窗中走完人生？归根结底，不懂得人生须节度，不懂得如何在正道上走，如何顺应大自然法则，不违规做人。因此，父母要多与孩子交流这方面的事例，引发孩子读书、思考的积极性，帮助孩子树立正确的人生观。

拓展积累

大将军霍光是汉朝举足轻重的大臣，深得武帝信任。武帝临终前，把幼子刘弗陵（昭帝）托付给霍光辅佐。昭帝去世后，霍光又立刘询做皇帝（宣帝）。霍光掌握朝政大权四十多年，为西汉王室立下了不小的功勋。

霍光的妻子因贪图富贵犯了法，霍光却将此事瞒了过去。后来霍家因事情败露被满门抄斩。

东汉史学家班固在《汉书·霍光传》中评论霍光的功过时说：他"不学无术，暗于大理"。

第三讲

dú shū fǎ　yǒu sān dào　xīn yǎn kǒu　xìn jiē yào
读 书 法　有 三 到　心 眼 口　信 皆 要

经典解读

　　读书的方法，要注重"三到"：心到，眼到，口到。这"三到"确实都是很重要的。

　　这就是非常有名的"读书三到"。宋代理学大家朱熹在《训学斋规》里讲到："读书有三到，谓心到、眼到、口到。心不在此，则眼不看仔细，心眼就不专一，却只漫浪诵读，决不敢记，记亦不能久也。三到之中，心到最急，心既到矣，眼口岂不到乎？"就是说读书时要用心，不用心，尽管眼睛看到了，嘴巴也用到了，也不会有效的。如果用心了，眼睛和嘴巴自然就到位了。

　　古人读书的样子：踱着方步，摇头晃脑，琅琅上口，非常专注。这四句话的实质是：读书要全神贯注，入情入境，方可有效。这一点，是我们缺失的。有的同学一边读书一边玩手机，听音乐，吃东西……甚至有的同学读书时一会儿摆弄衣襟、笔帽，一会儿看看棚、看看墙发呆。这样读书怎么会提高学习效率呢？所以，很多同学每天晚上学习三个多小时，成绩仍不理想，与不能全身心地投入学习有一定的关系。我们学习普遍存在一个通病，就是不愿出声读书。其实，适当读出声来并伴有肢体语言，就能更好地调动全身心的注意力，做到眼到、口到、耳到、身到、心到，书的韵味意境自然而然就体现出来了。

　　读书要有方法，我们切不可随心所欲。

🔳 故事新说

杨愔读书

杨愔小时候，特别爱读书，学习十分专注。

一天，杨愔坐在院子里的李树下看书，熟透了的李子从树上掉下来，打中了他的背，他却一动不动地继续读书。孩子们纷纷来抢夺从树上掉下来的李子，得到了的津津有味地品尝李子的美味，没得到的懊丧不已，想办法一定要弄几个吃。这时，院子里只有杨愔仍一动不动聚精会神地看书，在书海里遨游是他最大的乐趣。

杨愔的伯父杨暐正好路过，看见这一幕大为惊讶，说道："杨愔这孩子高雅脱俗，颇有我杨家先祖之风。"当时，杨宅里长着许多茂盛的竹子，于是杨暐为杨愔在竹林边专建了一间屋子，命杨愔独居其中，潜心学习。后来杨愔官至北齐丞相。

🔳 亲子共话

父母注重孩子读书，为孩子学习做了很多努力，但却忽略了孩子读书的效率问题。孩子放学回来，这边电视剧演得正热闹，却告诉孩子赶快写作业，写完作业再玩。孩子即使进了书房，心却在想电视演的啥呀。写作业时，桌上除了作业，还有玩具，却没有及时把玩具拿走。有的父母规定孩子每天学习时间很长，导致孩子写作业时磨蹭，心里盘算：反正写完了还得写别的作业，不如慢慢写，熬到时间就好了……这些看似寻常的小问题，甚至会影响到孩子在课堂上的学习，致使孩子上课听讲也漫不经心，不能全身心投入。三心二意，不紧不慢的学习习惯一旦形成，就会影响孩子的听课、学习、做事的效果，不能达到最佳状态，直接影响学习成绩和做事的成功率。

所以，作为父母万不可对这些问题不以为然，从小就要养成读书的好习惯、好方法。

针对这四句话有几条建议供父母参考：

首先，孩子学习时，要保持周围环境安静，桌面上不要堆放其他与学习无关的东西。同时父母要以身作则也看看书，哪怕是"装模作样"，不可玩电脑、看电视等。曾经看到一则报道：一个农民目不识丁，孩子从小学习的时候，他就拿着报纸在那看，直到孩子考上大学后才发现父亲是不识字的。

其次，要培养孩子读书时聚精会神。父母要注意观察，发现问题，及时引导。

再次，要培养孩子的时间观念，在有限的时间里有效地完成学习任务。父母不能给孩子增添过多的课业负担。

最后，要求低年级孩子阅读时要出声朗读，这样可以去除杂念，是增强记忆的有效方式。如果在读书时适当地进行表演，效果会更好。

总之，读书最重要的方法是集中精力，全神贯注。

拓展积累

古代先贤总结出许多读书的要领。

孔子提出的"学思结合法"："学而不思则罔，思而不学则殆。"意思是：只知道学习却不思考，就会因为迷惑而无所适从；只知道思考却不去学习，就会对所有事情一知半解，不懂装懂。

唐宋八大家之首韩愈提出的读书"提要钩玄法"："记事者必提其要，纂言者必钩其玄。"意思是：对记事之文一定提取它的要点，对言论之编一定探索它深奥的旨意。

〽 第四讲

fāng dú cǐ　wù mù bǐ　cǐ wèi zhōng　bǐ wù qǐ
方 读 此 勿 慕 彼 此 未 终 彼 勿 起

▦ 经典解读

　　正在读这一本书，不要惦记着下一本；这本书还没有读完，下一本书就不要开始读。

　　这四句话是关于精读习惯的要求。在《礼记·学记》里面有一句话与这四句话意思相近："杂施而不孙，则坏乱而不修"。说得是一次学一大堆东西，没有顾虑到有没有囫囵吞枣，这样到最后一定会学不好，甚至会觉得不想再学习了。学东西，做学问要专而不杂。

　　过去的学者，都强调这种读书习惯的培养。明朝的著名学者胡居仁是一位了不起的理学家，他的"扎硬寨打死仗"的读书精神对后代影响很大。就是一旦读这本书，就像扎下一个寨子一样盯着这本书，不管这本书有多难读，也要把它搞通。这是一种一心钻研的精神。他经常告诫弟子读书多而不精，不如读书少而精熟。

　　面对这四句话，想想我们是不是有这样的问题？家里买了许多书，哪一本都没读明白。刚拿起这本没看几页，就又拿起另一本去翻。这个故事刚读了一半，又急忙读下一个故事。在课堂上做阅读题也是如此，不认识的字就略过，读不通顺的句子就跳过，用眼睛浏览一下就开始答题。做卷纸或做作业时也是如此，题目要求还没读完就做，本来是要选错误的题号填入括号，却把正确的填进去了。本以为能得高分，却没想到因为这种低级失误被扣了分。老师经常讲要博览群书，要广泛阅读。这是要求在读书的内容方面要扩大知识面，而不是囫囵吞枣。像小猴子下山一样：看这个好，看那个也好，丢了这个捡那个，最后两手空空什么都没有得到。学习最怕犯这种浅尝辄止的毛病，这种毛病一旦养成，不仅学习成绩不理想，而且做事不沉稳，不能坚持，给人一种浮躁、糊里糊涂的感觉。

持之以恒，坚持不懈是成功的首要条件。

 故事新说

赵普夜读

宋朝宰相赵普，一生爱读《论语》。他已经做了高官，学习还无比勤奋。赵普没做官之前就爱读书，当上宰相后，爱读书的习惯仍没有改变。一天晚上，宋太祖赵匡胤找他去商量一件国家大事，一进门，就见赵普正在挑灯夜读。赵匡胤见他读的是《论语》十分奇怪，就问他："《论语》是儿童的启蒙读物，你怎么还在读它？"赵普说："我只用半部《论语》就为你打下了天下，我还要用另半部帮你治理天下呢！所以我没有一天不读它。"后来，赵普死后，别人用一部《论语》为他陪葬。赵普读《论语》读了一辈子，可以说他对《论语》做了精深的研究和实践，并成为他治国、平天下的资本。

亲子共话

经常听到这样一句话：一门深入长时熏修，说的是做学问要精，要钻研。前面提到的胡居仁曾写过一副有名的对联：苟有恒，何必三更眠五更起；最无益，莫过一日曝十日寒。说的是做学问要持之以恒。《弟子规》这四句话不是让孩子只做一门学问，实际上强调的是读书时要培养一种好习惯：钻研，持之以恒。

现在的孩子都比较聪明，但很多聪明的孩子最后学习却不理想。这与读书时浮躁随意态度有关。唐宋八大家之首韩愈有句话：业精于勤荒于嬉，行成于思毁于随。意思是：学业因勤奋而专精，因玩乐而荒废，事情由反复思考而成功，由随随便便而毁灭。想想自己的孩子在学习时是善于思考钻研？还是边玩边学过于随意？是持之以恒？还是半途而废？曾国藩是晚清时期一代名臣、大儒，论资质他并不聪明，甚至还有些笨，一篇文章有时大半夜还记不下来。但他一生勤奋好学，曾为自己订下读书十二条规矩，其中有一条：读书不二。一书未完；不看他书。由此可见读书要钻研，这种习惯是多么重要。

有些父母可能会疑问：这么读书一生才能读几本呀？

这就需要融会贯通地看问题。《弟子规》余力学文，主要是从学习习惯方面引导孩子要谨记："少年若天性，习惯成自然"。（小时候形成的良好行为习惯和天生的一样牢固。）从小努力培养孩子这种读书习惯。等孩子拥有了这种读书态度，有了自控力，选择力，就可以大量地阅读，所以不要片面认识。

那么怎样培养孩子这种专研读书的态度？

首先，父母要与孩子一起读书。在读书时适当地根据书中的内容提出问题，与孩子就某个情节进行交流。孩子答不上来，再让孩子去读书。当然要注意谈话技巧，如果让孩子感到读书是一种负担就前功尽弃了。例如，读《小马过河》这个故事时可以与孩子交流：老牛为什么说河水只淹没它的小腿呢？快快去书里找老牛问一问？老牛是非常喜欢孩子向他问问题哟！这样孩子就会再去看书，寻找答案。久而久之，既读明白了书的内容，又培养了读书的兴趣。

其次，"不动笔墨不读书"。孩子看书时，要求孩子圈圈点点，适当地写读书笔记，好记性不如烂笔头。纵观古今文人，几乎都有摘记的习惯，不仅可以增强记忆，还可以丰富文化底蕴，加强对内容的理解。

总之，一定要适时引导孩子读书的方法，养成钻研读书的好习惯。

拓展积累

有个自作聪明的人，听说梨和枣子的药性是"梨益齿而损脾，枣益脾而损齿"。他想了一会，就得意地说："我明白了！以后吃梨时，只嚼不咽；吃枣的时候，只咽不嚼。那就既不伤牙齿，亦不伤脾胃。"旁人笑道："吃梨只嚼不咽还可以，吃枣却难了，囫囵吞枣，怎么受得了呢？"这就是囫囵吞枣的来历。

第五讲

kuān wéi xiàn　　jǐn yòng gōng　　gōng fū dào　　zhì sè tōng

宽 为 限 紧 用 功　工 夫 到 滞 塞 通

经典解读

在制订学习计划时，不妨适当宽松一点，执行计划时要抓紧；功夫到了，困惑不懂的地方自然就明白了。

《中庸》这本书里谈到：用功日久，而一旦豁然贯通焉，则众物之表里精粗无不到，而吾心全体大用无不明矣。意思是说经过长期用功，一旦把知识弄懂弄透了，则其他的问题不管是外在的、内在的、详细的、粗略的，都会认识得清清楚楚。心都是通透的，就没有不明白的事情了。其实，这就是古人在读书方面要求勤奋、刻苦。

这四句除了告诉我们读书百遍、其义自现的要领之外，还有一点非常值得重视，是如何制订学习计划。学习时，我们要事先有个计划，计划制订的时候要实事求是，适当宽松一些，因为有一些事情是有变化的。例如，计划某日需要完成一张语文卷，但老师临时要测试数学，就要先把语文放一放，抓要点复习数学。另外，有时候临时有一些事情要做，就完不成计划中的事了。如果适当宽松一些，就可以把计划调节。如果把时间安排得满满的，不仅不科学，而且也过于紧张，不利于学习。

有时学习无计划，赶着来，就比较随意，缺少统筹和目的性。有时计划订了一大堆，可执行两三天，就不再做了。形成今天推明天，明天推后天，这种学习是没有效果的。我们一旦制订了科学的学习计划，就要努力按计划去严格执行，不可以懈怠散漫。

知识是在日积月累中形成的，困惑的问题随着功夫的加深就解决了。

故事新说

笨鸟先飞

　　章学诚是清代著名的史学家、思想家。他小时很笨，常挨老师的板子。同学们都笑话他，可他说："记性差不要紧，我要笨鸟先飞。"一篇文章别人读几遍就读熟了，他要读几十遍甚至上百遍。凡是弄不明白的地方，他就抄下来问老师，或去查工具书。当他读到了《中庸》中的"人一能之，己百之，人十能之，己千之。果能此道矣，虽愚必明，虽柔必强"。这就是说，当别人的聪明智慧比我们好很多的时候，可能他一次就学会了，但是我们如果用一百次的功夫来反复训练，自己也可以达到；如果人家用十次功夫就学会了，我们用一千次，说不定就可以完成。如果真的能这样坚持下去，即使愚笨也能变得聪明，即使柔弱也能变得刚强。章学诚豁然开通，他说："我终于明白了，我的学问为什么不好？就是我功夫没用到。"于是他发奋刻苦学习，功夫不负有心人，章学诚的学问大有长进，终于成为一代学术大师。他的《文史通义》等著作，流传后世，影响至今。

亲子共话

　　央视前主持人陈大惠老师说："这个社会的人们显得浮躁，有时候像喝醉酒的人走路一样，东一下西一下，不知方向。"的确如此，由于现在一切都提速前进，形成了一种急功近利的浮躁之风。大人这样，孩子也受其熏染，学习上不踏实，所学的科目也太多，五花八门。加上课外补习班的学习使孩子放下这样，捡起那样，失去了童年玩耍快乐的时光。面对繁重的课业负担，孩子们只能采取一种应付态度。从而养成一种懒散、毛草的习惯。学业上不能精益求精，更不愿刻苦钻研。

　　小学阶段是孩子成长的童年期。蔡元培先生高度赞扬为童年期的发展作出贡献的人。在他看来，小学教师其责任比总统还大。可见童年期在孩子的一生中有多么重要。

　　童年期教育的核心是帮助儿童学会学习并热爱学习。学会在特殊的社会环境——学校中生活，并热爱学校、集体，形成一种积极向上的人生态度。而人们往往只重视前者，忽视后者。怎么帮助孩子学会学习并热爱学习？从而形成一种积极向上的人生态度。制订学习计划是非常重要的手段。不少教育专家不止一次强调做计划的重要，对学习有莫大的帮助，有做计划做事能力的同学，走上社会后成功率比没有计划做事能力的人高出80％。

计划无需长篇大论，也不要太有负担和压力，随意的作业条就可以是一个小计划。父母监督孩子把老师当天留的作业安排一下顺序、时间，然后在规定的时间内完成。如不能完成，及时总结原因，是因为估计不够，还是因为拖拉。这样坚持下去，不仅能提高学习效率，而且遇事总能找出原因加以改进，提高做事的能力。

对计划要及时检查和调整，休息日或假期作业繁多，父母更要引导孩子给自己订个计划，并贴在显眼的地方，经常对照检查执行情况。检查的内容如下。

① 是否完成，完成打对号；

② 正确率如何；

③ 安排是否合理；

④ 没完成，正确率不理想的原因是什么；

⑤ 重新修订。

在学习计划中，要把休息娱乐的活动安排进去，要体现自由休息时间。这样科学地引导孩子安排自己的学习活动，再加上努力、认真、刻苦执行计划，孩子的学习生活将变得有滋有味，丰富多彩，为走向成功奠定基础。

拓展积累

司马光，宋哲宗时宰相，曾主编《资治通鉴》，为一时之名臣。其幼时患记忆不若人，众兄弟既成诵而游息矣，独闭门不出，俟能讽诵乃已。自言："用力多者收功远，乃终身不忘也。"及长，遍览古籍，博闻强志，曰："书不可不成诵。或马上，或中夜不寝时，咏其文，思其义，所得多矣。"

第六讲

xīn yǒu yí   suí zhá jì   jiù rén wèn   qiú què yì
心 有 疑 随 札 记 就 人 问 求 确 义

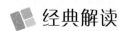

经典解读

学习时，心中有疑问，应随时记笔记；然后向别人请教，弄明白它的含义。

古人读书并不像今天这样规范，从小学到大学都有完善的教育体系。也不像今天这样方便，不会了就找各种工具书。那时候没有这样的教育资源。所以一旦有读不懂的地方，就赶紧记下来，然后再问别人，希望得到答案。这是一种杂记的好习惯、学习的好方法。那时候是用毛笔记，经常带一块墨在身上，要记的时候找一块石头一磨，或者把吃饭的碗倒过来磨一下，就可以把疑问记下来。唐朝著名诗人贾岛每次出门都要背一个口袋，随时将灵感记下来，装入口袋。古人的这种学习劲头确实令人佩服。

现在读书也需要这种札记形式。如写预习笔记、读书笔记、日记。但我们有时只把这当作业来做了，老师留了，检查了，才去做。否则就不做。有时糊弄，不能认真对待。

如何培养这种记笔记的好习惯？首先，我们读书时手里要拿着笔，随时把自己认为重要的字、词、句、段画下来，并简单批注。（即三言两语写上自己的感悟）。其次，把一些精彩的语段摘录在读书笔记上。这是一种加强理解记忆的有效手段。如果把读书笔记配上适当的插图就更好了。再次，根据内容适当地写下读后感。所谓趁热打铁，当时读的感受与过后是不一样的，要随时把自己的感悟记下来。最后，还要养成写日记的好习惯。一代名臣曾国藩在临终前一天还在写日记。曾国藩的日记为后人的修身养性提供了宝贵的精神财富。

养成札记的好习惯，日积月累，我们不仅拥有了知识，还养成了钻研踏实的学习态度。对不懂的问题要查找工具书，借助电脑，或给老师同学打电话请教，弄明白。这种追根求源，不耻下问的学习劲头，会将知识掌握的更加通透，彻底。孔子曰：三人行必有我师焉。人民教育家陶行知有句名言：发明千千问，起点是一问。

读书，要养成记笔记的习惯，要有刨根问底的精神，这样我们就会成为有学问的人。

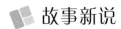 故事新说

瓦罐储叶

元末明初时期，有个叫陶宗仪的人，从小就坚持苦读书，即使在田地干活的间隙也不忘看书。田里没有纸，每当想起什么，看到什么，听到什么，他就立即摘取树叶记录下来。回家后储存在一种口小腹大的瓦罐里，等存满了就埋在树下。这样日复一日，年复一年，十年后竟积攒了十几罐树叶。

后来，他把瓦罐一个个挖掘出来，一个个打开，取出树叶，重新整理、修改。

最终写成了长达30卷的《辍耕录》。《辍耕录》记录了元末明初时期政治、经济、文化等多方面的风貌，成为后人研究这段历史时期的重要资料。

亲子共话

"好记性不如烂笔头"，这句话道出了札记的要领。前面讲过读书的方法和心、眼、口"三到"的重要性。读书时，要随时把一些好词、好句、好段画下来，并通过一定时间的积累，养成一种学习的好习惯。现在的孩子都比较懒，不愿意动笔，随性特别强，导致学习做事漫不经心，粗心大意。父母经常说，孩子全会，就是马虎；还有的父母说，孩子粗心，总是丢三落四，怎么告诉都不往心里去。如果从孩子学习的角度来说，其实这是非常严重的问题，孩子缺乏认真的习惯，没有踏实的学习态度。如果不能想方设法帮助孩子改进，他就会永远马虎下去，永远心不在焉，将直接影响孩子上中学、上高中的学习。

《弟子规》这一讲需要父母知道的还有，要培养孩子"不耻下问"的学习态度。学问学问在于问，问能激发学生的好奇心，求知欲。生活中父母和老师要善于向孩子提问题，同时也要培养孩子主动提问题的习惯。不懂的问题一定要向工具书和身边的人请教，直至弄明白。被老师认为弱智的爱迪生，总是问一些莫名其妙的问题；敢于向权威挑战的哥白尼，最终都成为影响世界的人物。

怎样培养孩子提问的习惯？

首先，父母愿意问孩子为什么，并和他一起努力解决为什么。例如：花儿怎么朝太阳笑呢？孩子不知道，就让孩子想办法解决。

其次，父母面对孩子一个个匪夷所思的问题，不要说不知道，瞎问什么？要耐心解答，及时鼓励，不断激发培养孩子的好奇心。如果父母自己解答不上来的，要赶紧请教别人或与孩子一起查找工具书。以行动树榜样，引领孩子学会学习。

在问问题中培养孩子思考的习惯。通过提出问题，孩子不仅学到了知识，而且激发了学习的欲望，这是很重要的。如果孩子提问题时父母不耐烦或忙的没有时间搭理，孩子的求知欲渐渐就消失了。主动学习才会真正地做学习的主人。愿发问就是孩子主动学习的过程。希望父母在孩子小的时候，对孩子漫无际边的提问就给予正确的引导，燃起他们对学习的渴望，使他们成为爱思考爱学习的好孩子。

拓展积累

卫国有个大夫叫孔圉（yǔ），虚心好学，为人正直。当时社会有个习惯，在最高统治者或其他有地位的人死后，给他另起一个称号，叫谥号。按照这个习俗，孔圉死后，授于他的谥号为"文"，所以后来人们又称他为孔文子。

孔子的学生子贡有些不服气，他认为孔圉也有不足的地方，于是就去问孔子："老师，孔文子凭什么可以被称为'文'呢？"

孔子回答："敏而好学，不耻下问，是以谓之'文'也。"意思是说孔圉聪敏又勤学，不以向职位比自己低、学问比自己差的人求学为耻辱，所以可以用"文"字作为他的谥号。

第七讲

fáng shì qīng　qiáng bì jìng　jī àn jié　bǐ yàn zhèng
房 室 清　墙 壁 净　几 案 洁　笔 砚 正

经典解读

读书的房间要保持清洁，墙壁要干净；书桌要整洁，笔墨纸砚要摆放整齐。

《朱子治家格言》开篇讲："黎明即起，洒扫庭除，要内外整洁；既昏便息，关锁门户，必亲自检点。"民间至今流传"腊月二十四，掸尘扫房子"的谚语。每临春节，家家户户都要进行大扫除，古称"扫年"。这种习俗起源尧舜时代，从古代驱除病疫的一种宗教仪式中演变而来。到了唐宋时期，"扫年"之风盛行。主要目的是为"送穷"。把那些脏东西都清除掉，换来一年的好运气，把"穷运""晦气"统统扫出门。寄托着人们破旧立新的愿望和辞旧迎新的祈求。所以古代人非常重视打扫房间之事。

这个风俗一直延续下来，今天虽然不是为了把"穷运""晦气"扫出去，但每逢过年，仍一定要把家里收拾得干干净净，以焕然一新的面貌辞旧迎新。干净整洁的居住环境，除了利于身心健康，还是爱惜物品的表现。

然而，平时家里的卫生都是父母打扫，从来不让我们做什么。我们的书本放得到处都是，父母给收拾。我们学习的桌子脏了，父母给擦。我们的玩具衣物随手乱扔，父母给拾掇。最终导致我们非常懒惰，生活自理能力差，也不爱惜物品。

我们一定要养成自己整理物品的好习惯，自己打扫房屋，东西放置要有较固定的位置，这样不仅会拥有好的生活习惯，而且还会养成做事有条不紊的性格。

干净整洁、物放有序的学习环境对读书学习是大有益处的。

故事新说

陈蕃扫屋

陈蕃是东汉时期的著名学者，年轻时独居一室，日夜攻读，欲干出一番惊天动地的大事。

一天，他父亲的朋友薛勤前来拜访，看见他的住处杂草丛生，纸屑满地，十分凌乱，便不解地问道："孩子，屋子这么脏，你怎么不打扫打扫呢？"陈蕃理直气壮地回答说："大丈夫处世，当扫天下，安事一屋？"薛勤反问道："一屋不扫何以扫天下？"陈蕃一听，脸红了，马上打扫房屋，招待客人。

后来陈蕃在朝廷做官，对于种种不法行为，只要知道，就没有一件肯放过，果然做了许多扫除天下、肃清邪恶的大事。

亲子共话

爱孩子，这是老母鸡都具备的本能。怎么爱孩子却是现在常常引发人们思考的问题。在小学语文课本第二册中有这样一篇课文《自己去吧》，说的是鸭妈妈、鹰妈妈为了锻炼小鸭、小鹰生存的本领，让它们自己去尝试游泳飞翔。终于小鸭学会了游泳，小鹰学会了飞翔。选这样的文章作为教材，目的就是要告诉人们，要培养孩子独立做事的能力，不能总依赖别人。然而，很多父母从小除了学习无法代替孩子完成，事事都包办代替，导致孩子独立性差，生存的本领差。现在有一个普遍的现象，孩子都不愿收拾屋子，都不愿做饭，都不愿干活，都不能吃苦。说到底就是懒惰，不勤快。而父母却往往不以为然，总以为是小事，将来有保姆收拾，我退休没事也可以去帮他打理。从小到大，甚至到孩子成家立业，父母仍不忘这种"越俎代庖"爱的使命。却不知父母的这种行为使孩子不会做家务，不知承担，不会经营生活。现在结婚后多少夫妻因为家务吵架、离婚，这种懒惰和不能承担的品格，一面对生活的各种困难和挑战就退缩。在生活和工作方面都想走捷径，缺乏奋进的热情。

前面已经提到过：生活的自理会转移到学习上的自主，不依赖补习，不依赖别人，遇事总是想办法独自解决。这种独立自主的性格是将来孩子走向成功的重要因素，却因为父母的包办代替而被剥夺。所以，孩子在学习上往往缺乏自主性，遇事不能独立解决，最终成绩总是不能令人满意。

生活中处处是学问，整理自己的房子，物品摆放有序，爱惜自己的物品。看似在做家务，其中却包含着独立自主的好品质：自己的事自己做，并养成一种有条不紊做事的好习惯，于人于己都有益处。

拓展积累

南宋著名的儒学大师朱熹，为人端庄、稳重、正直。他平日家居的时候，每天天色还没有亮就起来了，穿好礼服，戴了幞头，穿着方头鞋子，到家庙里的先圣神位前去跪拜。行礼后，回到书房，几案必定摆放得正，书籍器用必定放置整齐；疲倦了休息，就闭了眼睛端正地坐着。他的威仪和行为举止的法则，从少年时节一直到老，从来没有松懈过。诗曰：晦翁庄重，敬慎威仪，自少至老，须臾未离。

第八讲

mò mó piān   xīn bù duān   zì bù jìng   xīn xiān bìng
墨　磨　偏　　心　不　端　　字　不　敬　　心　先　病

经典解读

　　古人写字需要磨墨，磨墨时不认真，是因为心不在焉；写出来的字歪歪斜斜，是因为内心浮躁不安。

　　古人使用毛笔写字，先磨墨后运笔。磨墨时不在于手的力量，而在于心。肘要端平，三指到四指捏墨，一般来讲，正磨三圈，反磨三圈。用力、速度都要适中，这样磨出的墨汁不浓不淡，方能写好字。观磨墨而知其心，写字亦然。字是法宝，文以载道必赖于字，遵道之人，必敬于字。古人认为字写的潦草应付，是因为内心对字不恭敬，所以是心的问题，不是字的问题。

　　汉字是传承中华文明的重要载体，是华夏子孙传古颂今的宝贵财富。汉字是世界上使用时间最久，空间最广，人数最多的文字之一。汉字的创制和应用不仅推进了中华文化的发展，还对世界文化的发展产生了深远的影响。日本、越南、朝鲜等国家的文字都是在汉字的基础上创制的。所以对待汉字，时时刻刻都应怀有一种恭敬。古人曰：意在笔先，心正则笔正。就是说，想要写好字，就能写好字。而写不好字，是因为我们根本没想写好字，所以写得七扭八歪，横不平竖不直，潦草。很多同学都有过因为字不合格被老师要求重写的经历。字不好好写，不仅仅是对中华民族文字的不敬，还反映了我们学习态度不认真，心情浮躁，做事不稳重，不严肃的作风，影响我们学习成绩，影响性情。

　　认真是一种态度，对知识要有一种恭敬心，才能获得智慧。

 故事新说

王羲之练字

王羲之从七岁开始就起早贪黑地练字。十一岁那年，他想去父亲的房间找点字帖继续练字，发现父亲的枕边有几本书，最上面的一本叫《笔论》，教人写字时如何运笔。王羲之一翻开书，就忍不住开始记录那些执笔运笔的技巧，他读得爱不释手，不知不觉把书带出了父亲的房间来读。他按照《笔论》中所讲的方法，天天写呀，练呀，简直入迷了。过了一段时间，他看看自己写的字，与以前的比较，确实有些变化。

一天，王羲之在读《笔论》时被父亲发现了。父亲诧异地问道："你能读懂这样高深的书吗？"王羲之答道："书非读不能懂，孩儿虽然一知半解，但还是能受到教育的。"父亲听后把《笔论》送给了王羲之，他得到书后练得更加勤奋，更加认真，更加投入了。

一次吃午饭，书童送来了他爱吃的蒜泥和馍馍，几次催他快吃，他仍旧专心致志地练字。书童最后不得不去请他的母亲来劝他吃饭。母亲来到书房时，只见羲之手里正拿着一块沾了墨汁的馍馍往嘴里送，弄得满嘴乌黑。

经过几十年来锲而不舍的刻苦练习，王羲之的书法艺术达到了超逸绝伦的高峰，被人们誉为"书圣"。

亲子共话

从上学的第一天起，每当孩子写作业，父母就喊：好好写字，别写得乱七八糟的。可是有的孩子依旧写得龙飞凤舞、缺胳膊少腿的。老师找到父母反映，父母还挺委屈，心想，我天天叮嘱孩子要好好写字，他怎么还写不好呢？不行，找个书法老师吧。孩子进书法班没几天就坚持不下去了，字依旧如此糟糕。也有的父母对于孩子的字写得怎样并不十分在意，成绩好，差不多就行了。其实，这也是教育孩子时普遍存在的问题。怎么才能让孩子写好字？

首先，给孩子们讲中国汉字的伟大和它发展演变的历史，让孩子对中

国汉字有一种恭敬、自豪的心理。其次，告诉孩子老师和父母都希望他写好字，写好字是对老师、父母的恭敬。再次，告诉孩子字写得不好，不是笔和手的问题，而是内心的问题，是一种马虎、不恭敬的毛病。最后，在孩子对写好字有了认识后，坚持每天练习 10 分钟左右。每次都要求写好，如不好就重写。

虽然现在电脑打字成为普遍现象，但写好一手钢笔字，仍是修身养性的重要途径，况且每次考试，字的分值都在五分左右，尤其高考更显得重要。从小写好字，培养孩子一种好态度至关重要。

拓展积累

汉字是世界上使用时间最久、空间最广、人数最多的文字之一，相传是黄帝的史官仓颉创造了汉字。是我国汉族人民在长期生活和劳动中创造出来的。在六千年前出土的彩陶上，就刻画着许多重复出现的图画和简单的符号，文字学家和考古学家大都认为，那就是汉字的萌芽。在六千年前的原始社会末期，我国人民就开始了文字的创造。汉字大约有五千年上下的历史，我们现在看到的甲骨文，已是完全成熟的文字，到现在也有三千四百多年的历史了。汉字的创制和应用不仅推进了中华文化的发展，而且对世界文化的发展产生了深远的影响。

第九讲

liè diǎn jí yǒu dìng chù dú kàn bì huán yuán chù
列 典 籍 有 定 处 读 看 毕 还 原 处

经典解读

书籍、课本应分类排列，放在固定的位置；读完后，需回归原处。

古代的书籍都是把字刻在一根长条形竹片上，用绳子连接起来，不易放置与保存，所以要格外珍惜。古人对书籍的态度是尊敬的，爱惜的：书要放的整齐有序，读过要归位。这是一种看书的好习惯，也是爱书的一种表现。

现在，要得到一本书太容易了。我们看完之后，就随手放在一边，等再看时，有时要找好半天。有时老师要检查书却找不到。我们被批评是小事，而物放无序，不知整理却是大事。

书可以带给人们无穷无尽的知识与财富，因此我们应该爱惜它，尊敬它。得到一本书时，尽量把它包上书皮，看时轻轻地翻页，用书签留下记号，看后归回原处。

敬重书籍，敬重知识，是一种好的读书习惯和态度。

故事新说

陆倕读书

陆倕，南朝大臣，著名文史学家。他自幼喜爱读书。六岁时，父亲给他盖了一间小茅草屋供他一个人攻读。父亲把先秦两汉诸子百家的各类书籍都找来工整地摆在小茅屋里让陆倕翻阅，唯独没有《汉书》，便借来《汉书》让陆倕读。借来的《汉书》该还了，陆倕却找不到《汉书》中的四卷《五行志》了。幸亏陆倕已将《汉书》背熟了，便将所缺的章节恭恭

敬敬地默写出来，才得以把书还给人家。

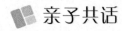 亲子共话

在前面《谨》部分，讲过"动物归原"的良好生活习惯。无论用了什么东西，都要随手放回原位，这样无论是下次自己使用还是别人使用，都容易找到。在这章节里，主要是讲看书好习惯的培养，教孩子学会分门别类把书进行归纳整理，不仅用时便于查找，而且是一种良好的做事看书的好习惯。我国台湾国学大师蔡礼旭在《细讲弟子规》时经常提到一位卢叔叔，这位卢叔叔曾做过雅马哈的总裁，手下有员工八万多人。每次检查工作，他都要看看主管桌上物品摆放得如何。如果发现较乱就给两次机会改进，第三次检查发现物品摆放仍是杂乱或档案归理不整齐就撤职。孩子日常的生活习惯，直接影响到学习和做事的作风。例如，生活中物放有序，那么学习时也会归纳整理，做事时有始有终；生活中愿意提问，那么学习时也会善于思考，做事时冷静理智……总之，任何好习惯的培养都有助于孩子的发展。

拓展积累

秦始皇焚书坑儒，使很多书籍遭到了毁灭性的破坏。汉文帝时，开始在全国寻找，一个叫伏生的老儒生口授了《尚书》二十八篇，使《尚书》得以流传。到了汉武帝时，鲁恭王想霸占孔子的故居改作花园，在拆房时忽然从墙壁的夹洞中发现了一批竹简，同时空中传来一阵庄严的钟磬之声，鲁恭王吓坏了，忙下令停止拆房。在墙壁中发现的这批竹简包括《尚书》《孝经》等古典书籍，因为是在墙壁中发现的，所以这些书被称为"壁经"。

第十讲

suī yǒu jí　juàn shù qí　yǒu quē huài　jiù bǔ zhī
虽 有 急　卷 束 齐　有 缺 坏　就 补 之

经典解读

即使有事需要离开，也要把书本收拾好；书本损坏了，就要及时补修。

书是人类智慧的结晶。在缺乏印刷技术的古代，书是弥足珍贵的，必须保护好，要最大限度地爱护书籍。

我们从幼儿期就开始与书打交道，各式各类的书只要喜欢父母就给我们买。怎样对待从小就与我们朝夕相处的好朋友"书"呢？首先，看书时，我们不要乱涂乱画，乱折页。有的孩子一学期下来，书弄得脏兮兮不说，还丢页少皮的，甚至整本书弄丢了，花钱重买或高价复印，让父母头疼。书带给人们无穷无尽的知识与财富，应该爱惜它，尊敬它。其次，得到一本书，尽量把它包上书皮，看时轻轻地翻页，以免损坏它。如果损坏了，一定要及时修补好。

养成爱书的好习惯，同样是对知识的敬畏。

故事新说

韦编三绝

孔子少年时勤奋好学，十七岁时就以学识渊博闻名于鲁国。

那时还没有发明纸，书籍都是用竹简做成，然后用牛皮绳编连起来的。像《周易》这样的书，当然是由许许多多竹简编连起来的。

孔子到了晚年，花了很大的精力，把《周易》全部读了一遍，基本上了解了它的内容。不久，又读第二遍，掌握了它的基本要点。接着，他又读第三遍，对其中的精神、实质有了透彻的理解。在这以后，为了深入研

究这部书，又为了给弟子讲解，他不知翻阅了多少遍。这样读来读去，把编连竹简的牛皮绳也给磨断了，不得不换上新的再用。就这样，一连换了三次牛皮绳，孔子才把《周易》研究透。

孔子读书不仅刻苦，而且在读书的过程中十分爱护书籍。

亲子共话

古人认为获得知识的途径在于认识、研究万事万物。是指要想获得知识，就必须接触事物从而彻底研究它的原理，这就是所谓的格物致和。"爱人者，人恒爱之""爱物者，物恒爱之""一分恭敬，一分收获；十分恭敬，十分收获。"这些都是前人在接触万事万物时总结出的道理。孩子对待书的态度是喜爱的，敬重的，书就会很好地为孩子服务，就会使孩子很好地获得知识。

看书时保持书的整洁美观，是爱书的一种表现。孩子的知识大部分来自于书本，特别是前人留下的思想精华。爱读书就是爱知识，这一点，父母在孩子拿起书本时就应该告诉他，使孩子对书有一种敬畏。同时给他讲古人爱书的故事，告诉孩子你是书的小主人，所以一定保护好它。然后再教他爱书的具体做法：看完归位，要包好书皮，不能乱写乱画，不要损坏。当孩子没做到时，要反复督促，就会养成爱惜书本、敬重文化的好习惯了。

拓展积累

敬惜字纸，也就是敬惜带字的纸，在我国具有悠久的传统。《燕京旧俗志》记载："污践字纸，即系污蔑孔圣，罪恶极重，倘敢不惜字纸，几乎与不敬神佛，不孝父母同科罪。"于是，就出现了劝人敬惜字纸的善书，也就是所谓"惜字功律"。"敬惜字纸"是我国古代文化传统中的一种良好美德，是我国文化传统理念之一，代表着古人敬重文化的思想。字纸，代表的是文化。敬惜字纸，也就是要求敬重和爱护文化。汉字是中华文化的根基和重要组成部分，是承载中华民族精神与情感的重要载体。所以，敬惜字纸的思想，不仅在历史上发挥过积极作用，在当今仍然有重要的现实意义。"敬惜字纸"的敬重文化的思想内涵，有助于人们珍惜和弘扬中华文化，增强民族的凝聚力。

第十一讲

fēi shèng shū bǐng wù shì bì cōng míng huài xīn zhì
非 圣 书 屏 勿 视 蔽 聪 明 坏 心 志

经典解读

不是圣贤的有害身心健康的不良书刊，都应该摒弃不看；如果看了会使自己智慧遭受蒙蔽，心志变得不健康了。

古人是非常重视读圣贤书的。早在汉武帝时期，就规定官员必须读五经《诗》《书》《礼》《易》和《春秋》。后来又发展到十三经《仪礼》《春秋公羊传》《春秋左传》《春秋穀梁传》《论语》《孝经》《尔雅》《孟子》。史称儒家经典《十三经》，以此修身齐家治国平天下。

现在阅读已成为社会的热门话题，我们开始关注读书，教育也开始重视读书，因为只有广泛地阅读，才能拓宽视野，提升思想觉悟。特别是现在语文学科的高考改革，更让我们清醒地认识到：不读书，不进行大量的阅读是适应不了当前的教育的。老师和父母每天都要求我们读书，但读什么样的书很重要。首先，要认真读老师和父母推荐的童话、名著、科普类的书。之后，还可以到书店选择自己喜欢的，能够帮助自己克服坏毛病的、能让自己变得更好的书。而对自己没有帮助的，充满暴力或不文明的书不要读。有些书只是为了销售，以赚钱为目的，像现在的日本漫画《进击的巨人》有暴力画面；《查理九世》充斥了玄幻、恐怖、惊险；《爱情太短，路太长》充斥着"打情骂俏"的对话。这类书不能去读。即便去读，也要摒弃里面丑恶的东西。因为我们现在还没有发育成熟，控制力较差，判断力也不强，应该读一些积极向上，充满童真、童趣、幻想的书及中外经典。等我们渐渐长大后，再涉及各种类型的书，汲取各种各样的营养，让自己精神变得无比强大。

任何时候，我们读书都是要有选择的。

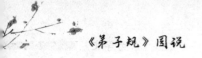

故事新说

康熙读书

康熙皇帝在对后代子孙的庭训里头就交代，二十岁之前，不要让孩子们读小说，在孩子们涉世未深、不懂得明辨是非的情况下，很容易染习到权谋智巧。康熙皇帝同时也自我要求，他说："朕贵为天子，有很多话听不到，因为很多人不敢跟他讲实话。如何来警醒自己，到底有没有过失？最好的做法就是读古书，读圣贤的经典来检查每日自身的所作所为，是不是有错误。"这是康熙每天唯一一定要做的事情。

康熙皇帝在位六十一年，非常提倡儒学。在皇宫里，每天请儒学专家讲《四书》，可见他对自己的要求有多么严格。

亲子共话

大量阅读是学习语言的最佳途径。如果仅仅是为了赢得高考，这种阅读就太廉价，太功利了。阅读一本本好书，就像灵魂之钙，使人们的内心变得无比坚强。凡是崇尚读书的民族，大多是生命力顽强的民族。像全世界读书最多的民族犹太人，平均每人每年读书 64 本。我国平均每人每年读书不到 5 本。事实上有些落后的城乡有的人一年连一本书都读不上。读书可以改变人，人可以改变世界。读书关系到一个人的思想境界和修养，关系到一个民族的素质，关系到一个国家的兴旺发达。一个不读书的人是没有前途的，一个不读书的民族也是没有前途的。从古至今，凡是有学之人，无不热爱读书，那么如何培养孩子爱读书的习惯？又该读什么样的书呢？

在选择图书方面，教育专家建议分四个阶段：

第一个阶段，（0~3岁）这时的婴幼儿喜欢一些简单的图片，形体和色彩对儿童具有强烈的吸引力。这个时期，宝宝对喜欢听绕口令、儿歌童谣等。

第二阶段，（4~6岁）这个阶段对孩子来说是一个发育的黄金时期，是孩子一生中智力发展最迅速的个性形成的关键时期。这个阶段4~6岁的儿童喜欢配有彩色图画的民间故事、科幻故事、诗歌以及有关动物的童话。

我们还可以帮助孩子朗读一些经典的诗歌。

第三阶段，（7～8岁）这个时期，父母可以放开一些手脚，尽量让孩子自己去选择喜欢的书籍，当然父母的引导还是很重要的。

第四阶段，（9～12岁）父母就可以放权给孩子了，父母可以经常带孩子去书店转转，让孩子自己选择几本小书。这个时期，孩子的阅读量越多越好。

只有从小科学地引领孩子读书，才会使孩子逐渐爱上读书。所以父母一定要做好引领工作，在孩子刚刚接触手机和电脑时，父母就要给孩子一分为二地讲解它的优势与弊病，恰当控制时间，恰当选择时段。万不可强迫性地禁止，那样会适得其反。任何事都要从开始做好，循序渐进耐心地做好督导，孩子就不会染上各种恶习。如果孩子接触一些不健康或不利于发展的书，父母不要大惊小怪，也不要强迫他丢弃。慢慢沟通交流，心平气定地和孩子分析此书的种种弊病，孩子就会逐渐接受父母的建议，拥有一种高雅的兴趣，养成终生阅读的习惯。

拓展积累

《康熙教子庭训格言》中有训曰：凡人养生之道，无过于圣贤所留之经书。惟朕惟训汝等熟习五经四书性理，诚以其中凡存心养性立命之道，无以不具故也。看此等书，不胜于习各种杂学乎？

就是说大凡世间保养身心以求益寿延年的办法，没有任何人的任何书能超过圣贤所留下的经典著作。因此，我只有教导你们要熟读四书五经和谈论性命理气之学的典籍，这是因为在这些经典著作中，无论是存心养性之说，还是安身立命之道，没有不包容的。读这些书，不比读各种杂书更好吗？

第十二讲

wù zì bào　wù zì qì　shèng yǔ xián　kě xùn zhì
勿自暴 勿自弃 圣与贤 可驯致

■ 经典解读

　　遇到困难和挫折，不要一蹶不振，不要放弃自己；圣贤的境界很高，只要我们发奋努力，循序渐进，慢慢就可以达到。

　　亚圣孟子指出，做大事的人必须接受种种考验和磨难："故天将降大任于斯人也，必先苦其心志，劳其筋骨，饿其体肤，空乏其身，行拂乱其所为。所以动心忍性，增益其所不能。"

　　从古到今，凡是取得伟大成就的人，都经历过不同寻常的拼搏努力。美国发明大王爱迪生因为在火车做实验致使车厢起火，被列车长打一耳光，导致耳聋。南非总统曼德拉经过 27 年的牢狱生活，成为南非第一位"黑人总统"，享有"全球总统"的称誉。所以，不要惧怕苦难。

　　我们有时一遇到困难就退缩，一遇到挫折就萎靡不振。数学学得不太好，就感到自己不行。语文学得吃力，就不愿学了。写会儿作业就嫌多，干会儿活就感到累。其实人生是漫长的，生活需要经过磨砺，才能变得更加精彩。学习不好不要放弃，出现问题不要自暴自弃。跌倒 100 次，要有 101 次爬起的勇气。记住，没有人瞧不起你，只有自己瞧不起自己。"舜何人也，予何人也？"这是孟子的平等思想，每个人只要经过努力就可以创造价值，就可以做出一番事业。

　　曾在一本书中看到这样一个故事：一个孩子因为失去母亲黯然神伤，特别一到过生日时，看到别的孩子得到礼物，他就更痛苦不堪。有位老人听到孩子的哭诉后严肃地说："孩子，你错了，你的妈妈为你留下了最珍贵的礼物——从你出生那天起就把整个世界都给了你。"老人接着说："妈妈给了你明亮的眼睛，让你去观察世界；给了你耳朵，让你去倾听世界；给了你一双腿，让你去走遍世界；给了你一双手，让你去改造世界。这些，难道还不够吗?"孩子听着,陷入了深思。老人又说:"孩子,最重要的,妈妈还给了你一颗充满热血的心,那是为了让你珍惜生活,去热爱这个世界!"孩子终于明白了,有了生命就可以走进世界,就可以创造世界,就可以拥有世界。所以不管我们生活在什么样的家庭,不管是不是富裕,不管自己的长相如何,不管学习成绩如何,都要爱自己,珍惜一切。

每个人只要自己不自暴自弃,努力向圣贤靠近,都可以接近心目中的圣贤,不虚度人生,做个有价值的人。

 故事新说

有志者事竟成

宋朝的陈正之患有先天智力发育不良症,看上去傻头傻脑的。有一次,老师教大家学一篇几百字的文章,其他同学很快便会背了,而他花了九牛二虎之力,才认识了几十个字。内容浅显的文章,别的同学读几遍都能倒背如流了,他却读几十遍、几百遍还是结结巴巴、吞吞吐吐的。因此,他经常受到老师的教训、同学的讥笑,大家给了他一个外号:"陈傻子"。

陈正之并没有灰心,也不自暴自弃。他心里十分清楚自己愚笨,就想出了"以勤补拙"的好办法。学习时,别人读一遍,他就读三遍四遍,甚至八遍十遍,别人用一个时辰读书,他就用几个时辰埋头苦读。他坚持一个字一个字读,一句一句地读,天天如此,从不间断。

日复一日,年复一年,陈正之坚持不懈,博览群书,锲而不舍,学问与日俱增,终于成为宋朝一位著名的博学之士,人们尊称他为"陈学者"。

亲子共话

现在的孩子往往经不住失败,跟大人玩游戏,输了就哭;跟小朋友比赛,小朋友赢了,就气愤不已。稍微长大些的孩子,容不得别人说不,容不得失败,甚至不惜结束生命。

为什么现在的孩子在困难面前,显得那么脆弱?首先,是父母只重视开发孩子的智力因素,忽视非智力因素的开发。例如,让一个三岁的孩子画一个很形象的人物,他肯定完成不好,因为正处于涂鸦阶段,所以画不

出就有挫折感，觉得自己不行。这时候父母不是给予鼓励，而是不断地指责。其次，孩子一直处于温室环境，缺乏逆境成长的教育。父母对孩子的要求处处满足，使孩子不能面对不如意。父母处处包办代替，使孩子不能对自己负责。再次，父母对孩子的过分期望，使孩子不愿意面对失败。在孩子不能取得理想成绩时，父母不是鼓励他继续努力，不是客观评价他在此事上的付出，而是百般挑剔他的种种不足，致使孩子在面对挫折时的只能自责，只能自卑。

心理专家指出：当人们遇到挫折时，多达九成以上会选择五种反应：攻击，退化，压抑，固执与退却，而正面思考的比率低于10%。大多数人遇到挫折，很容易陷入负面情绪，总将失败的想法归怨到负面的事物上，习惯对自己一味地责备和否定，不懂得如何去调整负面情绪。著名心理学家马斯洛说："挫折未必总是坏的，关键在于对事物的态度。"

所以在面对孩子的不足时，父母的引导极其重要。会引导，则会使孩子百折不挠，不会引导则会使孩子一蹶不振。

《〈弟子规〉圆说》到此就全部结束了。从《入则孝》《出则悌》到《谨》《信》，再到《泛爱众》《亲仁》《余力学文》，《弟子规》堪称人生做事、做人、学习的百科全书。虽有些知识道理存在着局限性或不合时宜，但关键看人们如何与时俱进辩证地理解。古代先贤的思想精髓永远绽放璀璨的光芒，带给人类永恒的生命温度！

拓展积累

《孟子》中讲道：自暴者，不可与有言也；自弃者，不可与有为也。就是说自己残害自己的人，不能和他有所言谈；抛弃自己的人，不能和他有所作为。

战国时期，孟子教导他的学生不要做自暴自弃的人，学生不明白。孟子解释道：自暴就是说话不遵守礼义，自己残害自己。自弃就是心里想的不是仁义，自己抛弃自己。仁是最安适的住宅，义是最正确的道路，一切都得按仁义来办。